Abenteuer Trekking



# Toskana

In Zusammenarbeit mit

BIG PACK
Hoechst Trevira

SALOMON®

HAUSER
EXKURSIONEN
international GmbH

Bruckmann

Auf einer Terrasse über dem Fiume Serchio:
Sillicagnana in der Garfagnana.

Abenteuer Trekking

Harald Rüsseler

# Toskana

Herausgegeben von Bruno Baumann

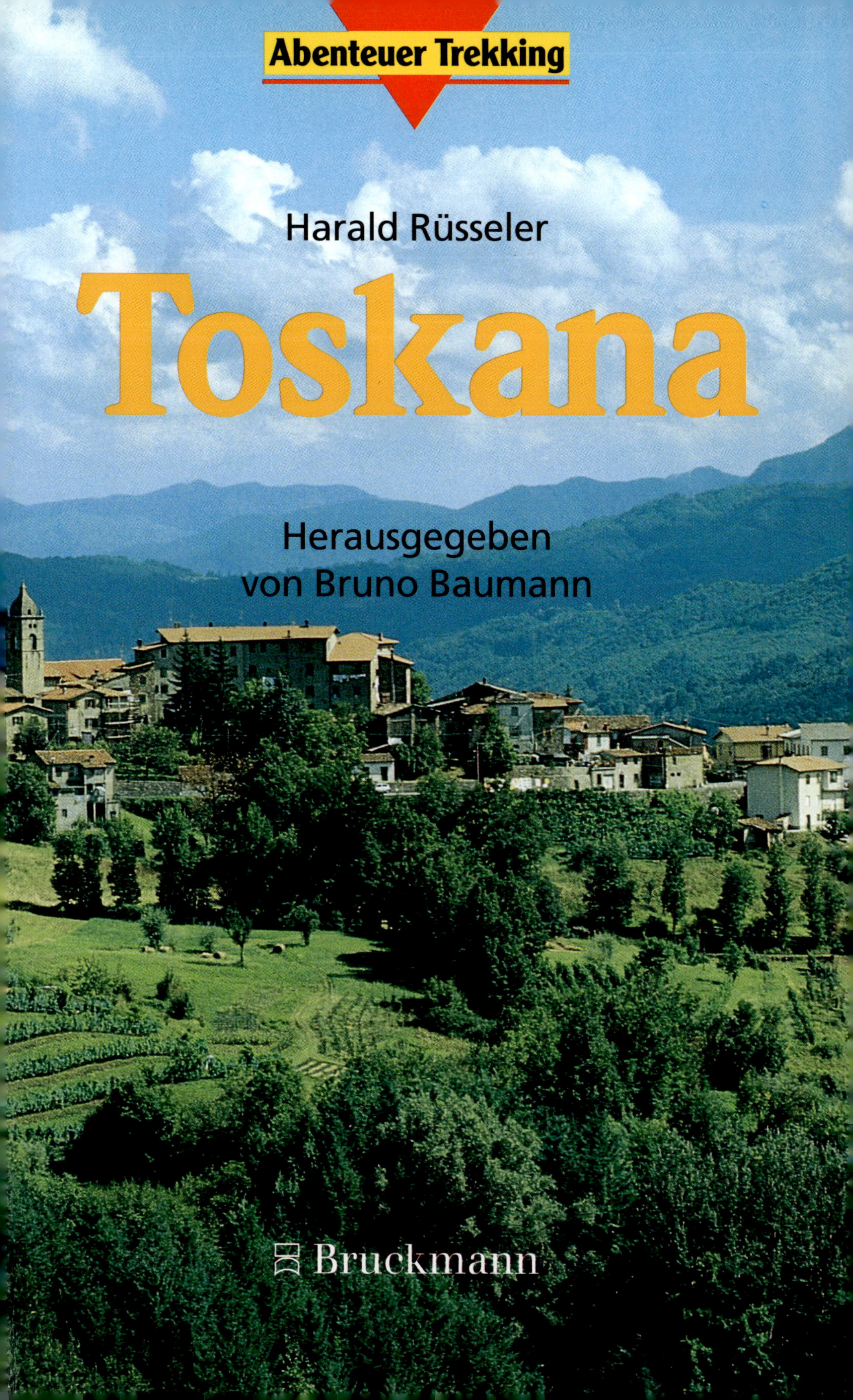

Bruckmann

Eine Produktion des
Bruckmann-Teams, München

Umschlaggestaltung: Uwe Richter
Lektorat: Georg Steinbichler, Dr. Helmut Kremling
Layout-Entwurf: VerlagsService Dr. Helmut Neuberger & Karl Schaumann GmbH
Layout und Herstellung: Ina Hesse

Bildnachweis:
Alle Fotos stammen von Harald Rüsseler, Marburg, ausgenommen Seite 65, 66, 67 und 69: Az. Agri-turistica Braccicorti, Pieve Fosciana (LU); Seite 189: Antico Casale di Scansano; Seite 27 und 53: Andrea Ferrari und Seite 44: Julian Heuberger.

Die Kartenskizzen zu den Touren und die Übersichtskarte wurden vom Ingenieurbüro für Kartographie Heidi Schmalfuß, München, erstellt.

Umschlag-Vorderseite:
*Auf einem Moränenzug am Rand des glazialen Wiesenbeckens von Campocatino in den Apuanischen Alpen.*

Umschlag-Rückseite:
*Das Bergdorf Fontia bei Carrara. Im Hintergrund die Marmorbrüche von La Piastra und Fantiscritti.*

Alle Angaben dieses Werkes wurden vom Autor sorgfältig recherchiert und auf den aktuellen Stand gebracht sowie vom Verlag auf Stimmigkeit geprüft. Für die Richtigkeit der Angaben kann jedoch keine Haftung übernommen werden. Für Hinweise und Anregungen sind wir jederzeit dankbar. Bitte richten Sie diese an den Bruckmann Verlag, Lektorat, Nymphenburger Straße 86, 80636 München.

Gedruckt auf chlorfrei gebleichtem Papier

Die Deutsche Bibliothek – CIP-Einheitsaufnahme

**Rüsseler, Harald:**
Toskana / Harald Rüsseler. Hrsg. von Bruno Baumann. – München : Bruckmann, 1997
(Abenteuer Trekking)
ISBN 3-7654-2979-1


Gesamtherstellung: Bruckmann, München
Printed in Germany
ISBN 3-7654-2979-1

# Inhalt

## Die Trekkingtouren

# Vorwort des Herausgebers

Toskana und Trekking, das scheint auf den ersten Blick paradox. Wer die Toskana kennt und schätzt, und zu jenen zähle ich auch mich, der assoziiert sogleich bekannte Bilder. Gestaffelte grüne Hügelketten, die sich am Horizont verlieren, von Zypressen umstandene Bauernhöfe, Weingüter mit sonnendurchfluteten Pergolen, Städte wie Schatzhäuser, Kunst in vollendeter Harmonie. In pastellfarbene Landschaften eingebettet, findet sich fast alles, was man sich an kulturellen und kulinarischen Genüssen wünschen kann. Die Toskana hat viel zu bieten, ihren Liebhabern, und das sind nicht wenige, ist sie mehr als nur ein Landstrich Italiens, sie ist Lebensart. Aber die Toskana ist erschlossen, ein zum Teil dicht besiedelter Kultur- und Lebensraum, in unzähligen Büchern beschrieben, die ganze Bibliotheken füllen, die letzten »Geheimtips« längst preisgegeben. Und jetzt kommt Trekking an die Reihe. Gibt es überhaupt Freiraum für Trekking in der Toskana? Ist es nicht nur ein neues Etikett für weinselige Wanderungen zwischen »Trattoria« und »Albergo«?

Harald Rüsseler, der Autor dieses Bandes, hat sich diese Fragen ebenfalls gestellt, ehe er loszog, um sich die Toskana im wahrsten Sinne des Wortes Schritt für Schritt zu erschließen. Nach jedem längeren Aufenthalt rief er mich an. Meistens, um mir zu sagen, daß sich das Manuskript verzögere, weil er da eine neue Tour entdeckt hätte und dort unbedingt zu einer anderen Jahreszeit hin müsse, weil auch diese Variante noch in das Buch gehöre, vor allem aber, weil er eben am liebsten in der Toskana unterwegs war.

So entstand ein sehr profundes und mit Begeisterung geschriebenes Führerwerk, das Facetten der Toskana zeigt, die selbst dem Kenner wenig bekannt sind. Das sind vor allem die alpinen Bereiche, insbesondere der Nordteil des Apennin und die Apuanischen Alpen. Hier entlang zieht sich auch ein Teilstück des Sentiero Italia, einer Fernwanderroute, die sich von Sizilien bis zu den Alpen erstreckt. Ein Stockwerk tiefer liegt im Süden das Toskanische Hügelland. Hier lassen Klima und Höhenlage bereits eine vegetationsreiche Landschaft zu. Eichen- und Kastanienwälder, die in über 1000 Meter Höhe von Buchen und Tannen abgelöst werden. Kristallklare Bäche und Seen. Die Tourenvorschläge erschließen die Hügellandschaften rund um das Chianti, das Herz der Toskana. Sie führen ins flora- und faunenreiche Hinterland der Küste, wo Naturschutzgebiete eingerichtet wurden. Ein Radtrekking durch die Provincia di Grosseto und eine Kulturwanderung auf neuen alten Pfaden runden den Band ab.

Bruno Baumann

# Zu diesem Buch

Als mich Bruno Baumann fragte, ob ich einen Titel für seine Reihe »Abenteuer Trekking« übernehmen wolle, dachten wir beide unabgesprochen an Pakistan; hatten wir uns doch durch mein Buch »Die Seidenstraße – Auf dem Karakorum-Highway von Pakistan nach China« kennengelernt.

Da ich aber aus beruflichen Gründen nicht in der Lage war, ein Fernziel zwecks notwendiger Recherchen über einen längeren Zeitraum zu bereisen, kam ich auf die Toskana, die ich auch abseits der Touristenzentren bereits gut kannte. Aber mit der Idee stellten sich auch Bauchschmerzen ein: Toskana und Trekking – paßt das zusammen? Viele Diskussionen mit Freunden und Reisebegleitern sowie neue Erfahrungen auf Trekkingtouren, zuletzt bei einem Vulkantrekking auf Java, festigten die Überzeugung, daß jedes Gebiet außerhalb der Ballungsgebiete Trekkinggebiet sein kann.

Trekking bedeutet, fern vom Massentourismus auf natürlichen Wegen ohne Motorkraft, sich eine Region, eine Landschaft zu erschließen; Trekking bedeutet unmittelbaren Kontakt, originale Begegnung mit Natur, Geschichte, Kultur und der Lebensweise der Menschen einer Landschaft. Trekking ist das Wiederentdecken der Einfachheit, der Genügsamkeit und Stille. Nur mit der Langsamkeit eines Langstreckenwanderers entdeckt man die Schönheiten am Wegesrand, wird der sonst nicht beachteten Details gewahr, öffnen sich Aussichten und Einsichten.

Trekking ist Inbesitznahme auf Zeit, ist Erschließung einer Region mit allen Sinnen, ist leben *mit* und nicht nur *in* einem Gebiet. Das alles gilt für jede Trekkingregion.

Zum Erschließen einer Region gehört, in Anspruch zu nehmen und zu genießen, was es dort gibt: die Trattoria, den Campingplatz, das kleine Hotel oder den Kaufmann an der Ecke, die Düfte der blühenden Macchia, den kalten Gipfelwind und die lauen Abende in einem Straßencafé, die kulinarischen Köstlichkeiten und den betörenden Wein, die lautlos über der Piazza kreuzenden Fledermäuse und das verwehte Geläut ferner Kirchenglocken.

Während der über zwei Jahre dauernden Arbeit an diesem Trekkingführer haben sich die mannigfaltigsten Kontakte ergeben, aus denen in manchen Fällen neue Freundschaften entstanden sind.

Bedanken möchte ich mich bei meiner Schwester Ute, ihrem Lebensgefährten Francesco Delvecchio und dessen Bruder Luigi sowie bei meinen ehemaligen Schülerinnen Gabriella und Serena Friolo, die mir beim Übersetzen oder Verfassen von Briefen geholfen haben.

Weiterhin bedanke ich mich bei Frau Susanne Henn vom Staatlichen Italienischen Fremdenverkehrsamt in Frankfurt/Main und dessen Direktor, Herrn Piergiorgio Togni, für ihre Hilfe bei der Beschaffung von Informationen, der Herstellung von Kontakten und die mir zuteil gewordene Beratung in vielerlei Hinsicht.

Mein ganz besonderer Dank gilt meiner Lebensgefährtin Christina, die mich auf vielen Touren begleitet hat, mir mit Rat und Tat zur Seite gestanden, mit Kritik nie zurückgehalten und mit viel Geduld unzählige Male mit mir über den Charakter dieses Buches diskutiert hat.

*Harald Rüsseler*

Typische Szenerie in den Colli dell’Albegna. Zypressenalleen gliedern die Kulturlandschaft aus lichten Olivenhainen und Getreidefeldern.

# Das Land

# Naturgeographie der Toskana

## Der Apennin – Struktur und Entstehung

Als Teil des tertiären alpin-mediterranen Deckengebirgssystems beginnt der Apennin als Fortsetzung der Seealpen westlich von Genua (Ligurischer Apennin) und zieht mit wachsender Breite als Toskanischer Apennin nach Südosten bis zur adriatischen Küste. Dann biegt er leicht nach Süden ab und erreicht am Ende des Umbrischen Apennin und in den Abruzzen die größten Höhen (M. Vettore, 2476 m, und Gran Sasso d'Italia, 2914 m). Weiter nach Süden löst er sich in einzelne Gebirgsstöcke auf, durchzieht dann Kalabrien und findet seinen Abschluß in den nordsizilianischen Gebirgen.

Die zur Adria hin abfallende Ostabdachung des Apennin bildet mit den vorgelagerten pliozänen Tonen und Sanden seine Außenseite. An der ligurisch-tyrrhenischen Innenseite des Faltenbogens ist das alte Festland eingebrochen: es zeigt stärkeren Abfall, reichere Gliederung und das Auftreten tertiärer und quartärer Vulkane. Tektonische Senkungsfelder greifen, besonders im toskanisch-umbrischen Abschnitt, zwischen die einzelnen Ketten des Apennin ein. Sie waren im Quartär von Seen erfüllt, die später von Tiber und Arno nach Westen entwässert wurden.

Nach vorausgegangenen Phasen wechselnder Hebungen und Senkungen im Erdmittelalter (Mesozoikum, 225 Mill. bis 70 Mill. Jahre vor unserer Zeit) begann in der Oberkreide (vor 90 Mill. Jahren) ein Aufwölbungsprozeß im Bereich des heutigen Ligurischen und Tyrrhenischen Meeres, als dessen Ergebnis sich die kompakte Landmasse der **Tyrrhenis** auftürmte. Als östlicher Teil dieser Aufwölbung erhob sich ein Landrücken (Toscanidenschwelle) deutlich über das Meer empor.

Die oberen, zuvor in der untermeerischen, ligurischen Senke abgelagerten Sedimente glitten nun aufgrund der starken Wölbung zu den Seiten hin ab und legten sich über die Toscaniden-Schwelle beziehungsweise die noch untermeerischen Vorstufen von Korsika und Sardinien. Als Folge der großen Belastung sank das östliche Vorland der Tyrrhenis erneut unter den Meeresspiegel ab.

Erst als am Ende des Mittel-Miozäns, vor etwa 20 Millionen Jahren, die aufgewölbte tyrrhenische Masse relativ schnell einbrach, kam es als Gegenbewegung zu mächtigen Aufwölbungen: im Westen wuchsen Korsika und Sardinien über den Meeresspiegel, im Osten hoben sich die Toscaniden-Schwelle und die sich anschließende Vortiefenzone mächtig in die Höhe, wobei erstere so zur Kammlinie des Apennin aufstieg.

Der Gebirgszug bildet heute als fast 1500 km langes Rückgrat der italienischen Halbinsel die Klima- und Wasserscheide zwischen Po-Ebene und Adria einerseits und dem Ligurischen und Tyrrhenischen Meer andererseits.

## Die naturräumliche Gliederung der Toskana

Die Toskana erstreckt sich vom Kamm des Toskanischen Apennin im Norden bis an die Grenze der vulkanischen Tufflandschaften Latiums im Süden und vom Tyrrhenischen Meer bis zum Oberlauf des Tiber im Osten. Sie umfaßt alpine Gebirgsregionen ebenso wie sanft gewellte Hügellandschaften, weite Ebenen und abwechslungsreiche Küsten.

**Toskanische Idylle: Casa Vallebuia bei Santa Lucia.**

Bestimmendes Strukturmerkmal ist der weit nach Osten ausladende Gebirgsbogen des Apennin mit den **Apuanischen Alpen**, die als *Geologisches Fenster* die übereinandergeschobenen Gesteinsschichten durchbrechen und damit tieferliegende Materialien an die Oberfläche bringen. Die höchsten Erhebungen der Toskana liegen im tosco-emilianischen Apennin; es sind dies der **M. Alto (1904 m)**, der **M. Nuda (1894 m)**, der **M. Prado (2053 m)** und der Doppelgipfel des **Libro Aperto (1937 m)**.

Die Beckenlandschaften der **Lunigiana**, der **Garfagnana**, des **Mugello** und des **Casentino** gliedern das Gebirge und geben ihm sein markantes Profil. Erst im Pliozän senkte sich das Becken von Florenz und Pistoia zwischen den Apenninenketten ein. Hinzu kommen noch die jüngeren, fluviatil geprägten Beckenlandschaften des unteren Arno, des sich östlich von Florenz erstreckenden **Valdarno** und das **Val di Chiana**.

Nach Westen schließen sich die zentraltoskanischen Berg- und Hügellandschaften an, die in ihrer Gesamtheit auch als **Anti-Apennin** bezeichnet werden. Sie bestehen aus Meeresablagerungen der Kreide- und Tertiärzeit, die ebenfalls deckenartig übereinandergeschoben wurden.

Den Übergang vom hohen Apennin zu diesen typisch toskanischen Landschaften bildet der **Pratomagno**. Südwestlich des Valdarno erheben sich dann die **Monti del Chianti** und westlich von Siena die waldreiche **Montagnola Senese**, der sich die Reste des alten, erzführenden Gebirges der **Colline Metallifere** anschließen, die sich fast bis an die Küste des Tyrrhenischen Meeres erstrecken.

Südlich von Siena liegt das landschaftlich besonders eindrucksvolle Gebiet der **Crete**, eine karge, fast unwirklich erscheinende hügelige Mondlandschaft mit einzelnen Gehöften und Zypressen auf sanften Kuppen.

Weit im Südosten der Toskana erhebt sich das erloschene Vulkanmassiv des **Monte Amiata** quasi als nördlicher Vorposten der mittel- und süditalienischen Bruchzone mit ihrer großen Palette vulkanischer Erscheinungsformen wie ein Fremdkörper über die gestaffelten Hügelketten, die nach Süden sanft gen Umbrien abfallen.

Zwischen Küste und Hügelland breiten sich die ehemals versumpften Niederungen der **Maremmen** aus, heute ein flaches Land mit großen Naturparks und schönen Stränden, die sich von der **Versilia** an der SW-Abdachung der Apuanischen Alpen mit kurzen Unterbrechungen felsiger Küstenabschnitte bis zum **Monte Argentario** im äußersten Südwesten der Toskana erstrecken. Der *Silberberg* und die Inseln des **Toskanischen Archipels** sind Bruchstücke der versunkenen Tyrrhenis.

Entwässert wird die Toskana von einer Vielzahl von Flüssen, deren längste der **Arno** (241 km), der **Ombrone** (161 km), der **Serchio** (105 km) und der **Albegna** (101 km) sind.

**Die spektakulären Abbrüche der Balze im Nordwesten Volterras.**

# Pflanzen- und Tierwelt

## Vegetation der Toskana

Während Norditalien und die höhergelegenen Teile des Apennin vegetationsgeographisch zum mitteleuropäischen sommergrünen Laubwaldgebiet gehören, zählen Mittel- und Süditalien zur mediterranen Hartlaubzone.

Ganz Italien war ursprünglich Waldland. Als Folge einer jahrtausendelangen rücksichtslosen Abholzung der Wälder für Schiff- und Hausbau, zum Betrieb der Erzschmelzöfen und zur Gewinnung landwirtschaftlicher Nutzflächen hat sich auf flachgründig gewordenen Böden ein dichter, oft undurchdringlicher Buschwald gebildet: die **Macchia mediterranea**, eine hartlaubige Strauchformation aus kleinen, degenerierten Steineichen, verkümmerten Ölbäumen, Lorbeer, Ginster, Lavendel und Rosmarin, Myrte und Baumheide.

Über dieser sich im Norden bis 400 m, weiter im Süden bis 800 m Höhe ausbreitenden Stufe immergrüner Gehölze steht ein Waldstockwerk laubwerfender Eichen und Edelkastanien bis in 1200 m Höhe, gefolgt von einer höheren Gebirgsstufe mit Buchen und Nadelhölzern. Die Baumgrenze liegt zwischen 1900 m im Norden und 2100 m im Süden.

Dementsprechend finden wir in den nördlichen Apenninen, den Apuanischen Alpen und am Monte Amiata Mischwälder aus Buchen, Eichen, Edelkastanien und Tannen. Das typische toskanische Landschaftsbild aber prägen die schlanken, bis tausend Jahre alten Zypressen als *Säulen* und die schattenspendenden Pinien als *Dächer* der toskanischen Landschaft. In den sandigen Küstengebieten bilden die Schirmkiefern geschlossene Waldstreifen, *Pineta* genannt.

Auf den Hügeln dominieren Weinstöcke und knorrige Ölbäume. Ab Anfang Oktober werden die Reben geerntet, die Oliven sind erst viel später dran: Ende November beginnt ihre Ernte. In den Ebenen und entlang der Flüsse wachsen Pappeln, Weiden und Eschen und das bambusähnliche Nutzgras Canne. Hier und da als fremde Florenelemente: Agaven, Opuntien und Eukalypten.

Subtropische Zitrusfrüchte (Orangen, Zitronen und Mandarinen), Korkeichen und die bisweilen schon Anfang des Jahres blühenden Mandelbäume und Mimosen vervollständigen den Zauber dieser Landschaft.

## Fauna der Toskana

Über 40 000 Tierarten aller systematischen Stämme besiedeln die unterschiedlichsten Lebensräume der Toskana, von den alpinen Gebirgshängen bis in die Tiefen des Tyrrhenischen Meeres.

In den Apuanischen Alpen gibt es noch Steinböcke, und in den Quellgebieten der Flüsse tummeln sich Forellen, Lachse und Flußkrebse. Hasen, Kaninchen, Füchse und Rehe durchstreifen auf schmalen Pfaden die dichte Macchia, begleitet vom Flattern der Rebhühner und Fasane. Am Boden winden sich Nattern und nicht selten auch giftige Aspisvipern, die sich von Kleinsäugern und Amphibien ernähren.

In der Maremma und in den einsamen Hügelgebieten des Hinterlandes wühlen Wildschweine in großen Rudeln den Boden auf. Ihren Spuren begegnet man in den Chiantibergen ebenso wie in den dichten Wäldern des Monte Amiata, der Montagnola Senese und im Bandite di Scarlino.

Fast überall hausen Dachse, Füchse und Marder. Im Chianti schlägt hoffentlich noch lang die Nachtigall, denn trotz tausendfach angebrachter Schilder »Divieto di Caccia« sind viele Italiener leidenschaftliche Jäger geblieben, leider auch auf Vögel. Im Juni verwandeln Millionen von Glühwürmchen die Olivenhaine in ein Lichtermeer. Unzählige Muscheln, Krebstiere und Fische bevölkern das türkisblaue Wasser des Tyrrhenischen Meeres. Nur Esel und Maultier sind selten geworden und leider auch so manche Vogelart – als Opfer der Schrotflinten.

# Klima

Die abgeschirmte Lage zwischen Apennin und Küste beschert der Toskana ein ganzjährig gemäßigtes, mildes Klima. Wie eine schützende Mauer legt sich die weit nach Osten ausladende Klimascheide des Apenninenbogens um das Land der Etrusker und hält so die kalten Nordwinde von ihm fern. Die Folge sind milde Winter mit stark schwankenden Niederschlagsmengen, angenehme Frühjahrs- und Herbsttemperaturen und warme, trockene Sommer mit ein bis zwei ariden Monaten. Der Großteil der Niederschläge konzentriert sich auf die späten Herbstmonate und den Jahresanfang. Trotz dieser weitgehenden Einheitlichkeit der Klimaverhältnisse bedingen Lage und Relief eines Gebietes große lokale Unterschiede, so auch in der Toskana.

Während in Höhen über tausend Meter meist kühle, niederschlagsreiche Winter vorherrschen, die besonders in den Apuanischen Alpen und im hohen Apennin die Gipfel mit einer geschlossenen Schneedecke überziehen, ist es im Hügelland und an der Küste milder und freundlicher. Der Himmel ist meist blau und die Temperaturen liegen um die 12 °C. Die Luft ist klar und garantiert ungetrübte Fernsicht.

Das Frühjahr ist die Zeit der blühenden Macchia. Ein tiefblauer Himmel spannt sich über eine in Licht getauchte Landschaft, deren Konturen sich im Dunst der Ferne verlieren. Vereinzelte Kaltlufteinbrüche bringen kühle und verregnete Tage mit sich, aber es regnet selten länger als zwei Tage am Stück. In den Apuanischen Alpen, im hohen Apennin und am Monte Amiata kann es im Frühjahr noch schneien. An solchen Tagen empfiehlt es sich, die kulturellen Schätze der Toskana zu besichtigen. An der Küste ist es milder; das Wasser ist allerdings noch recht kühl. Im Chianti kann der Mai sehr regenreich sein. Aber: Mairegen bringt Segen!

Der Sommer beginnt spätestens Mitte Juni. Echte Dürrezeiten mit Wassernotstand sind aber auch in der Toskana sehr selten. Im Juli und August wird es in den großen Städten oft unerträglich heiß und schwül. An der Küste dagegen weht immer eine leichte Brise aus Nordwest oder Nordost. Trotz des milden Klimas sollte man einen Pullover dabei haben, denn die Abende können mitunter – besonders in den Höhenlagen – kühl sein. Im Frühjahr und Sommer ist es häufig diesig, wodurch leider die Fernsicht beeinträchtigt wird.

Ende August/Anfang September kündigen plötzliche Gewitterschauer den

**Zypresse am Wegesrand: der »Zeigefinger Gottes« ist ein Charakterbaum der Toskana. Sein Holz war einst Werkstoff für Tore und Pforten, Götterbilder und Schiffe.**

Herbst an. Im Chianti und an der Küste zählt der September noch zur Hochsaison. Das Wasser des Tyrrhenischen Meeres ist noch angenehm warm und kühlt erst Ende Oktober langsam ab. In den Höhenlagen des Apennin wird es Ende Oktober schon recht kalt, und so ziemlich alle Flüsse der Toskana führen ihr erstes Hochwasser.

Il vento, der Wind, weht im Winter überwiegend aus Nordost mit Stärken zwischen ein und drei Beaufort. Von März bis Oktober bläst er aus westlichen Richtungen. Hinzu kommen lokale Winde, die das Wettergeschehen mitbestimmen. Im Frühjahr kann die aus Nordost wehende *Bora* für einige Tage unangenehme Kaltluft in die Toskana bringen, und im Sommer ist es der *Grecale*, der für Abkühlung sorgt und für kurzfristige Wetteränderungen verantwortlich ist. Im Frühjahr und Herbst weht der *Libeccio* aus Südwesten an die Gestade des Tyrrhenischen Meeres. Wenn er als Orkan tobt, schlagen aufgewühlte Wassermassen gegen Felsen und Strand. Segler und Fischer bleiben dann besser im sicheren Hafen. Für klare Luft mit guter Fernsicht sorgt der aus Nordwesten kommende *Maestrale*. Aus der Sahara kommend, treibt der *Scirocco* warme, trockene Luftmassen aus Südosten über das Mittelmeer bis in die Toskana. Bleibt noch der *Tramontana*, ein Nordwind, der aus den Alpen kommt und gelegentlich Schnee bringt. Meist aber weht er kühl und trocken, macht die Luft klar und den Himmel blau.

## Beste Reisezeit

Trekking-Saison ist von März bis Oktober. Leider sind im Oktober schon viele Hütten und Campingplätze geschlossen (anfragen!). Die schönsten Monate aber sind

### Klimatabelle

| | J | F | M | A | M | J | J | A | S | O | N | D |
|---|---|---|---|---|---|---|---|---|---|---|---|---|
| **Regentage pro Monat** | | | | | | | | | | | | |
| Florenz | 7 | 7 | 9 | 8 | 7 | 7 | 3 | 3 | 5 | 9 | 9 | 9 |
| Grosseto | 9 | 8 | 8 | 8 | 8 | 4 | 2 | 3 | 7 | 10 | 11 | 10 |
| **Sonnenstunden pro Tag** | | | | | | | | | | | | |
| Florenz | 5 | 5 | 5 | 7 | 10 | 10 | 11 | 11 | 7 | 6 | 3 | 3 |
| Grosseto | 4 | 5.5 | 6 | 7 | 8.5 | 9.5 | 11 | 10 | 8 | 6.5 | 4 | 3.5 |
| **Mittlere Tageshöchsttemperatur °C** | | | | | | | | | | | | |
| Florenz | 8.3 | 10 | 14 | 18.5 | 22.8 | 27.9 | 30.9 | 29.9 | 25.5 | 19 | 13.3 | 9.1 |
| Arezzo | 7.8 | 9.2 | 13.3 | 17.2 | 21.3 | 26.5 | 30.2 | 29.5 | 25.3 | 19.1 | 13.5 | 8.7 |
| Lucca | 9.6 | 11.2 | 14.8 | 18.5 | 22.5 | 26.9 | 29.8 | 29.4 | 26.3 | 19.8 | 14.6 | 10.8 |
| Pisa | 10.9 | 12.5 | 15.5 | 19 | 22.6 | 26.9 | 29.5 | 29.7 | 26.7 | 21.5 | 16.1 | 11.9 |
| Livorno | 10.6 | 11.4 | 14.5 | 17.4 | 21.1 | 25.7 | 28.3 | 28 | 25.3 | 20.5 | 15.8 | 11.9 |
| Grosseto | 11.4 | 13.7 | 16.4 | 20 | 24.3 | 29.2 | 32.5 | 31.8 | 28.4 | 22.1 | 17 | 12.9 |
| Elba | 10.8 | 12.3 | 15.6 | 19 | 20.2 | 24.1 | 26.8 | 27.3 | 25.5 | 23.3 | 17.5 | 15.2 |
| **Wassertemperatur °C** | | | | | | | | | | | | |
| Grosseto | 14 | 13 | 13 | 14 | 17 | 21 | 23 | 24 | 23 | 20 | 18 | 15 |

April, Mai, Juni, September und Oktober. Die Klimatabelle veranschaulicht die durchschnittliche Zahl der Regentage, die Sonnenscheindauer und die Temperaturen von Luft und Wasser an ausgewählten Orten.

**Achtung:** Wer über Ostern unterwegs ist, sollte unbedingt vorbuchen, denn nicht selten sind Hotels und Herbergen total ausgebucht. Viele Campingplätze sind über Ostern noch nicht geöffnet (anfragen!)!

# Verwaltungsstruktur und Bevölkerung

Die **Repubblica Italiana** mit ihrer parlamentarisch-demokratischen Verfassung ist verwaltungsmäßig in zwanzig Regionen aufgeteilt. Eine davon ist die Toskana, mit 23 000 Quadratkilometern halb so groß wie die Schweiz. Rund 6,5 Prozent aller Italiener, das sind etwa 3,7 Millionen, leben in der **Regione Toscana**, die ihrerseits in neun unabhängige Provinzen aufgeteilt ist: Massa Carrara, Pisa, Lucca, Pistoia, Firenze, Arezzo, Siena, Livorno und Grosseto. Hauptstadt der Toskana ist Florenz.

Die Bevölkerung ist sehr ungleichmäßig über die Provinzen verteilt: über 80 Prozent leben im Ballungsgebiet Massa–Carrara, Florenz und Livorno. Demgegenüber sind die südlichen Maremmen und die Provinz Arezzo weniger dicht besiedelt. Seit 1985 liegt die Geburtenrate unterhalb der Sterbeziffer; die modernen Methoden der Geburtenplanung haben sich auch hier durchgesetzt. Dieses Mißverhältnis wird aber durch Zuwanderer aus Sardinien und Sizilien ausgeglichen.

97 Prozent der Toskaner gehören der römisch-katholischen Kirche an, aber nur zehn Prozent sind regelmäßige Kirchgänger. Die Scheidungsraten erreichen europäisches Niveau.

Der Toskaner gilt in ganz Italien als disziplinierter, fleißiger Arbeiter, als der *Malocher der Nation*. Er ist freundlich, höflich und hilfsbereit, und die Familie spielt – wie bei allen Italienern – immer noch eine viel größere Rolle als bei uns.

Zentrum des öffentlichen Lebens ist die von Kirche, Cafés und Bars umgebene Piazza, das öffentliche »Wohnzimmer« der Italiener: hier trifft sich alt und jung zum Plausch, hier werden Neuigkeiten verbreitet, Freundschaften geknüpft und Geschäfte abgeschlossen.

**Skulpturen wie diese zieren viele Vorgärten und Hauseingänge in der Toskana.**

# Die Wirtschaft

## Allgemeines

In den letzten beiden Dekaden hat sich ein deutlicher Wandel in der Erwerbsstruktur der Toskana vollzogen. Während der Anteil der Erwerbstätigen in Landwirtschaft und Industrie immer noch rückläufig ist, verzeichnet der Dienstleistungsbereich rasante Zuwachsraten.

Schlechte Ernten und schwer zu bestellende, steinige Ländereien sowie verlokkende Arbeitsplatz-Angebote in den Städten und Urlaubszentren der Küste führten zu einer noch andauernden Land- und Gebirgsflucht. Besonders die jüngeren Arbeitskräfte verließen massenweise die ländlichen Gebiete, was eine Überalterung der dortigen Bevölkerung zur Folge hatte. In einigen abgelegenen Gebieten des Hinterlandes finden wir sogar verlassene Dörfer, deren Felder brachliegen. Die Pflege der ländlichen Infrastruktur wurde nicht fortgeführt: Wege wachsen zu, Bewässerungsanlagen verkommen und mancherorts führen Versandung und Bodenerosion zu Erdrutschen und Überschwemmungen.

Ein Hemmschuh für Investitionen und Modernisierung der Landwirtschaft waren das aus dem frühen Mittelalter stammende System der *Mezzadria* (Halbpacht) und die aufgrund des Erbrechts immer kleiner gewordenen Produktionseinheiten. Eine Bodenreform unter Federführung der Kommunistischen Partei Italiens brachte in den fünfziger Jahren das Ende dieser entwicklungsfeindlichen Besitzstruktur; seitdem steigt auch wieder die Zahl der Schüler in den landwirtschaftlichen Schulen an – Indiz für eine Reanimierung der Landwirtschaft.

**Dorfidylle abseits aller Wege: Fungaia in der Montagnola Senese.**

Olivenbauer beim Beschneiden eines Ölbaums.

## Die Landwirtschaft

Von hundert erwerbstätigen Toskanern arbeiten heute noch zehn in der Landwirtschaft (1952 waren es 40 %, bis 1973 schrumpfte der Anteil auf 12 %). Spitzenreiter unter den Feldfrüchten ist nach wie vor die Rebe: der Anteil des Weinbaus am Bruttosozialprodukt beträgt 17 Prozent. Jährlich werden in der Toskana um die vier Millionen Hektoliter Wein produziert. Die Hälfte aller Landarbeiter ist im Weinbau tätig. Toskanischer Wein zählt inzwischen wieder zu den besten der Welt; Namen wie Brunello di Montalcino, Vino Nobile di Montepulciano, Ornellaia oder Vernaccia di San Gimignano stehen für die Wiederauferstehung von Qualität und önologischer Kultur.

Die Produktion von Olivenöl (5 % der landwirtschaftlichen Gesamtproduktion) ist auf die Hügelgebiete konzentriert, in den Ebenen dominieren Getreide-, Obst- und Gemüseanbau. Sieben Prozent des italienischen Weizens stammen aus der Toskana. Einen starken Aufschwung erfuhr in den letzten Jahren die Blumen- und Ziersträucherzucht in der Umgebung von Pistoia und der Provinz Pisa.

In den Waldgebieten spielen Pilze (u. a. Steinpilze und Trüffeln) und Eßkastanien eine nicht unwesentliche Rolle, da ihr Sammeln und Vermarkten das Einkommen der örtlichen, relativ armen Bevölkerung aufzubessern hilft.

Mit der allgemeinen Landflucht sind auch die Viehställe der Kleinbauern verschwunden. Schaf- und Schweinezucht spielen nur noch eine untergeordnete Rolle.

Für die Zukunft gibt es ehrgeizige Entwicklungsprogramme zur Förderung des Hinterlandes, um die Abwanderung der Bevölkerung zu stoppen. Dabei werden in den Ausbau eines naturverträglichen Tourismus große Hoffnungen gesetzt.

## Bergbau und Industrie

Zwischen 1952 und 1973 vollzog sich eine rapide Industrialisierung von Teilen der Toskana. Im Unterschied zu anderen europäischen Regionen entstanden jedoch keine industriellen Ballungsräume. Die Standorte der überwiegend Klein- und Mittelbetriebe verteilen sich auf die gesamte Region. Nur rund fünfzig Betriebe haben mehr als tausend Beschäftigte. Der Anteil der Erwerbstätigen in der Industrie beträgt heute etwa 45 Prozent. Wichtigste Branche ist der Maschinenbau, gefolgt von metallverarbeitender Industrie, Textil- und chemischer Industrie.

Einige Industriezweige haben eine sehr lange Tradition, so besonders der Abbau und die Verhüttung von Eisenerz auf Elba und in den Colline Metallifere. Viele Betriebe sind aber inzwischen aus Rentabilitätsgründen stillgelegt worden. Rückläufig sind auch der Zinnoberabbau am Monte Amiata und die Verarbeitung von Alabaster rund um Volterra. Lediglich der weltberühmte weiße Marmor von Carrara hat hinsichtlich Qualität und Produktionsvolumen seine Spitzenstellung in der Welt behaupten können.

Die Produktpalette toskanischer Unternehmen reicht von Maschinen und Anlagen für die Erdölindustrie, Petrochemie und Textilindustrie über Motorroller und Autoteile bis hin zu Leder- und Konfektionswaren, Schuhen, Glas-, Kristall- und Keramikprodukten.

Im Valdarno werden einheimische Braunkohlevorkommen und um Larderello in den Colline Metallifere geothermische Wärme zur Produktion elektrischer Energie genutzt.

Eine immer größere Bedeutung für die Wirtschaft der Toskana spielt der Tourismus: 1993 waren rund 1,1 Millionen Toskaner, das sind 41 Prozent der Bevölkerung, in diesem Bereich tätig, und zehn Prozent des gesamten italienischen Fremdenverkehrsaufkommens entfielen auf die Toskana. Seit 1982 existiert ein Projekt zur *Förderung der exkursionistischen Aktivitäten* mit dem Ziel der Entwicklung eines *Grünen Tourismus*. Damit soll auch der Abwanderung aus den ländlichen Gebieten entgegengewirkt werden.

**Geothermische Anlage bei Castelnuovo di Val di Cecina in den Colline Metallifere.**

# Trekking in der Toskana

## Allgemeines

Bei dem Namen Toskana verklären sich die Blicke, und unweigerlich entsteht in unserer Gedankenwelt ein virtuelles Bild jener Postkarten- und Kalenderlandschaft, Traumziel nordischer Sehnsüchte. Die Kunst- und Kulturmetropolen Pisa, Florenz und Siena sind für viele die Inkarnation europäischer Baukunst, Malerei, städtischen Lebens, ja Kultur schlechthin. Die ursprüngliche Toskana aber entfaltet sich abseits der großen touristischen Ballungszentren in den weniger bekannten Regionen des Hinterlandes. Diese unberührt gebliebenen Gebiete sind es, die sich für Trekkingtouren besonders eignen: eine überraschend vielfältige Komposition aus Sand- und Felsenküsten, Tiefebenen, Hügeln und alpinen Gebirgszügen.

Unzählige Sträßchen, Wege und Pfade bilden ein dichtes Netz aus Wanderwegen, die Natur und Kultur miteinander verknüpfen. Unter der Mitarbeit des Club Alpino Italiano (C.A.I.) und regionaler Tourismusverbände ist inzwischen eine Vielzahl von Routen eingerichtet worden, die insgesamt eine Streckenlänge von mehr als 2000 km umfassen.

## Der Sentiero Italia: 6000 Kilometer von den Alpen bis Sizilien

Im Juni 1983 entstand anläßlich der Eröffnung des Apenninen-Höhenweges die Idee, alle Regionen Italiens mit einem einzigen, durchgehenden Fernwanderweg zu verbinden. Acht Jahre später war die Planung abgeschlossen. Aus vorhandenen Wegen wurden die schönsten und zweckmäßigsten ausgesucht und zum längsten

Fernwanderweg der Welt zusammengesetzt. Am 12. Februar 1995 startete eine achtköpfige Initiativgruppe des C.A.I. an der Nordspitze Sardiniens, durchquerte die Insel, setzte ihren Weg über Sizilien und Kalabrien fort und erreichte über die 1400 km lange Gebirgskette des Apennin Anfang Juli die Region Piemont. Hier begann die mehr als 2000 Trekking-Kilometer umfassende West-Ost-Traverse durch die italienischen Alpen bis Triest, wo die Gruppe am 6. Oktober 1995 eintraf.

In 350 Einzeletappen wurden 5957 km bewältigt, mit Anstiegen, die sich auf insgesamt 334 000 m summieren – das ist 35mal die Höhe des Mt. Everest!

Der Sentiero Italia führt abseits der großen touristischen Ballungszentren durch das ursprüngliche Italien, durch unberührte, einsame Gebirgslandschaften, auf unbekannte Berge und in viele kleine Dörfer. Er erschließt Schönes und Unbekanntes und bietet Möglichkeiten der Be-

## Nützliche Hinweise

Die südlichen Abschnitte des Sentiero Italia, des *Langen Marsches*, bewältigt man am mühelosesten im Winter und Frühjahr, während die alpinen Etappen erst ab Mitte Juni begehbar sind. Geführte Touren auf Teilabschnitten des Sentiero Italia werden vom DAV Summit Club, Am Perlacher Forst 186, 81545 München, Tel. (0 89) 6 51 07 20, angeboten. Führer in Buchform, allerdings nur in Italienisch, und brauchbare Karten gibt es zur Zeit lediglich für einige Teilabschnitte. Eine Broschüre des C.A.I. beschreibt die Route nur in groben Zügen. Eine Videokassette und das Buch über die Erstbegehung von 1995 kann man bestellen bei: G. Mondadori & Associati, Via Andrea Ponti 10, I-20143 Milano. Informationen in Deutsch und Karten gibt es auch beim »Freundeskreis Archiv für Langstreckenwandern«, Tannenbergstraße 68, D-26127 Oldenburg, Tel. (04 41) 6 15 80, Fax (04 41) 6 15 19.

gegnung mit einfachen, gastfreundlichen und hilfsbereiten Menschen, der Kultur und Geschichte des Landes und seinen abgelegenen Regionen.

Die vollständige Erschließung Italiens per pedes auf dem Sentiero Italia ist angesichts noch weitgehend fehlender Karten, Markierungen, Raststationen und Hütten noch ein echtes Trekking-Abenteuer. Kompaß und Zelt werden durchgängig benötigt. Lediglich entlang der Trassen von *Grande Traversata delle Alpi* (GTA) und *Grande Escursione Appenninica* (GEA; siehe unten) gibt es einfache Etappenunterkünfte (Posto tappa) und schlichte Herbergen.

Der Sentiero Italia integriert schon vorhandene, ältere Fernwanderwege, wie den Ligurischen Höhenweg, die piemontesische Grande Traversata delle Alpi in den Westalpen und die Grande Escursione Appenninica im tosco-emilianischen Apennin, womit auch die Toskana berührt wäre.

## Die Toskana-Touren im Überblick

Unangefochtener Star unter den Trekking-Routen der Toskana ist die **Grande Escursione Appenninica**. Die GEA ist Teil des europäischen Fernwanderwegs E 1 und des Sentiero Italia. Der mit allen Nebenstrecken über 400 km lange Weg schlängelt sich über die Kammhöhen des tosco-emilianischen Apennin. Er wird in einen nördlichen und einen südlichen Abschnitt unterteilt. Während der südliche Teil durch vegetationsreiche Landschaften charakterisiert ist, beeindruckt der Nordteil mit einem alpinen Ambiente: weite, im Winter schneebedeckte Gipfelfluren, glaziale Formenvielfalt, Hochgebirgsseen und auf den mittleren und unteren Hängen dichte Tannen- und Buchenwälder.

Im Norwestzipfel der Toskana liegen die beiden Trekking-Gebiete der Lunigiana und Garfagnana. Die Routen des **Trekking Lunigiana** (TL) verlaufen beidseitig auf den Hängen und Randhöhen des Magra-Tals. Hauptort der Region ist Pontremoli. Das Gebiet des **Garfagnana-Trekking** (GT) erstreckt sich auf den Hängen des oberen Fiume Serchio bis hinauf in die Gipfellagen der Apuanischen Alpen und des hohen Apennin.

Zwischen dem Tal des Serchio und der Versilia, der Küstenregion zwischen Lucca und Massa-Carrara, erheben sich die bizarren **Alpi Apuane** mit den welt-

**Keine Orientierungsprobleme: viele Tourenabschnitte verlaufen über offene, alpine Hochwiesen mit weiten Panoramablicken.**

### Toskana für Reiter

Der toskanische Fernreitweg **Ippovia Toscana** befindet sich noch in Vorbereitung, dürfte aber für Reiter ein Leckerbissen werden, wenn die notwendige Infrastruktur an der etwa 225 km langen Strecke erst einmal erstellt sein wird.
Er beginnt am Maremma-Nationalpark in Alberese, führt durch die maremmanische Ebene östlich an Grosseto vorbei, verläuft dann über die westlichen Randhöhen des Ombrone, überquert den Fiume Merse, zieht am Ostrand der Montagnola Senese entlang und erreicht Monteriggioni. Dann geht es über die Monti del Chianti ins Arnotal hinab nach Pontassieve und weiter über die nordöstlichen Höhen des florentinischen Hinterlandes ins mittlere Sieve-Tal. Über die östlichen Hänge des Mugello steigt der Ippovia Toscana hinauf zum M. La Faggeta (1144 m) und führt abschließend über die Höhenrücken des zentralen Apennin ins Bologneser Hinterland.

berühmten, weiß leuchtenden Marmorbrüchen. Dieses Trekkinggebiet zählt zu den schönsten Europas.

Nordwestlich von Pistoia liegt das an die GEA angebundene Routennetz des **Montagna Pistoiese Trekking** (MPT). Südlich schließt sich das kleine Gebiet des **Valleriana-Trekking** (VT) rund um das Tal des Torrente Pescia an. Erwähnenswert sind auch die **Monti Pisani** zwischen Lucca und Pisa, die allerdings an den Wochenenden von den Bewohnern der beiden Städte regelrecht überschwemmt werden.

Nordöstlich von Florenz senkt sich die nordwindgeschützte Beckenlandschaft des Mugello vom weit nach Osten ausladenden Bogen des Apennin herab. Hier liegt das zweigeteilte Gebiet des **Sorgenti di Firenze Trekking** (SOFT). Der elf Etappen umfassende Rundweg verläuft im Süden des Val di Sieve über die sanften Hügel der sekundären Wasserscheide zwischen dem Becken von Florenz und der Senke des Mugello. Im Norden verläuft er vom Passo della Futa bis zum M. Falterona über die Kämme des florentinischen Apennin auf der Trasse der GEA. Der Hauptweg und 22 an ihn angeschlossene sekundäre Wanderwege erschließen Pässe und Gipfel, tiefe Schluchten im Quellgebiet der Flüsse, Wasserfälle und Wälder ebenso wie mittelalterliche Dörfer mit ihren Burgen und Kirchen, verlassene Gehöfte und prächtige Medici-Villen.

Im Süden schließt sich das **Casentino-Trekking (CT)** an. Den Abschluß im Osten bildet das **Val-Tiberina-Trekking (VTT)**.

In den Hügelgebieten der Toskana entfaltet sich ein abwechslungsreiches Mosaik aus dichten Eichen- und Kastanienwäldern, undurchdringlicher Macchia, lichtdurchfluteten Weingärten, Olivenhainen und dunklen Zypressenalleen, das sich über ein sanftes, wogendes Hügelland ausbreitet – gekrönt von mittelalterlichen Schlössern, Burgen und kleinen Dörfern, von Renaissance-Palästen und Weingütern. Hier liegen die Trekking-Gebiete von **Volterra** und **Certaldo, La Montagnola,** die einsamen Waldlandschaften der **Colline Metallifere**, der **Pratomagno** und mitten drin das *Herz der Toskana*, das **Chianti**.

Den Abschluß im Südosten bildet das **Monte-Amiata/Monte-Labbro-Massiv**. Bisher wenig bekannt, aber genauso reizvoll wie die anderen Gebiete, ist die **Provincia di Grosseto** mit ihren unendlich erscheinenden Weiten der maremmanischen Ebene, lichtüberfluteten Küsten und den Inseln des Toskanischen Archipels. Ich habe dieser Provinz deshalb besondere Aufmerksamkeit gewidmet.

## Infrastruktur der Routen und allgemeine Hinweise

Trotz der großen Menge offiziell ausgewiesener Trekking-Routen in der Toskana ist die Infrastruktur noch unzureichend. Im gesamten Gebiet gibt es nur etwa hundert Berghütten und Raststätten. Im Gegensatz zur Küste sind Campingplätze im Landesinneren rar, und außerhalb der Plätze besteht ein allgemeines Verbot des wilden Zeltens.

Nicht alle Routen sind markiert, und geführte Trekks gibt es nur in wenigen Gebieten. Tourenführer in Italienisch gibt es zwar für alle Gebiete, aber die Wegbeschreibungen sind meist zu allgemein gehalten. Recht zuverlässig sind die Angaben in den Karten *Sentieri e Rifugi 1:25 000* der Edizioni Multigraphic, Firenze. Feldwege sind oft nicht in die Karten eingetragen, andere sind verlegt worden oder zugewachsen.

Alle vorgestellten Trekking-Routen verlaufen in gebührendem Abstand von Autobahnen und großen Fernstraßen, meiden die großen Städte und erschließen die toskanische Landschaft und Kultur in ihrer ganzen Vielfalt, zeigen das Besondere, das Unbekannte, Liebenswürdige und Charakteristische. Teilweise kurze Tagesetappen lassen genug Zeit für eigene Entdeckungen. Genaue Wegbeschreibungen helfen, sich auch im weglosen Gelände zu orientieren.

Die konditionellen Anforderungen sind sehr unterschiedlich in Abhängigkeit von Gelände und Dauer des Trekks; sie reichen

**Begegnung der Generationen: Straßenszene in Sassofortino.**

> ### Aspis-Viper
> Die Aspis-Viper ist eine bis 75 cm lange, lebendgebärende, gedrungene, kurzschwänzige Schlange mit breitem, dreieckigem Kopf. Sie zeigt schwarze Querbänder oder rechteckige Flecken auf grauem, hell- oder rotbraunem Grund. Ihre Bauchseite ist schwärzlich, grau oder schmutzig-gelb. Auffällig ist die schwefelgelbe bis orange Schwanzspitze. Ihr Biß ist für den Menschen gefährlicher als der einer Kreuzotter.

von leicht bis schwer. Träger oder Transporttiere sind aber in keinem Fall erforderlich und auch nicht verfügbar.

Im Sommer sollte man wegen der großen Tageshitze sehr früh starten, genügend Getränke mitnehmen und es den Einheimischen gleichtun: in der Hitze des Mittags eine ausgedehnte Siesta im Schatten einlegen.

Achtung: Auf gar keinen Fall sollte man in Sandalen wandern, denn zwischen Mai und Oktober begegnet man nicht selten der giftigen Aspis-Viper, deren Lebensräume die Macchia, die Waldgebiete der Garfagnana und die Apuanischen Alpen sind. Vor jedem Hinsetzen im Freien sollte man den Boden mit einem Stock abklopfen, um möglicherweise vorhandene Tiere aufzuscheuchen und zu vertreiben.

Zusätzliche Aufmerksamkeit muß man im Herbst aufbringen: im Oktober ist allgemeine Jagdzeit, und in den frühen Morgenstunden begegnet man dann manchmal mehr Jägern als Wildschweinen – und von denen gibt es ganz schön viele in der Toskana!

## Routenübersicht

Die ausgewählten Routen bieten insgesamt einen repräsentativen Querschnitt durch das breite Spektrum toskanischer Natur- und Kulturlandschaften. Aufgrund der großen geographischen und kulturellen Vielfalt ist es nicht möglich, alle Aspekte der Toskana auf einer einzigen Trekkingtour kennenzulernen.

Die Touren 1, 2, 3 und 4 erschließen die alpinen Gebiete (Area montana); wer die Übergangs- und Hügellandschaften der Toskana kennenlernen möchte, sollte sich für eine der Touren 5, 6, 7, 12, 13, 14 oder 15 entscheiden (Area collinare), und für Liebhaber der Ebenen, der Küste und des Meeres (Area litoranea) empfehlen sich die Touren 10 und 11.

Da die Toskana eine der ältesten und bedeutendsten Kulturlandschaften Europas ist, hielt ich es für sinnvoll, auch eine Tour mit kulturell-historischem Schwerpunkt aufzunehmen (Kulturtrekk 8).

Die vielfältigsten Eindrücke vermittelt die Radrundfahrt durch die Provincia di Grosseto, die Küste, Ebene und Hügelgebiete miteinander verbindet (Tour 9).

Gut kombinierbar sind die Touren, die räumlich nahe beieinander liegen. Wer den Kontrast liebt, kann ihn in der Kombination Alpi Apuane und Monte Argentario (Touren 2 und 11) finden.

> ### Unwetter
> Bei starken Regenfällen besteht in den Apuanischen Alpen und im gesamten Apennin die Gefahr plötzlich auftretender Flutwellen, welche die sommers ausgetrockneten Bachbetten, die sehr oft als Wegtrassen benutzt werden, in reißende Sturzbäche verwandeln. Zusätzlich kann es zu verheerenden Erdrutschen kommen, wie die katastrophalen Ereignisse im Juni 1996 in der Provincia di Lucca gezeigt haben.

Poesia toscana: Überall grüßen blumengeschmückte Balkone den Besucher.

## Naturschutz und Mountaineering-Kodex

Einige der in diesem Buch vorgestellten Trekking-Routen führen durch Teile von Naturschutzgebieten. Im eigenen und auch im Interesse nachfolgender Trekker sollte es selbstverständlich sein, die Regeln der jeweiligen Parkordnungen einzuhalten, die aber bei einem verantwortungsvollen Aufenthalt in der Natur auch außerhalb der ausgewiesenen Schutzgebiete gelten sollten. Wer durch die unmittelbare Begegnung eine Landschaft, ihre Pflanzen, Tiere und Menschen kennen- und liebengelernt hat, ist von selbst bereit, das nun Bekannte auch zu schützen. Deshalb sollte es eine Selbstverständlichkeit für jeden Trekker sein, den Mountaineering-Kodex der internationalen Alpinistenverbände zu befolgen:

- Schützen Sie die Umwelt!
- Töten Sie keine Wildtiere!
- Vergraben Sie alle biologischen Abfälle, Exkremente und alles Brennbare!
- Nehmen Sie alles biologisch nicht Abbaubare wieder mit (Blechdosen, Glaswaren)!
- Schlagen Sie kein Holz oder Buschwerk! Verwenden Sie zum Kochen Gaskartuschen. Das Abholzen von Bäumen und Gebüsch ruiniert die Vegetation und fördert die Erosion.
- Löschen Sie alle Feuer vor dem Verlassen eines Lagerplatzes!
- Werfen Sie keine brennenden Zigaretten, Streichhölzer oder Glut weg!
- Respektieren Sie örtliche Traditionen, Glauben und Bräuche!
- Vermeiden Sie unnötige Risiken! Rettungsaktionen sind oft kompliziert und teuer!

Vom Gipfel des Monte Tondo fällt der Blick auf den Hauptkamm des Appennino settentrionale (Nördlicher Apennin).

# Die Trekkingtouren

# 1 Zwischen Apuanischen Alpen und Apennin

# Garfagnana-Trekking

Bohnensuppe, Pecorino aus der Milch des Mutterschafs, Ricotta und Gerichte aus Kastanienmehl sind die kulinarischen Spezialitäten der Garfagnana, jenes anmutigen, fruchtbaren Tals des oberen Serchio und seiner wasserreichen Nebenbäche im Nordwestzipfel der Toskana. Das nachweislich seit der mittleren Steinzeit besiedelte Gebiet erstreckt sich zwischen den rauhen, bizarren Felsformationen der Apuanischen Alpen im Westen und dem Patchwork aus sanften Wiesen, Weiden und Wäldern auf den Hängen des tosco-emilianischen Apennin im Osten.
Diese verschiedenen, aber gleichermaßen attraktiven Landschaften werden im Talgrund von den klaren Wassern des Serchio miteinander verbunden. Drei Nationalparks (Parco Naturale dell'Orecchiella, Parco Regionale Alpi Apuane, Parco Naturale Argegna) mit einer Gesamtfläche von 28 200 Hektar, das sind über 50 Prozent der Gesamtfläche der Garfagnana, eine Vielzahl markierter Wege und Hütten sowie Höhlen, Kletterberge und die Möglichkeiten für Paragliding und Drachenfliegen machen dieses einzigartige und beeindruckende Tal zu einem idealen Gebiet für Outdoor-Aktivitäten.

## 1. Etappe: Aufstieg zum »Toten Mann«

**Castelnuovo**, das von den Römern gegründete Verwaltungs- und Handelszentrum der Garfagnana, liegt in einst strategisch bedeutsamer Lage am Zusammenfluß von Serchio und Turrite Secca. Vor der mächtigen Festung aus dem 13. Jh. breitet sich die Piazza aus, lebendiger Mittelpunkt der Kleinstadt. Von hier aus gelangen wir über die Via Farini zur Brücke über den Turrite, folgen dann der Straße der Autohändler bis zur Landstraße, biegen nach rechts in Richtung Arni ab und erreichen hinter den letzten Häusern des Ortes den Einstieg zur ersten Etappe.

Ein unübersehbares Schild mit der Aufschrift *Garfagnana Trekking* weist uns den Weg, der jenseits eines kleinen Baches zunächst als gepflasterter Pfad beginnt und dann als Waldweg zum Weiler **Granciglia** hinaufführt. Die wenigen Häuser des kleinen Ortes liegen im Schatten, die Fensterläden sind noch geschlossen. Eine Katze huscht über den Weg und beobachtet uns von einem der *altane*, das sind überdachte, für den Durchzug des Windes offene Terrassen, luftige Lagerplätze für Getreide, Nüsse und Kastanien.

Sie begleitet uns bis zur Kapelle *Madonna della Neve* aus dem Jahr 1654. Eine alte Frau aus dem nahen Bergdorf **Sassi** ist zum Morgengebet herabgekom-

Castelnuovo Garfagnana: Blick von der Brücke über den Fiume Serchio auf den Kamm des tosco-emilianischen Apennin.

men. Skeptisch beobachtet sie die fremden Eindringlinge, die mit ihren Rucksäcken so gar nicht zu diesem Ort der inneren Einkehr zu passen scheinen. Neben dem direkt in die Kirchenwand integrierten Beichtstuhl stellt sie eine Kerze in eine Mauernische, bekreuzigt sich und geht stumm den Kammweg hinauf zurück nach Sassi.

Hundert Glockentürme soll man vom Dorf aus zählen können, das sich hoch über dem Tal des Turrite auf einem Bergrücken ausbreitet. Sieben Monate lang litt die Bevölkerung von Sassi am Ende des Zweiten Weltkriegs unter den Kämpfen, die an der *Gotischen Linie* stattfanden (siehe Seite 82); ein geheimer Keller unter der alten Kirche bot den Menschen Schutz vor den Wirren des Partisanenkrieges.

Wir durchqueren den freundlichen Ort, passieren das *Oratorio di San Rocco* und erreichen wenig später **Eglio**, das letzte

## Kurzcharakteristik

Garfagnana-Trekking ist eine Rundtour in zehn Etappen, die es ermöglicht, sich eines der beeindruckendsten Gebiete der Toskana in seiner ganzen Vielfalt zu erschließen: von den imponierenden Felsenketten der Apuanischen Alpen über die satten Wiesen und hochstämmigen Wälder auf den Hängen des Apennin bis hin zu den kahlen Kämmen der großen Wasserscheide mit dem M. Prado (2054 m) als höchster Erhebung der Toskana. Kulturelle Aspekte vervollständigen das Bild dieser intakten Region: kleine, romantische Orte, gastfreundliche Menschen, ihre Folklore und ihre ungewöhnlichen Speisen. Die gesamte Tour ist durchgängig markiert (»GT« bzw. rot-weiße Markierung).

**Beste Jahreszeit:** Mai bis Oktober
**Gesamtgehzeit:** 10 Tage
**Gesamtstrecke:** 115 km
**Kartenskizze:** Siehe Seite 48

**Rifugio E. Rossi vor der Südwestwand der Pania Secca.**

Dorf auf unserem Weg zum alpinen Gebirgsstock der Pania-Gruppe. In der Nähe von Casa Foce di Eglio treffen wir auf eine Asphaltstraße, auf der wir wohl oder übel bis zur Kreuzung von **Alpe di San Antonio** laufen müssen. Wir überqueren die Straße und gehen durch dichten Niederwald hinab in den Ort. Die wenigen, sich weit über steile Wiesen verteilenden Häuser sind im Winter unbewohnt, denn die Weiden am Fuße der Pania sind seit Jahrhunderten ein Gebiet der Transhumanz, jener spezifischen Form der halbnomadischen Fernweidewirtschaft, bei der die Viehherden zwischen verschiedenen Gebieten wechseln, die sich im jahreszeitlichen Klimarhythmus ergänzen. Jeweils im September brechen Hirten und Herden auf und wandern hinab zu den klimatisch günstigeren Winterweiden der maremmanischen Ebene.

Auf den Weiden der Pania trieb einst auch der von den Hirten gefürchtete Buffardello sein Unwesen, ein Verrückter, der die Wachhunde verjagte und die Schafe an den Rand steiler Schluchten trieb, in die er sie dann hinabstieß.

Am letzten Haus von San Antonio wenden wir uns nach links (CAI 133), passieren bald darauf einen Brunnen und folgen dem Weg, der geradeaus in den Wald führt. Wir überqueren einen Bach und steigen dann einen sehr steilen Pfad durch rötliches, schieferartiges Gestein hinauf nach **Colle Panestra.**

Zwischen Hausruinen zweigt rechts der Weg CAI 138 ab. Hier halten wir uns links. Eine giftige Viper schlängelt sich langsam über den Weg, überwindet eine kleine Steinmauer und verschwindet im Unterholz. Nach kurzem steilem Aufstieg treffen wir nahe einer Weihkapelle auf das Ende der *strada bianca*, die von Molazzana heraufkommt und ursprünglich zur Erschließung der Pania und zum Abbau des Marmors geplant war. Die Kapelle wurde zur

Erinnerung und Mahnung an die blutigen Gefechte errichtet, die hier zwischen deutschen Truppen und den Partisanen der Gruppe *Valanga* stattfanden.

Wir wenden uns nach rechts. Die *strada bianca* geht schnell in einen Waldweg über (CAI 7). Hier und da treffen wir auf ebene, runde Plätze: letzte Zeugen einer noch vor wenigen Jahren verbreiteten Köhlertätigkeit. Auf den ebenen Flecken wurden die Meiler gebaut, die in vier bis fünf Tagen hochwertige Holzkohle lieferten. Heute begegnen wir nur noch selten diesen rauchenden Kegeln.

Wir gehen weiter durch Buchenwald, bis wir endlich die grünen Wiesenhänge unterhalb der nackten, grauen Felswand der Pania Secca erreichen. Eine letzte Anstrengung, und wir stehen vor dem **Rifugio E. Rossi**. Die Hütte befindet sich an einer sehr schönen Stelle im Zentrum der Pania-Gruppe: im Nordosten die **Pania Secca** (1709 m), im Südwesten die **Pania della Croce** (1858 m), und auf ihrer Rückseite **L'Uomo Morto** – der Tote Mann, ein Bergzug, der von weitem die Silhouette eines liegenden Mannes hat.

## 2. Etappe: Kalksteingipfel, Karst und Hirtendörfer

Beim Verlassen der Hütte begrüßt uns ein Schäfer mit seiner Herde. Das beruhigende Geläut der Glöckchen begleitet uns auf dem Weg über taunasse Hangwiesen hinüber zum *Vallone dell'Inferno*: eine steile, kahle Rinne, angefüllt mit Gesteinstrümmern, in der Ostflanke der Pania della Croce. Wolkenfetzen steigen aus dem Tal zum Kamm hinauf, umhüllen uns kurz mit ihrer feuchten Kühle, reißen auf, wirbeln senkrecht empor und lösen sich in der Höhe auf. Der Weg zum Gipfelgrat ist schweißtreibend.

Die Pania della Croce ist zweifellos der berühmteste Gipfel der Apuanischen Alpen. Dante und Boccaccio haben über sie geschrieben, und unzählige Wissenschaftler, Botaniker und Geologen haben sie besucht. Bei guter Sicht kann man sie von Pisa und manchmal sogar von Florenz aus sehen. Ein Abstecher über den flachen Grat zum Gipfelkreuz ist einfach und nicht nur deshalb obligatorisch: die Rundumsicht auf die Alpi Apuane ist einzigartig.

### L'Uomo Morto

Die Legende erzählt, daß auf den Wiesen unterhalb der Hütte ein Hirte und eine Hüterin täglich ihre Herde zur Weide führten. Zwischen den beiden entbrannte eine tiefe Liebe, getrübt nur von den unruhigen Träumen des jungen Mannes, der nicht sein ganzes Leben in den Bergen verbringen wollte. Der Anblick des Meeres, das man von den Gipfeln aus sehen konnte, lockte ihn so sehr, daß er eines Tages die Berge verließ.
Die Schäferin war verzweifelt, weinte den ganzen Tag und beobachtete den Horizont in der Hoffnung, ihre Liebe zurückkommen zu sehen. Eines Tages kam ein anderer Schäfer namens Baldo auf die Wiesen der Pania. Er verliebte sich sofort in das junge Mädchen, das ihn aber nicht beachtete in all ihrer Verzweiflung um den verlorenen Geliebten.
Baldo versuchte, sie zu vergessen, aber es gelang ihm nicht. Da bat er die Götter um Rat, die ihm sagten, es gäbe nur einen Weg, um das Leiden des Mädchens zu beenden: nämlich ihm den Anblick des Meeres zu nehmen. Baldo war in seiner Liebe zu jedem Opfer bereit: er legte sich auf den Boden, und die Götter verwandelten ihn in einen gigantischen Riesen aus Stein. Seit diesem Tag erhebt sich ein weiterer Berg in den Apuanischen Alpen: L'Uomo Morto.

Auf dem Rückweg zur Paßstelle blicken wir auf die bizarren Kalksteinstrukturen des **Pizzo delle Saette** (1720 m), der sich nordwestlich der Pania erhebt. Regelmäßig nebeneinander angeordnete, mehr oder weniger tiefe Rinnen durchziehen die offenen, geneigten Gesteinsoberflächen: Karren, auch Schratten genannt; Ergebnis chemischer Lösungsprozesse durch Regenwasser, zusammen mit Löchern, Mulden und Höhlungen verschiedenster Größe die typischen Erosionsformen im Kalkgestein.

Vom Grat zwischen den beiden Gipfeln führt ein steiler Bergpfad im Zickzack hinab zur **Foce di Mosceta**. Während des Abstiegs blicken wir auf die tief unter uns liegende Hütte **Rifugio Del Freo** (1180 m) am Südosthang des **M. Corchia** (1677 m). Dieses Kalkmassiv mit dem Antro del Corchia (s. S. 52) ist ein Paradies für Höhlenkletterer.

An der Foce di Mosceta, dem schmalen Paß mit den sanften Wiesensenken, biegen wir unterhalb einer kleinen Steinhütte scharf rechts ab und erreichen auf einem angenehmen Waldweg (CAI 9) den seit Ende 1940 verlassenen Ort **Colle di Favilla.** Das Dorf liegt in eindrucksvoller Position auf einem vom M. Corchia herabkommenden Bergrücken direkt gegenüber der steil aufragenden Felspyramide des Pizzo delle Saette – ein Landschaftsbild fast wie im südchinesischen Kegelkarst.

Wir gehen geradeaus weiter durch einen dichten Buchenwald hinab zum **Lago di Isola Santa**, einem kleinen See, der durch die Abdämmung des Turrite Secca gebildet wurde. Der alte malerische Ort liegt heute auf einer durch den Stausee entstandenen Halbinsel. Der Glockenturm und die einfachen Steinhäuser der Landarbeiter und Marmorbrecher spiegeln sich im grünlichen Wasser des Sees.

Nach Überquerung der Staumauer wenden wir uns nach links, gehen ein kurzes Stück auf der Asphaltstraße bis zum *Ristorante Da Giacco*, biegen hier scharf rechts ab und steigen durch Laubwald hinauf ins alte apuanische Hirtendorf **Capanne di Careggine**. An der Hauptstraße gehen wir rechts und erreichen nach etwa dreieinhalb Kilometern eine Verzweigung: hier wenden wir uns erneut nach rechts, passieren im Wald den Neubau einer Abfüllanlage für Mineralwasser, überqueren dann einen Bach und stehen plötzlich vor einem einfachen Steinhaus: dem **Rifugio**

**Aufstieg durch das mit Kalksteintrümmern angefüllte Vallone dell'Inferno zur Pania della Croce.**

**Isola Santa am Stausee des Turrite Secca.**

**Pian dei Mulini**. Vor dem Haus, zwischen Kastanienbäumen und Pappeln am Bach verteilt: rustikale Holzbänke und Tische unter mit Stroh gedeckten Dächern. Außer dem Rauschen des Baches umgibt eine totale Ruhe diesen abgelegenen Ort.

## 3. Etappe: Wanderung nach Campocatino

Zwanzig Minuten sind es vom Rifugio bis **Capricchia**. Noch zur Jahrhundertwende veranstalteten die Bewohner des Ortes in der *Nacht des San Michele* (29. September) eine Hexenjagd. Glöckchen und Pauken schlagend, schreiend und Schüsse abgebend zogen sie durch die Gemarkung, wobei sie unaufhörlich *macconeccio* riefen. *Macco* ist ein Maisbrei und *neccio* ein Gericht aus Kastanienmehl. Die Leute beabsichtigten mit all dem Lärm, ihre beiden wichtigsten Nahrungsmittel vor jeglicher Hexerei zu bewahren.

Vom kleinen Platz vor der Kirche von Capricchia folgen wir der Straße, die nach links aufsteigend wenig später auf einen Weg trifft, der direkt nach **Porreta** führt. Wir überqueren die Piazza des von einem riesigen Kastanienhain umgebenen Dorfes, passieren den Ortsteil Valbona und steigen dann durch Buchenwald in der Südflanke eines tief eingeschnittenen Kerbtals hinauf auf die Sattelhöhe **Maestà del Tribbio**. Jenseits des Sattels wandern wir im Tal des Torrente Tassetora hinab nach **Vagli di Sotto**. Das auf einem Felssporn zwischen den Wasserschenkeln des Stausees Lago di Vagli liegende Dorf hat seine alten Strukturen weitgehend erhalten können. Steinhäuser, enge Gassen und die romanische Kirche San Regolo geben dem Ort ein mittelalterliches Gepräge. Vor Vagli di Sotto, im See versunken, verschlammen langsam die Ruinen von Fabbriche di Careggine, *Ghost-town* im Wasser, ein *Pompei subaqua*.

Über ein Stück der Provinzstraße und einen Feldweg erreichen wir **Vagli di Sopra.** Dann folgen wir dem Weg, der direkt ins glaziale Wiesenbecken von **Campocatino** führt. Eine grüne Ebene, eingefaßt von zwei Moränenzügen, erstreckt sich entlang der mächtigen und steilen Nordostwand des **M. Roccandagia** (1700 m). Auf den Ablagerungen der eiszeitlichen Gletscher liegen verstreut die *caselli*, kleine Häuschen aus grauem Naturstein, die einst als Schafställe und Wohnungen für die Hirten dienten.

**Alternative: Alpiner Weg über den M. Sumbra** Von Pian dei Mulini wie oben bis Maestà del Tribbio; von hier steigen wir durch Buchenwald und Himbeersträucher einen breiten Bergrücken hinauf. Nach dem Zusammentreffen mit dem von links kommenden Weg CAI 145 wird das Gelände rauher. Weiße Felsrippen aus Kalkstein durchbrechen den Waldboden. Wir erreichen den Ostkamm des **M. Sumbra**, dessen nackte Südwand mehrere hundert Meter senkrecht in den Quelltrichter des Fosso dell'Anguillaia abstürzt.

Entlang dieses Baches findet man die berühmten *Marmitte dei Giganti*, riesige Schleiftöpfe im homogenen Gestein, gebildet von Wasserwirbeln, die mit Hilfe von Gesteinsbrocken einen Zylinder ausgeschliffen haben. Die Strudellöcher mit ihren polierten Wänden, die sich nur bilden, wenn Wasserkraft und Schleifsteingröße in einem bestimmten Verhältnis zueinander stehen, erreichen hier ungewöhnlich große Durchmesser.

Wir überwinden den exponierten Aufstieg über steilgestellte, zerbrochene Kalkplatten mit Kluftrissen und Schratten und erreichen den weiten, grasbewachsenen Hang unterhalb des Gipfels des M. Sumbra (1765 m). Der Aufstieg von hier ist leicht und wird belohnt mit einem Blick vom Meer bis zum Alpenbogen. Der ganz aus Marmor bestehende Berg im Inneren der Apuanischen Alpen beeindruckt durch die Verschiedenheit in der Gestalt seiner Hänge: von leichter Abdachung bis zu Kletterwänden des V. und VI. Grades.

Der Abstieg über die Westkante des Berges zum **Fiocca-Paß** ist kurz, aber steil und erfordert erhöhte Aufmerksamkeit.

## La piccola Pompei

Als Anfang Februar 1994 bis dato letztmalig die 43 Millionen Kubikmeter Wasser des zum **Lago di Vagli** aufgestauten Torrente Edron zwecks Wartungsarbeiten am 92 m hohen Damm abgelassen wurden, kamen Heerscharen von Touristen, um das magische Spektakel des aus den Fluten auftauchenden *Dorfes der Eisenschmiede* mitzuerleben.
**Fabbriche di Careggine** wurde im 13. Jh. von Eisenschmieden aus Brescia gegründet. Ihre fachkundige und ertragreiche Arbeit fand Unterstützung beim Herzog Francesco III. von Modena, der die Eisenwerker 1755 von Steuerpflicht und Wehrdienst befreite.
In den Jahren 1941–46 realisierte die staatliche italienische Elektrizitätsgesellschaft ENEL den Bau des Staudamms. Ziel war eine bessere Ausnutzung der natürlichen Energieressourcen, die saisonale Regulation des Hochwassers des Fiume Serchio und die Ermöglichung von Wassersport auf dem Torrente Edron. Im Jahr 1946 wurde das Becken des 40 Quadratkilometer großen Speichersees erstmals geflutet: die aus Sandsteinblöcken gebauten Häuser, Schmiedewerkstätten, die Kirche San Teodoro, die Brücke über den Edron, Kirchturm und Friedhof versanken im Wasser: so wie einstmals Pompei unter der Asche des Vesuvs begraben wurde.

**Ein schöner Rastplatz auf einem Moränenrücken am Rand des glazialen Wiesenbeckens von Campocatino.**

Auf dem Paß wenden wir uns nach rechts und gehen über grasbewachsene Hänge (CAI 144) bis zu einem Sattel hinab, bevor wir weiter durch kahles Gelände auf einen Kamm hinaufsteigen. Jenseits des Kamms treffen wir auf eine Wegverzweigung. Wir halten uns links und erreichen wenig später den **Passo di Sella**.

Mit Blick auf den M. Tambura wenden wir uns nach rechts und folgen dem Weg CAI 31, der im Wald den M. Sella umgeht. Wir queren das enge Tal von Ripanaia, passieren die Casolari di Caprareccia und folgen dann der *strada marmifera* (Straße für den Abtransport des Marmors). Nach etwa anderthalb Kilometern beginnt links ein steiler Bergpfad, der zur Einsiedelei von **San Viano** (Eremo d. S. Viano) hinaufführt, die inmitten einer steilen Felswand diesem Ort ein märchenhaftes Ambiente verleiht.

Der Heilige ist bis heute sehr beliebt, und jährlich am 22. Mai und 22. September wird San Viano mit einer großen Prozession gefeiert. Er war der Schutzheilige der Hirten, die im Rahmen der Transhumanz im Mai in den Bergen ankamen und diese im September wieder verließen, um ihre Herden in die maremmanischen Ebenen zu führen. Nach dem Aussterben der Wanderweide folgte das Brauchtum den ökonomischen Veränderungen: San Viano wurde der Schutzheilige der Steinbrucharbeiter.

Von der Einsiedelei ist es dann nicht mehr weit bis Campocatino.

## 4. Etappe: Zum »Matterhorn der Alpi Apuane«

Wir verlassen Campocatino über den Moränenrücken in nordwestlicher Richtung (CAI 177). Am Ende der lichten Wiesen tritt der Weg in einen Wald ein und führt auf halber Höhe über den Nordhang des M. Roccandagia hinauf zum **Passo della Tombaccia**, nur einmal von einem lichten Hang unterbrochen. Jenseits des

Passes schwenkt der Weg deutlich nach Süden, verläuft über den Westhang des Berges und zieht in einer weiten Schleife über den unteren Nordhang des M. Tambura (1895 m). Dann suchen wir uns einen Weg durch die mit Gesteinstrümmern übersäten, welligen Erosionshänge der öden Carcaraia hinauf zum Passo della Focolaccia, eine tiefe Kerbe in einem Sattel des Gebirges, ein vom Menschen durch die Bergbautätigkeit geschaffener künstlicher Paß; Zeuge für die partielle Zerstörung der Apuanischen Alpen durch den jahrtausendelangen Abbau des *Weißen Goldes*. Trotz dieses negativen Aspekts: der Blick von hier oben auf die wie Schnee in der Sommersonne blendenden Marmorbrüche ist schon beeindruckend.

Am Passo della Focolaccia wenden wir uns nach rechts (CAI 179). Unterwegs passieren wir alte Marmorbrüche. Dann verlassen wir die nach Gorfigliano hinabführende *strada marmifera* und steigen über den geröllübersäten NO-Hang des M. Cavallo (1888 m) zur Foce di Cardeto hinauf, einer tiefen, felsigen Scharte zwischen M. Cavallo und Pizzo Altare (1746 m). Vom Scheitelpunkt der Einkerbung aus fällt unser Blick auf das jenseits des weiten glazialen Beckens Orto di Donna sich erhebende *Matterhorn der Apuanischen Alpen*, den 1781 m hohen Pizzo d'Uccello, nördlicher Eckpfeiler eines langen, bogenförmigen Gebirgskamms, der wie ein riesiger Wannenrand das Talschlußbecken von Orto di Donna umfaßt.

Jenseits der Scharte nehmen wir den Weg CAI 178, der sich nach rechts steil durch ein felsiges Waldstück auf die ebene Wiesenfläche La Serenaia hinabwindet. Dort treffen wir auf die Asphaltstraße, auf der die in den Brüchen von Orto di Donna geschnittenen Marmorblöcke ins Tal transportiert werden. Wir folgen der *strada marmifera* 500 m aufwärts und beenden den abwechslungsreichen Tag mit Tagliatelle funghi und Rotwein im Rifugio Guido Donegani.

## 5. Etappe: Auf schmalem Pfad nach Gramolazzo

Vom Refugio Donegani gehen wir wieder hinunter bis zur Ebene von Serenaia. Hier bieten sich für das erste Teilstück bis Gramolazzo zwei Möglichkeiten an: entweder auf der durchgängig asphaltierten *strada marmifera* bis Foce Rifogliola, wo wir nach rechts abbiegen und durch einen hundertjährigen Kastanienwald ins Valle di Gramolazzo hinabsteigen; oder aber man wählt den Weg entlang des Serchio di Gramolazzo.

Im Sommer ist das Bachbett im Bereich der Serenaia-Ebene trockengefallen und zieht sich recht breit einige hundert Meter durch die Wiesenfläche. Dann beginnt ziemlich unvermittelt ein tief ins Kalkgestein eingefrästes Kerbtal, das man erst kurz vor Gramolazzo wieder verlassen kann. Der anspruchsvolle, abenteuerliche Weg ist wegen der Springfluten, die bei starken Regenfällen urplötzlich auftreten können, nicht ungefährlich.

Im *Ristorante Riva del Lago* am Ufer des schönen Lago di Gramolazzo, in dem sich die Nordostwand des M. Roccandagia spiegelt, legen wir eine Pause ein. An der Durchgangsstraße finden wir schnell die markierte Trasse des Garfagnana-Trekkings, die über offene Wiesen und durch Wald ins nahe Agliano führt.

## 6. Etappe: Querpassage nach Argegna

Bei Agliano verlassen wir endgültig die Apuanischen Alpen und wechseln hinüber in den tosco-emilianischen Apennin. Über die Südosthänge der **Monti di Debbia** folgen wir der Trasse des Garfagnana-Trekkings, passieren den Weiler **Castagnola**, durchqueren auf einem angenehmen Weg einen großen Kastanienwald und erreichen kurz darauf **Capoli**. Jenseits des kleinen Dorfes treffen wir im Bachgrund des Fosso di Carpinelli auf die alte Mühle von Capoli. Hier beginnt der kurze Aufstieg zur Kirche San Antonio. Dann überqueren wir die SS 445, die Castelnuovo di Garfagnana über den Passo dei Carpinelli (842 m) mit Aulla in der Lunigiana verbindet.

Bis **Giuncugnano**, dem höchstgelegenen Ort der Garfagnana, ist es dann nicht mehr weit. Bevor wir durch einen Nadelwald zum nahe gelegenen Tagesziel weitergehen, verweilen wir etwas in dem für seine Käsereien bekannten Dorf.

Unser Weg trifft oberhalb des *Santuario Madonna della Guardia* auf eine kleine Asphaltstraße, auf der wir noch ein kurzes Stück bis zum **Campingplatz Argegna** zurückgehen müssen. Der Platz liegt auf der Hochebene, die die Grenze zwischen der Garfagnana und der Lunigiana bildet.

Die fünfte und sechste Etappe können auch zusammen an einem Tag bewältigt werden. Man benötigt dafür gut acht Stunden.

## 7. Etappe: Der lange Marsch zum Kamm des Apennin

Knapp zwei Kilometer gehen wir auf einer Asphaltstraße, am Santuario vorbei, bis zu einem Gebetshäuschen am linken Straßenrand. Hier biegen wir links ab und gehen auf einem Schotterweg einen flachen Wiesenrücken hinauf. Nach Eintritt in den Eichenwald biegen wir nahe eines Brunnens sofort links ab. Gut 40 Minuten geht es nun auf schmalem Pfad durch Ginster und mannshohen Farn. Unsere Hemden und Hosen streifen den Morgentau von den Blättern und triefen bald vor Nässe. Das Wasser läuft langsam in die Schuhe; Fliegen umschwärmen uns wie Motten das Licht. Unter stahlblauem Himmel kämpfen wir uns durchs Unterholz.

Endlich endet der Dschungelpfad, und lichter Buchenwald beginnt. Der Weg über

**Die Hochwiesen von Colle Argegna bilden die Grenze zwischen der Lunigiana und der Garfagnana. Im Hintergrund die Kette der Apuanischen Alpen.**

den steilen Hang gewinnt schnell an Höhe. Am Ende des Waldes passieren wir eine Quelle, und wenig später stehen wir nach mühevollen vier Stunden Aufstieg auf dem offenen, grasbewachsenen Gipfel des **M. Tondo**. Gegenüber auf dem Gebirgskamm zeichnet sich vor dem diesigen Silbergrau der Ferne messerscharf die Silhouette eines Hirsches ab. Ein surrealistischer Anblick in dieser baum- und strauchlosen Höhe. Als er uns bemerkt, schreitet er würdevoll und ohne Eile den Hang hinab und verschwindet hinter einer Felsenklippe.

Vom Gipfel des M. Tondo steigen wir über Felsblöcke und Wiesenflecken den kurzen, aber steilen Nordhang hinab und erreichen nach über 100 m Höhendifferenz den Grund eines flachen Sattels. Hier verzweigt sich der Weg. Wir halten uns links, bleiben auf dem Kamm und treffen unterhalb des **Torre Tre Potenze** auf eine alte, zylindrische Grenzsäule: wir haben den Hauptkamm des Apennin erreicht, Wasserscheide zwischen Adriatischem und Tyrrhenischem Meer, auf der sich Grande Escursione Appenninica (GEA), Garfagnana-Trekking (GT) und Sentiero Italia vereinen. Weite, offene Kammwiesen, durchsetzt mit Silberdisteln, Heidekraut und Glockenblumen, bestimmen das Landschaftsbild und öffnen den Blick über die Garfagnana-Senke bis hinüber zu den Apuanischen Alpen.

Wir wenden uns nach rechts. Der Weg senkt sich zum **Passo Belfiore** hinab, um dann tunnelartig durch lichten Buchenwald am M. Scalocchi und M. Ischia vorbei steil zum kleinen **Passo di Cavorsella** abzusteigen. Ein erdiger Wirtschaftsweg führt von hier aus, ebenfalls durch Buchenwald, zum **Passo di Pradarena** und zum Albergo »Carpe Diem«.

## 8. Etappe: Zum »Paß der streitenden Klingen«

Die Serpentinen am bewaldeten Hang gegenüber dem Albergo »*Carpe Diem*« schneidend, erreichen wir die *strada sterrata*, die uns über grasbewachsene Hänge und durch Waldstreifen wieder auf den Kamm des Apennin bringt. Achtung: Nach etwas mehr als drei Kilometern müssen

**Aufstieg zum Monte Tondo.**

wir im Wald scharf nach links abbiegen. Die Höhenzüge des Scheidegebirges werden zunehmend kahler. Zerbrochene Gesteinsrippen und Felsvorsprünge erfordern Trittsicherheit. Jenseits des **M. Soraggio** treffen wir auf den Westgrat des **M. Porraie**, eine steil nach Süden abfallende Abbruchkante, die ein weites, fächerförmiges Becken umfaßt: Erosionsprodukt einer Reihe kleiner Bäche, die tiefe rinnenförmige Tälchen in den Sandstein geschnitten haben. Sie bilden gemeinsam das Quellgebiet des Serchio di Soraggio.

Zunächst verläuft der Weg direkt auf dem Rand des Sammeltrichters, entfernt sich dann von diesem, um den Gipfel des Porraie nördlich zu umgehen, kehrt nach einem Rechtsschwenk nochmals in die Nähe der Abbruchkante zurück, um dann leicht absteigend an der Bergkapelle *Chiesetta di San Bartolomeo* vorbei den **Passo di Romecchio** zu erreichen.

Vom schmalen Sattel des Passes gehen wir halblinks in den Wald hinein und folgen dem Weg CAI 633 im Grund einer ausgedehnten Mulde oberhalb des Valle dell'Ozola, deren rückseitiger Hang von parallelen Rinnen zerfurcht ist. Dann passieren wir das auf einer Lichtung stehende Rifugio Bargetana, gehen auf einem breiten Schotterweg zur Wegkreuzung Lama Lite, wenden uns nach links und stehen wenige Minuten später vor dem **Rifugio C. Battisti**, dessen rotes Dach regennaß in der Sonne glänzt. Gegenüber erstreckt sich der auffällig lange, gramineenbewachsene Hang der Costa delle Veline, und südlich der Hütte erhebt sich stolz der massige Gebirgsstock des **M. Prado** (2054 m).

Ein Abstecher auf den höchsten Berg der Toskana, am idyllisch gelegenen Lago Bargetana vorbei, ist wegen seiner phantastischen Rundumsicht lohnend. Der Westteil des Berges ist von ausgedehnten Sandsteinschichten gekennzeichnet, deren fast senkrechter Verlauf die Intensität der gebirgsbildenden Kräfte anzeigt, die den Apennin geformt haben.

Urig geht's auf der Hütte zu. Vierzig Wandersleute, Mann und Frau, auf sechs mal sechs Metern. Dicht gedrängt auf klobigen Holzbänken; für alle das gleiche Essen: Reis mit Hackfleischbällchen, Polenta mit Pilzsoße und Hühnerschenkeln. Danach Dolce, Kaffee und eine Grappa. An der Wand das Bild von Cesare Battisti, Alpinist mit kräftigem Schnauzbart. Entschlossener Blick, Falten zwischen den buschigen Augenbrauen, die den Eindruck der Entschlossenheit noch verstärken. An der Wand gegenüber: Poster geschützter Pflanzen, eine Karte der Flora des Monte Prado und eine der Kammlinien des tosco-emilianischen Apennin. Das Hüttenteam ist super drauf! Bedient schnell und singend die Gäste! Und bevor's in die dreistöckigen Betten geht, singen alle noch einmal lauthals mit!

### Stätte längst vergangener Kultur

Der zu Füßen des klotzigen M. Prado liegende Paß **Lama Lite** (*Klinge des Streits*), der das Valle dell'Ozola mit dem *Tal der königlichen Tannen* (Valle dell'Abetina Reale) verbindet, gründet seinen Namen auf einem alten Grenzstreit zweier verfeindeter Adelsgeschlechter. Wie mesolithische Funde (7000–6500 v. Chr.) beweisen, war die Paßregion schon in prähistorischer Zeit besiedelt. Zu jener Zeit existierte in Lama Lite eine offene Gehölzlandschaft aus Ahorn und Eschen, reich an Rehen, Hirschen und Wildziegen. Das erklärt auch die Anwesenheit des Steinzeitmenschen, der die lichten montanen Zonen des Apennin intensiv durchstreifte, da er hier genügend Jagdwild vorfand.

## 9. Etappe: Pfadfinder, Schmuggler und Pilger

Regenschwer hängen die Wolken im Valle dell'Ozola, verhüllen die Gipfel der umliegenden Berge. Trotzdem brechen wir auf, gehen zum Lama Lite hinauf. Breite Wasserlachen und tonbraune Pfützen haben den Weg in ein amphibisches Biotop verwandelt. Vom *Paß der streitenden Klingen* pfadfindern wir durch offene Blaubeerheide und Buchenwaldstreifen über die zum Abetina Reale abfallenden Nordosthänge des M. Prado, an einer Quelle und sumpfigen Mulden vorbei, hinauf nach **Bocca di Massa**. Ein scharfer Wind peitscht uns Wolkenfetzen entgegen, will uns zurück ins Lee drücken. Sturmböen rütteln an unseren nassen Rucksäcken. Wir bieten dem Wetter Schulter und Stirn, suchen auf dem offenen Paß die Wegmarkierungen. Bei klarer Sicht genießt man von hier einen wunderbaren Blick über die Felsbastion der Pania di Corfino im Parco Naturale dell'Orecchiella hinab ins Tal des Serchio, gekrönt von der Gipfelkette der Apuanischen Alpen.

Wir wenden uns nach links, folgen der Hauptwasserscheide auf dem Kamm des **M. Forbici** und treffen jenseits eines Buchenwaldes nach angenehmem Abstieg am Passo delle Forbici auf eine *strada sterrata,* auf der wir in Kürze den **Passo Giovarello** erreichen. Von hier aus steigen wir gemütlich auf den von einer Wiese eingenommenen, flachen Gipfel des **M. Nuda** hinauf.

Wir bleiben auf dem Kamm des Apen-

Auf der Nordumgehung des Monte Porraie mit Blick auf die Crinale des Hohen Apennin.

nin. Der Wind hat nachgelassen, und die aufreißenden Wolken erlauben einen Blick auf die Pisten und Liftanlagen am **Passo delle Radici**, im Winter ein beliebtes Skigebiet für Abfahrt und Langlauf. Im *Albergo Lunardi,* wo man auch übernachten und die heutige Etappe beenden kann, wärmen wir uns bei einer Tasse heißem Tee etwas auf, bevor wir gleich hinter dem Haus linksseitig einer Seilbahntrasse den Weg finden, der über Casa Pradaccio nach **San Pellegrino** führt.

Wer will, kann aber auch auf der asphaltierten *Straße der Leiden* vom Passo delle Radici an den 14 Leidensstationen Christi vorbei nach San Pellegrino pilgern, dem höchstgelegenen Ort des gesamten nördlichen Apennin. Der Name des Ortes geht zurück auf einen unermüdlichen Pilger königlicher Abstammung, der hier in einer Baumhöhle einsiedelte und später zusammen mit einem anderen Pilger, San Bianco, ein asketisches und gottesfürchtiges Leben führte. Im Santuario von San Pellegrino, Ziel vieler Pilgerfahrten, wird die Asche der beiden Heiligen in einer wertvollen Urne aufbewahrt.

Neben dem Santuario befindet sich das alte Gasthaus, das im 14. Jh. unter Armen, Pilgern, Kranken, Glücksrittern und Wanderern berühmt war, die über den Apennin kamen und hier für drei Tage gratis Bett und Brot fanden. Heute ist in dem Gebäude ein Museum untergebracht, das dem bäuerlichen, land- und weidewirtschaftlichen Leben und Handwerk der Garfagnana gewidmet ist.

## 10. Etappe: Zurück nach Castelnuovo di Garfagnana

Nach dem Frühstück auf der Piazza von San Pellegrino verlassen wir den Wallfahrtsort, gehen durch das große Gewölbe zwischen Kirche und Hospiz bis in die Nähe des alten Waschhauses hinab, wenden uns nach rechts und wandern über Wiesen, bis wir in einen Wald eintreten. Bei der Streusiedlung **Metati** treffen wir auf vom Menschen angelegte, landwirtschaftlich genutzte Hangterrassen. Auf einem Pfad steigen wir hinab zum forellenreichen Fiume di Castiglione, überqueren ihn und betreten das kleine Dorf Valbona. Dann folgen wir dem Fahrweg parallel zum Fluß bis zum Weiler Isola. Jenseits des Ortes befindet sich ein kleiner Steg. Hier verlassen wir die *strada carrozzabile* und gehen links hinab nach **Castiglione di Garfagnana**.

## Der Parco naturale dell'Orecchiella

Nördlich von Castelnuovo di Garfagnana erhebt sich inmitten der Sandsteinformationen des Apennin die etwa zwei Kilometer lange Felswand der **Pania di Corfino** (1603 m). Der Bergzug besteht aus Kalkstein und ist geologisch gesehen ein ausgelagerter Teil der Apuanischen Alpen. Von ihm ausgehend erstreckt sich der 5200 ha große Naturpark von Orecchiella bis hinauf zum Kamm des Apennin. Die geomorphologische Vielfalt des Parks reicht von beweideten Hochebenen und grasbedeckten Kuppen über alpine Gipfelformen und langgestreckte Bergrücken bis hin zu den Moorflächen von Lamarossa und der Schlucht des Torrente Rimonio.

Als 1935 das Gebiet unter staatliche Verwaltung gestellt wurde, war es bar jeder Hochstammvegetation und einer extrem starken Oberflächenerosion ausgesetzt. In den folgenden Jahrzehnten wurden in einem gigantischen Aufforstungsprojekt ca. 10 Millionen Bäume gepflanzt; 4200 ha Wald entstanden.

In den unteren Höhenlagen wachsen Eichen- und Kastanienwälder, und auf den von Weideflächen unterbrochenen Hochebenen finden wir Tannen, Buchen und auch Lärchen, Ebereschen und Ahorn. Entlang der Wasserläufe stehen Weiden und Erlen. Beeindruckend ist die Vielfalt der Blumen und Kräuter: Orchideen, Enzian, Pfingstrosen und Türkenbund dekorieren die Wiesen, und Sumpfmoos, Wollgras und Trollblume beleben die Moorgebiete.

Durch ein konsequentes Jagdverbot ist auch der Tierbestand wieder arten- und zahlreich geworden: Hirsche, Rehe, Wildschweine; eine Kolonie Mufflons treffen wir ebenso an wie Füchse, Marder, Wiesel, Dachs und Murmeltier. Seit dem 1972 begonnenem WWF-Projekt *Lupo Italia* ist auch der Wolf wieder eingebürgert.

Einhundertdreißig Vogelarten teilen sich den Luftraum, unter ihnen Turmfalke, Sperber, Bussard, der selten gewordene Uhu und seine Majestät, der Königsadler.

Ein botanischer Garten und ein Besucherzentrum mit kleinem Museum machen den Parco dell'Orecchiella zu einem gelungenen Beispiel, Naturschutz und Besucherinteressen zu verbinden.

Der Ort ist ganz von einer mächtigen Stadtmauer umgeben, die mit Bollwerken, zahlreichen Türmen und einer Zugbrücke versehen ist. Die alte Steinpflasterung, kleine enge Gassen und die romanisch-gotische Fassade der Kirche San Michele verstärken den mittelalterlichen Charakter von *Castrum Leonis,* dessen Geschichte in vorchristliche Zeit zurückreicht.

Im 12. Jh. leisteten die Bewohner Widerstand gegen den Expansionsdrang der Republik Lucca; 1227 wurde Castiglione aber von den Lucchesern vollständig zerstört und gehörte fortan mit wenigen Unterbrechungen zu Lucca.

Wir überqueren unterhalb von Castiglione die Provinzstraße, gehen hinab

## Tourenprofil: Garfagnana-Trekking

| Strecke | Höhe | Gehzeit | Entfernung | Berge / Pässe / Orte |
|---|---|---|---|---|
| Start: Castelnuovo di Garf. | 275 m | | | |
| 1. Etappe: Rifugio Rossi | 1609 m | 7 Std. | 13 km | Granciglia, 620 m – Sassi, 691 m – San Antonio, 869 m – Colle Panestra, 1008 m |
| 2. Etappe: Capricchia | 817 m | 7 Std. | 12 km | Pania della Croce, 1858 m – Foce di Mosceta, 1170 m – Colle di Favilla, 955 m – Isola Santa, 550 m |
| 3. Etappe: Campocatino | 1000 m | a) 5 Std.<br>b) $7^1/_2$ Std. | a) 10 km<br>b) 14,5 km | Maestà del Tribbio, 1157 m – Vagli di Sotto, 600 m – Vagli di Sopra, 675 m<br>M. Sumbra, 1765 m – Passo Fiocca, 1550 m – Passo Sella, 1500 m; M. Roccandagia, 1700 m |
| 4. Etappe: Orto di Donna (Rifugio G. Donegani) | 1150 m | 5 Std. | 8 km | Passo Tombaccia, 1350 m – Passo della Focolaccia, 1650 m – M. Cavallo, 1888 m – Foce di Cardeto, 1680 m – La Serenaia, 1050 m |
| 5. Etappe: Agliano | 725 m | a) 4 Std.<br>b) 6 Std. | a) 8 km<br>b) 7,5 km | Gramolazzo, 625 m |
| 6. Etappe: Monte Argegna | 1019 m | 5 Std. | 8,5 km | Castagnola, 755 m – Capoli, 754 m – Giuncugnano, 860 m |
| 7. Etappe: Passo di Pradarena | 1576 m | $6^1/_2$ Std. | 14 km | M. Tondo, 1782 m – Torre Tre Potenze, 1771 m – M. Ischia, 1727 m – Passo di Cavorsella, 511 m |
| 8. Etappe: Rifugio C. Battisti | 1750 m | 5 Std. | 11,5 km | M. Soraggio, 1830 m – M. Porraie, 1834 m – Passo di Romecchio, 655 m – M. Prado, 2054 m |
| 9. Etappe: San Pellegrino | 1524 m | 7 Std. | 14,5 km | Bocca di Massa, 1816 m – Passo delle Forbici, 1754 m – M. Nuda, 1894 m – Passo delle Radici, 1529 m |
| 10. Etappe: Castelnuovo di Garf. | 275 m | 5 Std. | 14 km | Valbona, 672 m – Isola, 611 m – Castiglione Gna, 541 m |
| Endpunkt: Castelnuovo / total: | | a) $56^1/_2$ Std.<br>b) 61 Std. | a) 113,5 km<br>b) 117,5 km | |

## Garfagnana Turismo Equestre: »Le Vie di Nichel«

Das zehntägige Reittrekking ist benannt nach dem argentinischen Pferd Nichel, das unter der Führung von Vittorio Giannotti als erstes diesen Weg gegangen ist. Die Tour erschließt sowohl die Apuanischen Alpen als auch die Hänge des Apennin. Entlang der Trasse befinden sich Rastplätze, kleine Hotels, Campingplätze und Hütten, die alle über Stellplätze oder Boxen für die Pferde verfügen.
Der gesamte Weg ist markiert und kann ganzjährig begangen werden. Nur im August sollte man aufgrund der hohen Sommertemperaturen kein Pferdetrekking durchführen. Wer kein eigenes Pferd besitzt oder mitbringen will, kann sich bei einem der zahlreichen Reitställe in der Region eins mieten. Hier stehen auch erfahrene Tourenführer zur Verfügung. Informationen erhält man beim Ufficio Informazione Garfagnana Vacanze, Piazza delle Erbe 1, 55032 Castelnuovo di Garf., Tel. (05 83) 6 51 69, beim Centro Ippotrekking, Tel. (05 83) 66 41 97, oder über die Az. Agr. La Garfagnana, Tel. (05 83) 6 87 05.

nach Marcione und erreichen jenseits des Fiume di Castiglione die **Molini di Sotto**.

Die Legende berichtet, daß es früher hier noch eine andere Mühle gab, deren Müller Bertone ein sehr böser Mann war. Unter der Fürsprache von San Pellegrino war der Herrgott aber bereit, ihm seine Sünden zu vergeben, wenn er ein wohltätiges Werk verrichten würde. In der Heiligen Nacht aber verweigerte Bertone einem Pilger das Asyl. Da bebte plötzlich die Erde, und die Mühle stürzte in sich zusammen. Nur ein Haufen Trümmer blieb übrig. Seitdem hören Vorübergehende in der Nacht des 24. Dezember noch das Rumoren des Mühlsteins und die blasphemischen Schreie des Bertone.

Auf einer kleinen Straße erreichen wir **Pieve Fosciana,** einst Vorposten der Ligurer gegen den Vormarsch der Römer in die obere Garfagnana. Wir durchqueren den Ort und gehen zunächst über Nutzwiesen, dann notgedrungen auf der Provinzstraße hinab nach Castelnuovo.

**Passo delle Radici.**

## Nützliche Hinweise

Anreise: Über die A 15 (Parma – La Spezia) und die A 12/A 11 bis Lucca. Von hier auf der legendären SS 12 in Richtung Abetone, an der mittelalterlichen Brücke Ponte della Maddalena vorbei bis Chifenti. Dann weiter auf der SS 445 nach Castelnuovo di Garfagnana.
**Benötigte Karten:** • Carta dei Sentieri e Rifugi 1:25 000, Doppelblätter 15/18 und 101/102 Edizioni Multigraphic. • Carta territoriale 1:50 000 La Garfagnana, Übersichtskarte, Edizioni Multigraphic.
**Übernachtung:** • Camping »La Piella«, 55032 Castelnuovo di Garfagnana (LU), Tel. (05 83) 6 30 13; Fax (05 83) 6 29 16. • Albergo Ristorante »La Vecchia Lanterna«, Via N. Fabrizi 26, 55032 Castelnuovo di Garf., Tel. (05 83) 6 33 31 (hier kann man auch gut sein Auto abstellen). • Rifugio Enrico Rossi alla Pania (1609 m), 16 Bettstellen, keine Dusche. Geöffnet: 20. 6.–10. 9., restl. Zeit: an Wochenenden und Feiertagen, Tel. (05 83) 40 79 04. • Rifugio Giuseppe Del Freo (1180 m), Foce di Mosceta, 32 Betten, Restaurationsbetrieb, Geöffnet: April–Oktober, restl. Zeit nur an Festtagen, Tel. (05 84) 77 80 07. • Rifugio Pian dei Mulini, Capricchia, Tel. (05 83) 66 12 75. • Posto tappa (Etappenziel, meist einfache Übernachtungsmöglichkeit) Campocatino (1000 m), in ehemaligen Hirtenhütten, 20 Bettstellen, ohne Dusche. Geöffnet: 1. 7.–31. 8. Reservierung über Bar/Ristorante »Buca dei Gracchi«, Via Riscone 14, 55030 Vagli Sotto (LU), Tel. (05 83) 66 41 03, oder Übernachtung auf einer nahen Wiese, die zum Zelten freigegeben ist. • Rifugio Guido Donegani (1150 m), Loc. Orto di Donna, 60 Betten, Dusche, Restaurant. Geöffnet: 1. 3.–15. 11., restl. Zeit an Wochenenden, Tel. (05 83) 61 00 85. • Posto tappa Agliano (725 m), in der alten Schule, 20 Bettstellen, Dusche. Nicht bewirtschaftet. Schlüssel bei Sig. Dario Canozzi, Tel. (05 83) 61 01 39, oder • Ristorante Albergo »Riva del Lago«, Via Provinciale 20, 55030 Gramolazzo (LU), Tel. u. Fax: (05 83) 61 04 32 oder 61 00 86. • Posto tappa Argegna (1019 m), Steinhaus auf dem Campingplatz Argegna mit 20 Betten, Dusche. Geöffnet: 15. 6.–15. 9., restl. Zeit: Tel. (05 83) 61 10 97, 55030 Giuncugnano (LU), Tel. (05 83) 61 11 82. • Ristorante Albergo »Carpe Diem«, Passo Pradarena, Ligonchio (RE), Tel. (05 22) 89 91 51. Wer das laute Albergo meiden möchte, kann gegenüber auf der Wiese sein Zelt aufbauen. • Rifugio C. Battisti, Loc. Lama Lite di Ligonchio (RE). Geöffnet: 15. 6.–15. 9., Tel. (05 22) 89 74 97.
In der Nähe: Rifugio Bargetana (für Selbstverpfleger), Kontakt über Mario Baccino, Tel. (05 22) 62 83 64. • Albergo Lunardi, Passo delle Radici, 55030 Chiozza (LU), Tel. (05 83) 64 90 71-79. • Posto tappa San Pellegrino, 30 Bettstellen in der alten Schule, Dusche. Geöffnet: 1. 7.–31. 8., restl. Zeit über Tel. (05 83) 6 51 69.
**Hüttenpreise** (1996): Übernachtung, Abendessen und Frühstück durchschnittlich 50 000 Lire/Person.
**Geführte Touren** mit einer Dauer zwischen vier und zehn Tagen werden angeboten von Comunità Montana della Garfagnana (Adr. s.u.). Die Kosten belaufen sich bei einer Mindest-Teilnehmerzahl von fünf Personen auf 300 000 bis 500 000 Lire / Person. Tourenführer kosten pro Tag zwischen 170 000 und 190 000 Lire.
**Informationen:** • APT Lucca, siehe Service-Teil. • Associazione Pro-Loco, Loggiato Porta 10, 55032 Castelnuovo di Garf. (LU), hier hilft Patrizia bei der Planung und Reservierung. Tel./Fax (05 83) 64 43 54. • Comunità Montana della Garfagnana, Piazza delle Erbe 1, 55032 Castelnuovo Gna (LU), Tel. (05 83) 6 51 69. • Comunità Montana Media Valle Serchio, 55023 Borgo a Mozzano (LU), Tel. (05 83) 8 83 46, Fax (05 83) 8 82 48.
• Club Alpino Italiano, v. Vittorio Emanuele, 55032 Castelnuovo Gna, Tel. (05 83) 6 50 92.
• Parco dell'Orecchiella, 55030 Corfino (LU), Tel. (05 83) 61 90 98.
• MTB (Mountainbike) Garfagnana, 55032 Castelnuovo Gna., Tel. (05 83) 6 22 17.

# 2 »Montagna di Marmo«, Marmorgebirge
# Durch die Alpi Apuane

Die über 60 Kilometer lange, stark gefaltete Gebirgskette der Apuanischen Alpen, zusammen mit dem Apennin vor mehr als zehn Millionen Jahren entstanden, erhebt sich nur wenige Kilometer von den Sandstränden des Tyrrhenischen Meeres entfernt, steil zwischen der Küstenebene und der Garfagnana-Senke; ein unfruchtbares, kalkiges Riff, das sich den regenbringenden Winden entgegenstellt. Fast 2000 Meter hoch steigt das wilde Massiv auf, dessen Hänge unterhalb der *Cave* (Marmorbrüche) mit riesigen Geröllmassen bedeckt sind.
Schroffe, mehrere hundert Meter hohe überhängende Felswände, extrem schmale Grate, rauhe Gipfel, bizarre, unverwechselbare Bergformen und schwindelerregende Abgründe, die tausend Meter Höhendifferenz übersteigen können, formen im Kontrast zu der sehr viel weicheren Morphologie des vegetationsreicheren Apennin ein pittoreskes Gebirge, dessen alpiner Charakter durch die vielen Marmorbrüche noch verstärkt wird. Weiß wie Schnee leuchten die in zwanzig Jahrhunderten in die Flanken der Bergstöcke gesägten Riesennischen in der Sonne des Sommers. Alles ist hier gigantisch: die Marmorblöcke, die Maschinen und die Lkws, die den edlen Stein über atemberaubende Serpentinen hinab ins Tal fahren. Schon die Römer haben hier Marmor gebrochen, und Michelangelo besorgte sich am Monte Altissimo den Werkstoff für seine weltberühmten Skulpturen.

## Die Apuanischen Alpen

Der geologische Aufbau der Apuanischen Alpen aus kristallinen Kalken ist Ursache für die Entstehung einer beeindruckenden Vielfalt von Karstphänomenen wie Tunnel, Höhlen, Einsturztrichter und sich im porösen Gestein verlierende Bäche, die an anderer Stelle urplötzlich als große, klare Quellen wiedergeboren werden.

Das spektakuläre unterirdische Labyrinth der **Antro del Corchia** ist mit über 60 km Tunnellänge, einem Höhenunterschied von 1210 m und zehn Eingängen das größte Höhlensystem Italiens und eines der größten der Welt. Seine Entstehung wurde durch ausgeprägte tektonische Phänomene begünstigt.

Während der Kaltzeiten wurden Teile der Apuanischen Alpen von Firn und Eis überzogen. Orto di Donna, Val Serenaia, Campocatino, Arnetola und die Bergwiesen Puntato sind Beispiele glazialer Morphologie.

Wohl einzigartig in Europa ist der Kontrast auf der Südwestabdachung der Apuanischen Alpen: auf nur wenigen Kilometern fallen die mit Äckern, Pinien- und

## Kurzcharakteristik

Eine Fünftagetour in einem der schönsten Trekkinggebiete Europas. Der 50 km lange Parcours durch die zentralen Teile der Apuanischen Alpen führt über Pässe und verkarstete Ebenen, über Gipfel und zerklüftete Kalkgrate, durch Marmorbrüche und Scharten. Der Trekk endet in Carrara, der *Stadt des Weißen Goldes*. Alle Wege sind rotweiß markiert.
**Beste Jahreszeit:** Mai bis Oktober
**Gesamtgehzeit:** 5 Tage
**Gesamtstrecke:** 50 km
**Kartenskizze:** Siehe Seite 60

Buchenwäldern, Kastanien- und Orangenhainen, Reb- und Ölbaumkulturen bedeckten Hänge der **Versilia** von den 2000 m hohen Kämmen zum Meer hin ab.

Im Gegensatz dazu erstrecken sich auf den sanfter abfallenden Hängen der Nordseite Buchen- und Kastanienwälder bis ins Tal des Serchio hinab, nur hier und da von saftigen Wiesenterrassen unterbrochen. In den engen Tälern der aus den Kalkbergen kommenden Nebenbäche des Serchio zwängen sich Stauseen zwischen steil aufsteigende Talflanken; terrassierte Hänge zeugen von einstiger Beweidung und landwirtschaftlicher Tätigkeit; sie sind Beweis dafür, daß hier seit vorgeschichtlicher Zeit Menschen gelebt und gearbeitet haben. Kleine Dörfer verstecken sich in den dichten Wäldern, ducken sich an den Fuß steiler Felswände oder klemmen im Grund schmaler Täler.

Die wissenschaftliche Erforschung der Apuanischen Alpen begann in der Mitte des 17. Jh. und erreichte im 18. Jh. ihren Höhepunkt, als im Gefolge des berühmten Botanikers Antonio Vallisneri (1661–1730) Geologen, Biologen und Geographen das Kalkgebirge zum Gegenstand ihrer Forschungen machten.

Nach der Gründung des C.A.I. Firenze

**Frühlingswiese in den Apuanischen Alpen.**

im Jahre 1868 begann die alpinistische Erschließung der Alpi Apuane. Pania della Croce (1858 m), Pisanino (1946 m) und Procinto (1177 m) wurden zum ersten Mal bestiegen.

Aufgrund eines Volksbegehrens wurde 1985 der 543 qkm große *Parco Regionale delle Alpi Apuane* eingerichtet, ein Schutzgebiet sowohl in geomorphologischer als auch in biologischer Hinsicht. Zahlreiche, zum Teil extrem seltene endemische Pflanzenarten, einige davon Relikte aus der Eiszeit, andere aufgrund günstiger klimatischer Verhältnisse aus der Küstenebene eingewandert, besiedeln die unterschiedlichsten Standorte, und in den dunklen Enklaven der Karstgrotten treffen wir auf seltene Tierarten.

## 1. Etappe: Zum Rifugio Del Freo

Ausgangspunkt für diese Tour ist **Stazzema**, ein versilianisches Dorf, das, von dichten Kastanienwäldern umgeben, auf einem sanft abfallenden Hügel liegt. Hinter dem Ort erheben sich die Marmorberge M. Procinto (1177 m) mit seinen mächtigen Zinnen, die steile Wand des M. Nona (1300 m) und der M. Matanna (1317 m).

Gleich am Ortseingang steht im Schatten riesiger Zypressen die dreischiffige Basilika *Santa Maria Assunta* aus dem 15. Jh. Vom Säulengang der auf einem Felsvorsprung erbauten Kirche haben wir einen schönen Rundblick. Nach einem Gang durch die gewundenen Gassen mit kleinen Innenhöfen und Blumenterrassen verlassen wir die Sommerfrische in nordöstlicher Richtung. Oberhalb der Kirche wenden wir uns nach links und nehmen den Weg CAI 6, der über den Nordhang des M. Procinto, Fonte di Moscoso und den Nordhang des M. Nona nach **Foce di Petrosciana** hinaufführt.

Hier verlassen wir den Weg CAI 6, halten uns links und folgen den Markierungen CAI 124 auf einer ebenen Wegstrecke bis auf die Höhe von Casa Puccio. Wir wenden uns nach rechts, passieren das verlassene Casa Colombara und erreichen, an einem Waldrand entlanggehend, **Collemezzana**. Hier treffen wir auf den Weg CAI 7, der über den Osthang der Pania della Croce zum Rifugio Rossi hinaufführt.

Wir gehen ein kurzes Stück auf diesem Weg, wenden uns wenig später nach links und wandern nun durch ein Waldstück bis Casa Santarelli. Dann geht es weiter über grüne Wiesen in Richtung des Fania-Grats, der von der Pania della Croce herabzieht. Wir durchqueren abermals ein Waldstück, das den Südwesthang der Pania bedeckt, und erreichen **Foce di Mosceta**. Bis zum **Rifugio Del Freo** mit seiner rotbraunen Fassade sind es dann nur noch zehn Minuten.

**Alternative: Zur Grotta del Vento**

An der Foce di Petrosciana wenden wir uns nach rechts, bleiben auf dem Weg CAI 6 und wandern über **Fornovolasco** zur **Grotta del Vento** am Südosthang der Pania Secca, einer der schönsten Tropfsteinhöhlen Europas.

Fornovolasco war eine der apuanischen Gemeinden, die bei dem katastrophalen Unwetter vom 19. Juni 1996 fast vollständig zerstört wurden. Neun Menschen kamen in den schlammigen Fluten ums Leben.

Übernachtung im Rifugio La Buca oder im Zelt. Am nächsten Tag Besichtigung der Tropfsteinhöhle und Aufstieg über Foci di Valli und den Südosthang der Pania della Croce zum Rifugio Rossi. Fortsetzung der Tour: zweite, dritte und vierte Etappe des Garfagnana-Trekkings.

**Abstieg zur Foce di Mosceta.**

### La Grotta del Vento

Die »Höhle des Windes« liegt in einer der malerischsten Gegenden der Apuanischen Alpen und gehört zu den interessantesten Höhlen Europas. Die hier zu findende Formenvielfalt macht sie zu einer Enzyklopädie der Höhlenkunde und der Karstbildung. Beim Gang durch die Höhle kann man die verschiedenen Entwicklungsstadien lehrbuchmäßig verfolgen: kleine Spalten, wie sie den Ursprung der Höhle bildeten, tief abfallende Brüche, vom Wasser ausgespülte Rinnen und hoch aufsteigende Gänge, die alle mit herrlichen, verschiedenfarbigen Stalaktiten, schneeweißen Sinterkaskaden, Alabastervorhängen und spitzen Stalagmiten ausgeschmückt sind. Außerhalb der Höhle findet man kaum Wasser; dagegen kommt es reichlich im Inneren vor, wo es unterirdische Flüsse, Wasserfälle, Siphone und kleine Seen nährt, deren Böden mit Kalzitkristallen bedeckt sind.
In der *Höhle des Windes* sind drei Rundgänge unterschiedlicher Dauer möglich.
Vom 1. April bis 30. September ist die Grotte täglich geöffnet. Die Innentemperatur beträgt konstant +10,7 °C. Die geführten Besichtigungen beginnen um:
1. Rundgang (1 Stunde): 10, 11, 12, 14, 15, 16, 17, 18 Uhr
2. Rundgang (2 Stunden): 11, 15, 16, 17 Uhr
3. Rundgang (3 Stunden): 10 und 14 Uhr
Informationen: Direzione »Grotta del Vento«, 55020 Fornovolasco (LU), Tel. (05 83) 72 20 24 oder 76 30 68.

## 2. Etappe: Ins Herz der Alpi Apuane

Ein milchiges Morgenblau liegt über den Gipfeln der Pania della Croce und des Pizzo delle Saette. Langsam recken sich die Spitzen der Berge aus dem kalten Schatten der Täler dem wärmenden Licht der Sonne entgegen. Der neue Tag bricht an.

Über den Nordosthang des M. Corchia und seinen Nordwestkamm steigen wir in gut einer Stunde zum **Valico di Fociomboli** hinauf. Vom Paß kann man auf den wenig bekannten Monte Freddone (1487 m) steigen. Der Aufstieg wird belohnt mit einem weiten Panorama über die umliegenden Marmorberge der Pania-Gruppe, den M. Corchia, M. Tambura und M. Sumbra.

Wir wenden uns nach rechts und folgen dem Bergpfad, der zu den weiten Wiesenflächen von **Puntato** hinabführt (CAI 11), auf denen verstreut einige alte Hirtenhäuser stehen. Die umliegenden Weiden sind die Reste der einstmals größten Almen der versilianischen Alpi Apuane. An der Abzweigung des Wegs CAI 128 halten wir uns rechts und wandern weitgehend höhengleich weiter auf dem Weg CAI 11 durch den oberen Teil des Val Terreno nach Colle di Favilla.

In dem verlassenen Dorf treffen wir auf die Trasse des Garfagnana-Trekkings, der wir für den Rest des heutigen Tages bis zum Rifugio Pian dei Mulini folgen.

## 3. Etappe: Wanderung nach Campocatino

(Die Etappen 3 und 4 dieser Trekkingroute sind identisch mit den Etappen 3 und 4 des Garfagnana-Trekkings. Sie werden hier in ihren wesentlichen Teilen noch einmal beschrieben.)

Zwanzig Minuten sind es vom Rifugio bis **Capricchia**. Vom kleinen Platz vor der Kirche von Capricchia folgen wir der Straße, die nach links aufsteigend wenig später auf einen Weg trifft, der direkt nach **Porreta** führt. Wir überqueren die Piazza des von einem riesigen Kastanienhain umgebenen Dorfes, passieren den Ortsteil Valbona und steigen dann durch Buchenwald in der Südflanke eines tief eingeschnittenen Kerbtals hinauf auf die Sattelhöhe **Maestà del Tribbio**.

Jenseits des Sattels wandern wir im Tal des Torrente Tassetora hinab nach **Vagli di Sotto**. Das auf einem Felssporn zwischen den Wasserschenkeln des Stausees Lago di Vagli liegende Dorf hat seine alten Strukturen weitgehend erhalten können. Steinhäuser, enge Gassen und die romanische Kirche San Regolo geben dem Ort ein mittelalterliches Gepräge. Vor Vagli di Sotto, im See versunken, verschlammen langsam die Ruinen von Fabbriche di Careggine, *Ghost-town* im Wasser, ein *Pompei subaqua*.

Über ein Stück der Provinzstraße und einen Feldweg erreichen wir **Vagli di Sopra.** Dann folgen wir dem Weg, der direkt ins glaziale Wiesenbecken von **Campocatino** führt. Eine grüne Ebene, eingefaßt von zwei Moränenzügen, erstreckt sich entlang der mächtigen und steilen NO-Wand des **M. Roccandagia** (1700 m). Auf den Ablagerungen der eiszeitlichen Gletscher liegen verstreut die *caselli*, kleine Häuschen aus grauem Naturstein, die einst als Schafställe und Wohnungen für die Hirten dienten.

**Alternative: Alpiner Weg über den M. Sumbra** Von Maestà del Tribbio steigen wir durch Buchenwald und Himbeersträucher im Zickzack einen breiten Bergrücken hinauf. Nach dem Zusammentreffen mit dem von links kommenden Weg CAI 145 wird das Gelände rauher. Weiße Felsrippen aus Kalkstein durchbrechen den Waldboden. Wir erreichen den Ostkamm des **M. Sumbra**, dessen nackte Südwand mehrere hundert Meter senkrecht in den Quelltrichter des Fosso dell'Anguillaia abstürzt.

**Eine ausgesetzte Passage hoch über dem Marmorbrecherdorf Arni.**

**Campocatino: Natursteinhäuser vor der Nordostwand des Monte Roccandagia.**

Entlang dieses Baches findet man die berühmten *Marmitte dei Giganti,* riesige Schleiftöpfe im homogenen Gestein, gebildet von Wasserwirbeln, die mit Hilfe von Gesteinsbrocken einen Zylinder ausgeschliffen haben. Die Strudellöcher mit ihren polierten Wänden, die sich nur bilden, wenn Wasserkraft und Schleifsteingröße in einem bestimmten Verhältnis zueinander stehen, erreichen hier ungewöhnlich große Durchmesser.

Wir überwinden den exponierten Aufstieg über steil gestellte, zerbrochene Kalkplatten mit Kluftrissen und Schratten und erreichen den weiten, grasbewachsenen Hang unterhalb des Gipfels des M. Sumbra (1765 m). Der Aufstieg von hier ist leicht und wird belohnt mit einem Blick vom Meer bis zum Alpenbogen. Der ganz aus Marmor bestehende Berg im Inneren der Apuanischen Alpen beeindruckt durch die Verschiedenheit in der Gestalt seiner Hänge: von leichter Abdachung bis zu Kletterwänden des V. und VI. Grades.

Der Abstieg über die Westkante des Berges zum **Fiocca-Paß** ist kurz, aber steil und erfordert erhöhte Aufmerksamkeit. Auf dem Paß wenden wir uns nach rechts und gehen über grasbewachsene Hänge (CAI 144) bis zu einem Sattel hinab, bevor wir weiter durch kahles Gelände auf einen Kamm hinaufsteigen. Jenseits des Kamms treffen wir auf eine Wegverzweigung. Wir halten uns links und erreichen wenig später den *Passo di Sella*.

Mit Blick auf den M. Tambura wenden wir uns nach rechts und folgen dem Weg CAI 31, der im Wald den M. Sella umgeht. Wir queren das enge Tal von Ripanaia, passieren die Casolari di Caprareccia und folgen dann der *strada marmifera* (Straße für den Abtransport des Marmors). Nach etwa anderthalb Kilometern beginnt links ein steiler Bergpfad, der zur Einsiedelei von **San Viano** (Eremo d. S. Viano) an der Südostflanke des M. Roccandgia hinaufführt, die inmitten einer steilen Felswand diesem Ort ein märchenhaftes Ambiente verleiht. Von der Einsiedelei ist es dann nicht mehr weit bis Campocatino.

## 4. Etappe: Zum »Matterhorn der Alpi Apuane«

Wir verlassen Campocatino über den Moränenrücken in nordwestlicher Richtung (CAI 177). Am Ende der lichten Wiesen tritt der Weg in einen Wald ein und führt auf halber Höhe über den Nordhang des M. Roccandagia hinauf zum **Passo della Tombaccia**, nur einmal von einem lichten Hang unterbrochen. Jenseits des Passes schwenkt der Weg deutlich nach Süden, verläuft über den Westhang des Berges und zieht in einer weiten Schleife über den unteren Nordhang des **M. Tambura** (1895 m). Dann suchen wir uns einen Weg durch die mit Gesteinstrümmern übersäten, welligen Erosionshänge der öden **Carcaraia** hinauf zum **Passo della Focolaccia**, eine tiefe Kerbe in einem Sattel des Gebirges, ein vom Menschen durch die Bergbautätigkeit geschaffener künstlicher Paß; Zeuge für die partielle Zerstörung der Apuanischen Alpen durch den jahrtausendelangen Abbau des *Weißen Goldes*. Trotz dieses negativen Aspekts: der Blick von hier oben auf die wie Schnee in der Sommersonne blendenden Marmorbrüche ist schon beeindruckend.

Am Passo della Focolaccia wenden wir uns nach rechts (CAI 179). Unterwegs passieren wir alte Marmorbrüche. Dann verlassen wir die nach Gorfigliano hinabführende *strada marmifera* und steigen über den geröllübersäten NO-Hang des **M. Cavallo** (1888 m) zur **Foce di Cardeto** hinauf, einer tiefen, felsigen Scharte zwischen M. Cavallo und **Pizzo Altare** (1746 m). Vom Scheitelpunkt der Einkerbung aus fällt unser Blick auf das jenseits des weiten glazialen Beckens **Orto di Donna** sich erhebende *Matterhorn der Apuanischen Alpen*, den 1781 m hohen **Pizzo d'Uccello**, nördlicher Eckpfeiler eines langen, bogenförmigen Gebirgskamms, der wie ein riesiger Wannenrand das Talschlußbecken von Orto di Donna umfaßt, das während der Würm-Eiszeit von einem Gletscher ausgefüllt war.

Jenseits der Scharte nehmen wir den Weg CAI 178, der sich nach rechts steil durch ein felsiges Waldstück auf die ebene Wiesenfläche **La Serenaia** hinabwindet. Dort treffen wir auf die Asphaltstraße, auf der die in den Brüchen von Orto di Donna geschnittenen Marmorblöcke ins Tal transportiert werden. Wir folgen der *strada marmifera* 500 m aufwärts und beenden den Tag mit Tagliatelle funghi und Rotwein im **Rifugio Guido Donegani**.

## 5. Etappe: Über sieben Pässe nach Campocecina

Heute verlassen wir wieder die Trasse des Garfagnana-Trekkings. Vom **Rifugio Donegani** nehmen wir den z. T. bewaldeten Weg CAI 37 über den Osthang des **Pizzo d'Uccello** (1781 m), der direkt gegenüber der Hütte beginnt. Wir überqueren die *strada marmifera* und steigen durch Marmorbrüche geradeaus hinauf zur **Foce di Giovo**, einem Paß, der das Valle di Vinca mit dem Hochbecken des Serchio di Gramolazzo verbindet. Hier überqueren wir die sekundäre Wasserscheide des Garnerone-Grats, der vom Pizzo d'Uccello herabkommt. Die senkrechte Nordwand des *Matterhorns der Apuanischen Alpen* weist die schwierigsten Kletterrouten der gesamten Gebirgskette auf.

Von der Foce di Giovo steigen wir den grünen Hang des **Valle di Vinca** hinab bis zur Verzweigung des Wegs oberhalb der Capanne del Giovo. Wir wenden uns nach links und wandern unterhalb des langgestreckten Garnerone-Grats etwa auf der

Höhe des Quellhorizonts nach Süden. Im dichten Nadelwald passieren wir die Hütte Capanna Garnerone. An der **Foce di M. Rasore** wenden wir uns nach rechts und erreichen über den Nordhang des gleichnamigen Berges **Foce di Navola**. Hier beginnt der hoch über dem Tal von Vinca auf dem Hauptkamm der Alpi Apuane bis zum Rifugio Carrara verlaufende Weg CAI 173.

Von der **Foce di Vinca** steigen wir ein kurzes Stück nach Norden auf ein Schotterfeld hinab, wenden uns dort nach links und erreichen nach kurzem Aufstieg den nächsten Paß: **Foce del Pollaro**. Der Weg schlängelt sich nun weiter über den Nordhang des M. Sagro hinauf zur **Foce del Fanaletto**, mit 1426 m der zweithöchste Paß des heutigen Tages.

Jenseits des Passes wenden wir uns nach links und setzen unseren Weg am Westhang des M. Sagro fort, bis wir an eine Wegverzweigung kommen. Wer will, kann nun nach links, an den Capannelli di Sagro vorbei, zum Gipfel des M. Sagro (1748 m) aufsteigen. Für den Abstecher benötigt man insgesamt zwei Stunden.

Der Hauptweg aber wendet sich nach rechts und führt an hohen Marmorbrüchen vorbei zur **Foce di Pianza**, dem endgültig letzten Paß des Tages. Hier biegen wir erneut rechts ab, umwandern den M. Borla und erreichen nach einer phantastischen Trekking-Tour die Wiesen von **Campocecina** und das **Rifugio Carrara**. Von der Hütte gibt es zweimal täglich eine Busverbindung in die Marmormetropole Carrara.

**Umhüllt vom blendenden Weiß des Steins, von Licht und Hitze und begleitet vom monotonen Schleifen der Steinsägen und Schneidedrähte wird ein Besuch in den Cave di Marmo zu einem unvergeßlichen Erlebnis.**

**Interessanter Abstecher** Wer noch Zeit hat und sich etwas mehr mit dem Abbau des Marmors beschäftigen möchte, kann von Campocecina aus durch das Abbaugebiet von La Piastra nach **Torano**, einer typischen Bergarbeitersiedlung, hinabsteigen und sich ein Bild von den Folgen und der Faszination einer bereits über 80 Generationen dauernden Gewinnung des *Weißen Goldes* machen.

**Alternative Tour in den Alpi Apuane** Diese fünftägige Tourenvariante benutzt Wanderwege und Saumpfade, die jahrhundertelang die Hauptverkehrsverbindungen zwischen den Siedlungen und den Marmorbrüchen gebildet haben. Übernachtet wird in alten Hirtendörfern und historischen Bergweilern sowie in gut ausgestatteten Hütten.

Ausgangspunkt der Alternativtour ist das nordöstlich von **Massa** gelegene Marmorbrecher-Dorf **Resceto** (485 m). Der Ort liegt am Ufer des sich hier aus mehreren Quellbächen bildenden Canale di Resceto. Steile, nur im unteren Bereich teilweise bewaldete Hänge erheben sich fast tausend Meter aus dem engen Talgrund und

**Tourenprofil: Alpi Apuane**

| Strecke | Höhe | Gehzeit | Entfernung | Berge / Pässe / Orte |
|---|---|---|---|---|
| Start: Stazzema | 439 m | | | |
| 1. Etappe: Rifugio del Freo | 1180 m | 7 Std. | 9,5 km | Collemezzana, 770 m – Foce di Mosceta, 1170 m – Fornovolasco, 480 m |
| 2. Etappe: Capricchia | 817 m | 6 Std. | 11 km | Valico di Fociomboli, 1270 m – Colle di Favilla, 955 m – Isola Santa, 550 m |
| 3. Etappe: Campocatino (wie 3. Etappe GT) | 1000 | a) 5 Std.<br>b) 7 1/2 Std. | a) 10 km<br>b) 14,5 km | Maestà del Tribbio, 1157 m – Vagli di Sotto, 600 m – Vagli di Sopra, 675 m<br>M. Sumbra, 1765 m – Passo Fiocca, 1550 m – Passo di Sella, 1500 m |
| 4. Etappe: Orto di Donna Rifugio Donegani (wie 4. Etappe GT) | 1150 m | 5 Std. | 8 km | Passo della Tombaccia, 1350 m – Passo della Focolaccia, 1650 m – Foce di Cardeto, 1680 m – La Serenaia, 1050 m |
| 5. Etappe: Rifugio Carrara | 1320 m | 7 Std. | 11 km | Foce di Giovo, 1500 m – Capanna Garnerone, 1260 m – Foce di M. Rasore, 1320 m – Foce di Navola, 1295 m – Foce di Vinca, 1333 m – Foce del Pollaro, 1364 m – Foce del Fanaletto, 1426 m – Foce di Pianza, 1279 m |
| Endpunkt: Rifugio Carrara / total: | | a) 30 Std.<br>b) 32 1/2 Std. | a) 49,5 km<br>b) 54 km | |

**Fontia bei Carrara. Im Hintergrund die Apuanischen Alpen mit den weltberühmten Marmorbrüchen.**

bilden ein gigantisches Amphitheater, das in der Höhe von bizarren Bergkämmen abgeschlossen wird.

Am nördlichen Ausgang von Resceto befindet sich ein Buswendeplatz. Hier beginnt der Weg CAI 35, der jenseits der letzten Häuser in die historische *Via Vandelli* übergeht. In engen, steilen Serpentinen schlängelt sich der teilweise noch die alte Pflasterung zeigende Weg am Rifugio Nello Conti (1420 m, geöffnet: 1.6.–15.9.) vorbei hinauf zum **Passo Tambura**, um dann wieder abzusteigen und die Einsiedelei San Viano passierend nach **Campocatino** zu führen (6–7 Stunden).

Am zweiten Tag geht es durch das Zentrum der Apuanischen Alpen ins glaziale Becken **Orto di Donna** (6–7 Stunden, Übernachtung: Rifugio Donegani).

Über den kleinen mittelalterlichen Weiler **Ugliancaldo** führt der Weg am dritten Tag nach **Equi Terme** hinab, um dann durch eines der alpinsten Täler der Apuanischen Alpen, das **Valle di Vinca**, zum

## La Via Vandelli

Die transapenninische Via Vandelli verbindet Massa mit Modena. Sie stellt eine der wichtigsten und großartigsten Baumaßnahmen im Italien des 18. Jh. dar. Mehr als 2000 Arbeiter bauten zwischen 1739 und 1753 nach den Plänen des Mathematikers und Kartographen Abate Domenico Vandelli die erste »moderne Straße« der Garfagnana, eine wahre *Autostrada* für jene Zeit, befahrbar mit Pferde- und Eselwagen.
Auftraggeber war der Herzog von Modena, Francesco III, der auf diese Art die Hauptstadt der Estense-Dynastie Modena mit Massa verbinden wollte. Die Länge der Via Vandelli beträgt annähernd 180 km: von Modena ausgehend erreicht sie Sassuolo und Pavullo, überwindet bei San Pellegrino den Apennin und schlängelt sich von hier nach Castelnuovo di Garfagnana hinab, steigt auf nach Vagli, durchzieht das Tal von Arnetola, um dann am Passo della Tambura den Kamm der Apuanischen Alpen zu überwinden. Im weiteren Verlauf schlängelt sie sich in steilen Serpentinen nach Resceto hinab, um endlich Massa zu erreichen. Die Estensi richteten entlang der Fernstraße einen Etappendienst ein und förderten den Bau von Gasthäusern entlang der Trasse.

gleichnamigen Dorf aufzusteigen (7 Stunden; Übernachtung in Vinca).

Am vierten Tag wandern wir durch herrliche Fichtenwälder und an den Marmorbrüchen *Walton* vorbei zum **Rifugio Carrara** in Campocecina (5 Stunden).

Schließlich am fünften Tag der Abstieg von der Hochebene Campocecina über das Marmorbecken von La Piastra nach **Torano**, einem Ortsteil von Carrara.

Zwischen Carrara und Massa verkehren mehrmals täglich öffentliche Linienbusse, und von Massa fahren im Sommer (1. 7.–31. 8.) werktags viermal Busse der C.A.T. (Consorzio Apuano Trasporti Massa–Carrara) nach Resceto.

Karten und Informationen über diese Tour erhält man von der APT Massa-Carrara und vom Assessorato decentramento (Adr. s. Nützliche Hinweise).

## Nützliche Hinweise

**Anreise:** A 15 Parma – La Spezia, weiter auf der A 12 bis Ausfahrt Forte dei Marmi. Über Seravezza im Herzen der Versilia hinauf nach Stazzema. Oder, für die »Alternative Tour in den Alpi Apuane«: A 15 Parma – La Spezia, weiter auf der A 12 bis Ausfahrt Massa. Dann die Provinzhauptstadt nach Norden verlassen in Richtung Forno/Resceto.
**Benötigte Karten:** • Carta dei Sentieri e Rifugi 1:25 000, Doppelblatt 101/102. • Carta Turistica e dei Sentieri 1:50 000, Parco delle Alpi Apuane, beide Edizioni Multigraphic.
**Übernachtung:** • Albergo Procinto, Via IV Novembre 21, 55040 Stazzema; geöffnet: ganzjährig; 14 Zimmer; Tel. (05 84) 77 70 04. Ausweichmöglichkeit: Albergo La Pania, Piazza Europa 1, 55040 Pontestazzemese, Tel. (05 84) 77 70 01. • Rifugio Forte dei Marmi All'Alpe della Grotta (865 m), CAI Forte dei Marmi; 52 Betten, fließend Wasser; geöffnet: 1. 6.–30. 9., restliche Zeit nur an Festtagen, Tel. (05 84) 77 70 51. Es eignet sich als alternativer Startpunkt; von Stazzema über den Weg CAI 5 (1 Std.) oder von Pomezzana auf Weg CAI 106 (50 Min.). • Rifugio G. Del Freo (1180 m), 32 Betten; fließend Wasser; geöffnet 1. 4.–31. 10., restliche Zeit nur an Festtagen, Tel. (05 84) 77 80 07. • Rifugio La Buca (480 m), Fornovolasco, Tel. (05 83) 72 20 13. • Rifugio Pian dei Mulini, Capricchia, Tel. (05 83) 66 12 75. • Posto tappa Campocatino (1000 m), in ehemaligen Hirtenhütten, 20 Bettstellen, ohne Dusche. Geöffnet 1. 7.–31. 8. Reservierung über Bar/Ristorante »Buca dei Gracchi«, Via Riscone 14, 55030 Vagli Sotto (LU), Tel. (05 83) 66 41 03, oder Übernachtung auf einer nahen Wiese, die zum Zelten freigegeben ist. • Rifugio G. Donegani (1150 m), Loc. Orto di Donna, 60 Betten, Dusche, Restaurant. Geöffnet: 1. 3.–15. 11., sonst an Wochenenden. Tel. (05 83) 61 00 85. • Rifugio Capanna Garnerone (1260 m), 18 Betten: Küche für Selbstversorger; Schlüssel über CAI Carrara. • Rifugio Carrara (1320 m), Loc. Campocecina, 18 Betten; Restaurant; ganzjährig geöffnet; Tel. (05 85) 84 19 72.
**Informationen:** • APT Massa-Carrara, Lungomara Vespucci 24, 54037 Marina di Massa, Tel. (05 85) 24 00 63 oder 24 36 36, Fax (05 85) 86 90 15. • Comune di Massa, Assessorato decentramento e Comunità Montana, 54100 Massa, Tel. (05 85) 4 35 73. • Centro Accoglienza Parco Alpi Apuane, Piazza delle Erbe 1, 55032 Castelnuovo Gna (LU), Tel./Fax (05 83) 64 42 42, und Via C. del Greco 11, 55047 Seravezza (LU), Tel. (05 84) 75 73 61, Fax 75 73 62. • Club Alpino Italiano, p. Mazzini 13, 54100 Massa, Tel. (05 85) 48 80 81. • Gruppo Speleologico Apuano, p. Mazzini 13, 54100 Massa. Bergführer vermitteln die APT Massa-Carrara und die Centri Accoglienza. Die Bergführer gehören dem italienischen Verband ökologischer Wanderführer an.
Hüttenpreise (1996, Abendessen, Übernachtung, Frühstück): 50 000 Lire / Person.
Führer, deutschsprachig, unabhängig von der Teilnehmerzahl: 190 000 Lire / Tag.

# 3 Auf der »Crinale dei Laghi«
# Alta Lunigiana

Eingekeilt zwischen Ligurien und der Emilia-Romagna liegt im Nordwestzipfel der Toskana die Provincia di Massa Carrara. Riesige Kastanienwälder und grüne Wiesen breiten sich auf den unteren Hanglagen und hügeligen Terrassen im Tal des Fiume Magra aus, kulissenartig überragt von der alles beherrschenden Gebirgskette des Apennin und den gezackten Gipfeln der Apuanischen Alpen.
Die einst mächtige römische Stadt Luni, 177 v. Chr. nordöstlich der Mündung des Magra gegründet, gab dem gesamten Tal seinen Namen: La Lunigiana, ein geschichtsträchtiges Gebiet mit Resten byzantinischer und langobardischer Befestigungen, beeindruckenden romanischen Kirchen und imposanten Bauten aus dem 16. und 17. Jahrhundert. Unübersehbar aber sind die zum größten Teil vom Grafengeschlecht der Malaspina erbauten mittelalterlichen Burgen und Schlösser, die sich auf steilen Hängen über Talgründe und Dörfer erheben.
Hauptort der Lunigiana ist **Pontremoli,** ein Ort mit engen Laubengängen, bäuerlichen Trattorien und schummrigen Petroleumlampen in den Gassen. Kleine, fischreiche Bäche und Flüsse mit sauberem, kristallklarem Wasser haben stille Seitentäler in die Hänge des Apennin geschnitten, in deren Dörfern noch immer die typischen Gerichte der Region serviert werden: köstliche Pilzspeisen, Schweineschmalzbrot oder »Testaroli«, das sind dünne Pastafladen, mit Olivenöl bestrichen und mit geriebenem Pecorino bestreut.

## 1. Etappe: Über den Monte Losanna nach Prato Spilla

Die Tour beginnt in **Apella**. Der streckenweise noch die alte Pflasterung aufweisende Weg führt durch Kastanienwald und über die teilweise kahlen Südhänge hinauf zum **M. Cmollo** (1230 m). Es folgen Abschnitte mit dichter Buchenmacchia, bevor wir den Kammweg verlassen und auf halber Hanghöhe den felsigen Gipfel des M. Tecchio dei Merli (1644 m) umgehen. Wir erreichen einen Sattel mit einem alten Grenzstein, wenden uns hier nach Westen und steigen durch Wald auf eine Wiesenfläche hinab, die vom steilen Südhang des M. Losanna beherrscht wird. Es folgt ein Aufstieg über Hochwiesen und Blaubeerheide zum **Passo di Compione** (1794 m).

Wir wenden uns nach rechts und wandern über den Nordwestkamm hinauf zum Gipfel des **M. Losanna** (1856 m). Dann senkt sich der Weg bis zu einer Verzweigung. Hier verlassen wir die Wasserscheide, passieren den kleinen **Lago Martino** (1714 m), bleiben auf dem Weg CAI 5, überqueren einen Sattel und gehen wenig später parallel zu einer Skipiste nach **Prato Spilla** hinab, wo wir im Posto tappa Quartier finden.

## 2. Etappe: Von See zu See auf der »Crinale dei Laghi«

Vom Posto tappa wandern wir zum nahen **Lago Pola** (1508 m). Nach der Überquerung eines Sattels unterhalb der Cima Canutti (1696 m) passieren wir jenseits eines Buchenwaldes den **Lago Verdarolo** (1390 m) und den **Lago Scuro** (1392 m), steigen erneut auf einen Sattel hinauf und folgen dann dem Weg, der steil ins Becken des **Lago Squincio** (1241 m) hinabführt.

Der auf drei Seiten von den felsigen Hängen des M. Malpasso (1716 m) umgebene See ist von großem wissenschaftlichem Interesse, da sich in seinem Becken postglaziale Torflager befinden. Mit Hilfe der in ihnen konservierten Pollen läßt sich die Vegetation der nacheiszeitlichen Jahrtausende rekonstruieren.

**Höhenweg unterhalb der Crinale des Apennin.**

### Kurzcharakteristik

Nach einem mühevollen Aufstieg über einen langgestreckten Bergrücken folgt die Route der »Crinale dei Laghi« (Crinale ist der Bergrücken, Gebirgskamm). Wiesenkämme, zahlreiche Seen und Szenarien glazialer Morphologie garnieren den Kamm des Apennin, auf dem gemeinsam die Trassen der GEA (Grande Escursione Appenninica), des GT (Garfagnana-Trekking) und des Lunigiana-Trekking (LT) verlaufen. Abstecher auf alpine Gipfel mit weiten Panoramen ergänzen die Tour. Alle Wege sind markiert.
**Beste Zeit:** Mai bis Ende September
**Gesamtgehzeit:** 4 Tage
**Gesamtstrecke:** 40–45 km
**Kartenskizze:** Siehe Seite 68

Jenseits des Sees überqueren wir die alte Trasse der Straße Linari – Rigoso und erreichen wenig später am Nordende des künstlichen **Lago Paduli** eine Wegkreuzung. Hier wenden wir uns nach links, durchwaten im dichten Buchenwald den Rio Garzoli und gehen bis zur **Loc. Quattro Fagge** weiter, wo der Weg nach Südosten abbiegt und unterhalb der Kammlinie eines langgestreckten Rückens ins rauhe, glaziale Becken des fischreichen **Lago di Monte Acuto** (1580 m) führt, an dessen Nordufer das Rifugio Città di Sarzana steht.

## 3. Etappe: Höhenweg mit Abstecher zum Alpe di Succiso

Von der Hütte steigt der Weg zur **Sella di M. Acuto** (1722 m) hinauf, wendet sich hier scharf nach links und führt über den schwierigen Felsenkamm **Groppi di Camporaghena** zum **Passo di Pietra Tagliata** (1750 m).

**Alternative** Der sehr viel einfacher zu begehende Alternativweg führt über die mit Wald und Hochwiesen bedeckten Hänge im Einzugsbereich der Quellbäche des Torrente Liocca ebenfalls zum Tagliata-Paß.

Wer möchte, kann vom Passo di Pietra Tagliata aus einen zweistündigen Abstecher auf den **Alpe di Succiso** (2017 m) machen. Der Weg auf den vierthöchsten Gipfel des tosco-emilianischen Apennin mit einer typisch alpinen Flora führt über den Südkamm des Berges. An klaren Tagen hat man von hier oben einen Blick vom toskanischen Archipel über den Golf von La Spezia bis zum Bogen der Westalpen. Eine Alternative ist die Besteigung des **Monte Alto** (1904 m) mit einem ebenfalls beeindruckenden Panorama.

Vom Tagliata-Paß geht es zunächst über steile Serpentinen hinab in die Randgebiete eines großen glazialen Beckens. Dann überqueren wir den Ostkamm des Monte Alto, um wenig später über seinen steilen Südhang bis zu einem großen Grenzstein hinabzugehen. Hier wenden wir uns nach rechts, passieren den offenen Passo dell'Ospedalaccio (1271 m) und erreichen binnen einer halben Stunde **Passo del Cerreto** mit dem Posto tappa und dem Albergo Alpino.

**Auf der »Crinale dei Laghi«.**

## 4. Etappe: Vom Passo del Cerreto nach Villaggio Capanne di Sillano

Der Weg folgt zunächst ein Stück weit der Asphaltstraße nach Cerreto Laghi, durchquert den Buchenwald von **Crocetta**, verläuft dann durch das beeindruckende obere **Rosaro-Tal**, das von der *Società Botanica Italiana* unter Naturschutz gestellt werden soll, und steigt durch das steinige Vallone dell'Inferno mit den typischen Pflanzen der kühleren Bergregionen zum **Bivacco Rosario** hinauf.

Ein steiler Weg führt von hier über eine Einsattelung des Bergrückens, der den

**Bauernhaus in den Bergen mit typischer Steinplatten-Bedeckung.**

Monte Scalocchio (1810 m) mit dem nahen Kamm des Apennin verbindet, auf den Gipfel des »Nackten Berges« (Monte La Nuda, 1895 m; Skigebiet) mit einem phantastischen Panoramablick über die Tallandschaften der Lunigiana und Garfagnana bis zu den Alpi Apuane.

Der sich anschließende Weg verläuft nun unterhalb der Kammlinie auf dem emilianischen Hang über die **Cima Belfiore** (1810 m) zum Paß gleichen Namens. Ab hier folgen wir der Trasse des Garfagnana-Trekkings (GT) bis zum **Passo di Pradarena** (1576 m), dem alten Paß zwischen der Toskana und der Emilia. Wir wenden uns nach Süden und erreichen über **Ospedaletto** den Endpunkt des Trekkings: **Capanne di Sillano**.

Vom Passo di Pradarena gibt es Busverbindungen über Capanne di Sillano nach Piazza al Serchio im Garfagnana-Tal und von hier nach Aulla. Von hier fahren Busse über Tavernelle zum Passo di Lagastrello; von Tavernelle aus, hinter dem die Straße abzweigt, ist es nicht mehr weit zum Ausgangsort Apella.

## Tourenprofil: Alta Lunigiana

| Strecke | Höhe | Gehzeit | Auf-, Abstieg | Berge / Pässe / Orte |
|---|---|---|---|---|
| Start: Apella | 672 m | | | |
| 1. Etappe: Prato Spilla | 1349 m | $7^{1}/_{2}$ Std. | 1400 m / 600 m | M. Cmollo, 1230 m – Passo di Compione, 1794 m – M. Losanna, 1856 m – Lago Martino, 1714 m |
| 2. Etappe: Rifugio Città di Sarzana | 1580 m | $5^{1}/_{2}$ Std. | 650 m / 430 m | Lago Pola, 1508 m – Lago Verdarolo, 1390 m – Lago Scuro, 1392 m – Lago Squincio, 1241 m – Lago di Monte Acuto, 1580 m |
| 3. Etappe: Passo del Cerreto | 1261 m | $4^{1}/_{2}$ Std. | 600 m / 900 m | Sella di M. Acuto, 1722 m – Passo di Pietra Tagliata, 1750 m – Alpe di Succiso, 2017 m – M. Alto, 1904 m – Passo dell'Ospedalaccio, 1271 m |
| 4. Etappe: Villaggio Capanne di Sillano | 1100 m | $6^{1}/_{2}$ Std. | 750 m / 900 m | Monte La Nuda, 1895 m – Cima Belfiore, 1810 m – Passo di Pradarena, 1576 m |
| Endpunkt: Villaggio Capanne di Sillano / total: | | 24 Std. | 3400 m / 2830 m | |

Hochwiese mit Waldstreifen im nördlichen Apennin.

## Nützliche Hinweise

**Anreise:** A 15 Parma – La Spezia bis Ausfahrt Aulla und dann auf der SS 665 »*Passo di Lagastrello*« über Licciana Nardi, Tavernelle und Taponecco nach Apella.
**Benötigte Karten:** Carta dei Sentieri e Rifugi, 1:25 000, Doppelblätter 14/16 und 15/18, Edizioni Multigraphic.
**Übernachtung:** • Prato Spilla, Posto tappa GEA no 22; Schlüssel über Sign. Parmigiani, Tel. (05 21) 89 01 83. • Rifugio Città di Sarzana; Schlüssel beim Wächter des Staudamms von Lagastrello, Tel. (05 21) 89 01 42. • Passo del Cerreto, Posto tappa GEA no 20, nahe des Albergo »Alpino«. • Passo Pradarena, Ristorante Albergo »Carpe Diem«, Tel. (05 22) 89 91 51. • Capanne di Sillano, Posto tappa GT, nahe des Villaggio Turistico, Schlüssel in der Trattoria Biasetti, Tel. (05 83) 61 60 60.
**Informationen:** • Comunità Montana, v. Umberto I 20, 54013 Fivizzano (MS), Tel. (05 85) 92 69 22, Fax (05 85) 9 35 94. • Comunità Montana della Lunigiana, Via Mazzini, 54027 Pontremoli (MS), Tel. (01 87) 85 00 75. • CAI Fivizzano, p. Labindo, 54013 Fivizzano (MS). • CAI Pontremoli, p.Unita d'Italia, 54027 Pontremoli (MS), Tel. (01 87) 83 07 14.

# 4 Wiesenkämme, alpine Gipfel und glaziale Seen
# Sul Tetto della Toscana

Fernab der großen Touristenzentren Oberitaliens, zwischen Emilia-Romagna und der Toskana, erheben sich die bei uns noch weitgehend unbekannten Gebirgslandschaften des tosco-emilianischen Apennin: ein zerfurchtes, wie von Riesenpflügen aufgerissenes Gebiet mit steil aufgerichteten Erdschollen, die von den Gletschern des Quartärs gerundet wurden.
Dichte, kühle Eichen- und Kastanienwälder bedecken die tief eingekerbten Nord- und Nordwesthänge mit einer geschlossenen grünen Decke. Oberhalb 1000 Meter dominieren Buchen und Tannen; früher war das Gebiet der Waldweide und der Köhlerei vorbehalten.
Klare, frische Bäche plätschern voller Kraft und Vitalität in ihren steinigen Betten ins Tal. Die Wälder mit ihren im Rhythmus der Jahreszeiten wechselnden Farben und Düften sind ein Eldorado für Pilzsammler, Erdbeerpflücker und Heidelbeerkämmer.
Durch das Vorrücken der Gletscher im Quartär (vor 20 000 Jahren) wurde die alpine Vegetation nach Süden gedrückt. Silbertanne und Fichte, Alpenrose, Heidel- und Preiselbeere, Enzian, Alpenveilchen, Schneeglöckchen und Krokus – um nur einige zu nennen – hielten Einzug in Mittelitalien. Die Hochwiesen auf den Kämmen und flachen Gipfeln bestehen aus Borstengras und Wiesenknöterich. In feuchteren Senken wachsen Binsen, die von weichen Moosteppichen umgeben sind.
Im Winter verwandelt sich die Landschaft in ein weißes, wogendes Meer. Mit 50 Kilometer Abfahrtspisten und 20 Kilometer Loipen ist die Monte-Cimone-Region das größte italienische Skigebiet außerhalb der Alpen. Liegt Schnee, mutieren die mittelalterlichen Dörfer und Städtchen Fanano, Sestola, Montecreto und Riolunato mit ihren romanischen Kirchen, Burgen und Schlössern zu Wintersportzentren alpinen Stils.

## 1. Etappe: Über den M. Cimone nach Abetone

Der Ausgangspunkt dieses Trekks, **Sestola**, 753 n. Chr. erstmals urkundlich erwähnt, liegt auf dem Sattel eines langgestreckten Bergrückens, der, mehrmals abknickend, vom M. Cimone herabzieht und die Täler der Flüsse Scoltenna und Leo voneinander trennt. Vom Mai bis Ende August wird das ca. 3000 Einwohner zählende Städtchen von Rentnern und Senioren bevölkert – wegen des angenehmen Klimas und wegen der niedrigen Sommertarife. Bei einem Bummel durch die Gassen der Sommerfrische fallen die vielen Bekleidungs- und

**Sestola in der Emilia-Romagna ist die »Grüne Perle des Apennin«.**

Sportgeschäfte auf, Hinweis auf die Freizeitaktivitäten in dieser Region.

Noch lange, bevor sich am Vormittag das autofreie Zentrum der *Perla Verde dell'Appennino* mit Urlaubern füllt, verlassen wir über die *Via Cimone* und *Via Pian del Falco* den sympathischen Ort. In der ersten Kurve wenden wir uns nach links. Lichter Nadelwald nimmt uns auf.

Wir blicken zurück auf die Burg von Sestola, die sich jenseits des Sattels auf einem steilen Felssporn erhebt. Es ist nicht weit bis **Pian del Falco**, Endstation mehrerer Skilifte. Wir überqueren die Fahrstraße und gehen zum **Lago della Ninfa** hinauf. Hier machen wir Rast. Im blaugrünen, leicht milchig-trüben Wasser spiegeln sich die Tannen und Lärchen, die am Ufer stehen; unzählige Kaulquappen bilden schwarze Flecken unter der glitzernden Oberfläche des Sees.

Gleich nebenan, am **Passo del Lupo**, befindet sich der *Giardino Esperia*, ein botanischer Garten von nationaler Bedeutung. Vom C.A.I. Modena angelegt und

## Kurzcharakteristik

Die abwechslungsreiche Tour von der Emilia-Romagna in die Toskana vereint einige der schönsten Gebiete des nördlichen Apennin beiderseits der Hauptwasserscheide zwischen Adriatischem und Tyrrhenischem Meer. Sie führt über bewaldete Bergrücken und vegetationslose Hänge auf den Gipfel des M. Cimone (2165 m), durch weite Teile des **Parco dell'Alto Appennino Modenese** und über wiesenbedeckte Kämme zum glazialen Spektakel aus Karseen und Moränenfeldern rings um den Lago Santo: Relikte der quartären Vereisung des Apennin.

Die Tour integriert den alpinsten Gipfel des tosco-emilianischen Apennin (M. Rondinaio) ebenso wie den bemerkenswertesten (Libro Aperto) und den mit dem beeindruckendsten Panorama (M. Giovo).

**Beste Jahreszeit:** Mai bis Oktober.
Auch als Wintertour geeignet.
**Gesamtgehzeit:** 4 Tage
**Gesamtstrecke:** 57 km
**Kartenskizze:** Siehe Seite 79

**Dichte Wälder bedecken die Südosthänge des Monte Cimone. Die Trekkingroute folgt vom Gipfel aus der am Horizont sichtbaren Kammlinie.**

betreut, kann man hier die typische Flora und Fauna von Apennin und Alpen betrachten.

Begleitet vom Wiehern halbwilder Pferde steigen wir über Hochwiesen hinauf zum Gipfel des höchsten Berges im tosco-emilianischen Apennin. Der kompakte Kegelstumpf des **M. Cimone** erhebt sich über der Hochebene von Cavallaro auf stolze 2165 m. Ein frischer Wind pfeift um die Gebäude der Sternwarte und Wetterstation. An klaren Herbsttagen kann man von hier oben den Mont Blanc, das Matterhorn, die Marmolada, die dalmatinische Küste und Korsika sehen.

Unterhalb des Gipfels duckt sich die kleine Kapelle *Madonna delle Nevi* im Windschatten; einige Gedenktafeln nennen die Namen »mutiger Aufsteiger«, die am Ende des 16. Jahrhunderts auf dem Gipfel des Cimone standen – unter ihnen Francesco III, Herzog von Modena.

Wir wenden uns nach Süden und gehen den kurzen Weg hinab zum Sattel zwischen dem M. Cimone und seinem kleineren Bruder, dem M. Cimoncino, der mit einer steilen Felswand nach Osten abfällt. Der Weg verläuft dann im ständigen Auf und Ab über einen langgestreckten, völlig offenen Nebenkamm, der den höchsten Berg des nördlichen Apennin mit der Hauptwasserscheide verbindet.

Mit ein wenig Glück können wir unterwegs Murmeltiere beobachten, die vor einigen Jahren wegen günstiger Lebensbedingungen hier angesiedelt wurden. Aus einem Stamm von 20 Tieren hat sich eine stabile Population entwickelt, die am Cimone besonders zahlreich ist und sich langsam auch in die angrenzenden Gebiete ausdehnt. Außerdem gibt es hier noch die Schneewühlmaus, ein typisch alpines Nagetier, das mit dem M. Cimone den südlichsten Punkt seines Verbreitungsgebiets erreicht hat.

Nach knapp fünf Kilometern panoramareicher Wegstrecke erreichen wir einen Doppelgipfel, dessen einander zugekehrte Flanken sich wie die Seiten eines geöffneten Buches gegenüberliegen. Die Topographie stand Pate bei der Namensgebung: **Libro Aperto** (*Aufgeschlagenes Buch*) heißt der eigenwillige Bergzwilling, auf dem eine Kolonie Mufflons lebt, die einst aus Sardinien »importiert« wurden.

Vom Sattel zwischen den »Buchseiten« steigen wir zunächst links hinauf auf den **M. Rotondo** (Kote 1937 m; Emilia-Romagna) mit Blick nach Nordosten ins Tal des Torrente Fellicarolo. Danach gehen wir hinüber auf den Gipfel des **M. Belvedere** (Kote 1896 m; Toskana) mit ebenfalls schöner Aussicht, wie der Name es erwarten läßt: nämlich ins große hydrographische Becken des Torrente Lima, auf Abetone und über den Apenninenkamm bis zum M. Giovo.

Wir gehen den welligen Westgrat des M. Belvedere hinab, einst Grenze zwischen der Emilia-Romagna und der Toskana. Weite Wiesen mit Disteln, blauen Glockenblumen, violetten Lichtnelken, niedrigen Heidelbeersträuchern, Thymianpolstern und Hornklee bedecken den seitlichen Hang, durchsetzt mit von gelbgrünen Flechten gesprenkelten Felsblöcken, zwischen denen sich vereinzelt Bündel von Farnwedeln im Wind biegen.

Ab und zu passieren wir Grenzsteine aus dem 18. Jh., die mit der Markierung des C.A.I. versehen sind und uns als Wegweiser dienen. Vom unteren Teil des Grats blicken wir auf das **Rifugio Foce della Verginetta**, das wir in Kürze erreichen. Hier auf dem kleinen Sattel treffen mehrere Wege zusammen.

Von der im Sommer geöffneten Hütte gehen wir zunächst noch ein kurzes Stück geradeaus weiter bis an einen Grenzstein mit der Nummer N 102 aus dem Jahr 1793. Deutlich können wir auf der Stirnfläche des Steinzylinders die Einkerbung erkennen, die die Grenze zwischen Emilia-Romagna und Toskana markiert. Hier

**Blick über Pianosinatico ins Einzugsgebiet des Torrente Lima, überragt vom Doppelgipfel des Libro Aperto.**

wenden wir uns nach links und folgen zunächst den Zeichen der GEA (*Grande Escursione Appenninica*) und des rotblau gekennzeichneten Wegs Nr. 13.

Hochstämmiger Mischwald nimmt uns auf. Nach knapp 300 Metern erreichen wir eine Verzweigung. Wir nehmen den nach links abzweigenden Weg über die dicht bewaldeten Südosthänge des Einzugsgebiets der gut ein Dutzend Bäche, die zusammen den Torrente Lima bilden, nach **Boscolungo**, einem Vorort von **Abetone**, in dem sich auch ein *Campingplatz* und die *Jugendherberge* (Post tappa GEA Abetone, Ostello della Gioventù) befinden. Der Abend ist einem Bummel durch das Wintersportzentrum in Sattellage vorbehalten, das im Sommer Ziel eines ausgeprägten Wochenendtourismus ist.

## 2. Etappe: Abetone – Alpe Tre Potenze – Lago Santo

Von der Jugendherberge führt ein Schotterweg schräg über den bewaldeten Prataccio-Hang bis zu einem Querweg hinauf. Hier wenden wir uns nach rechts, passieren wenig später die Felsabbrüche der Palestra Roccia, dann eine Seilbahntrasse, und gehen annähernd auf gleicher Höhe über den Südosthang des oberen **Valle del Sestaione** bis zu einem Quellbach des gleichnamigen Lima-Zubringers, wo der Weg rechtwinklig zunächst nach links und wenig später nach rechts abknickt.

Wir erreichen den kleinen Karsee **Lago Nero** und steigen dann von hier aus über den Passo della Vecchia zum Gipfel des **Alpe Tre Potenze** hinauf, so genannt, weil hier die Grenzen der ehemaligen Herzogtümer der Toskana, von Modena und von Lucca zusammentrafen. Von der beeindruckenden Bergpyramide blicken wir nach Westen auf den M. Rondinaio jenseits des Passes Foce a Giovo, nach Norden ins schmale Val di Luce mit seinen Hotels und zahlreichen Skiliften, zurück ins Becken des Lago Nero und nach Süden ins Valle della Fegana und den Orrido di Botri.

Wir bleiben auf dem Kamm der apenninischen Wasserscheide, gehen mit Blick auf den **Lago Piatto** hinab auf den kleinen Sattel mit der Höhe 1814 m, überqueren

### La Via dei Remi

Via dei Remi, die *Straße der Ruder*, ist ein Transitweg aus dem 17. Jh. für den Transport des Holzes, das der Großherzog der Toskana für seine Werften in Pisa und zur Anfertigung der Galeerenruder benötigte. Die dafür geeigneten Buchenstämme gab es aber nur in den Wäldern westlich von Cutigliano, ebenjener Region, in der die Herzogtümer der Toskana, von Modena und Lucca zusammentrafen.

Nach zähen Verhandlungen einigten sich die *Drei Mächte (Tre Potenze)* 1625 über den Verlauf der Trasse: von Pistoia über Cutigliano, das Valle del Sestaione zum Lago Nero, dann über den Passo di Annibale und Foce a Giovo bis zum Lago Baccio. Um eine Grenzüberschreitung ins Herzogtum von Lucca zu vermeiden, wurde die *Via dei Remi* über den Lago Santo bis zum Passo della Boccaia verlängert. Am Colle Bruciata wurde der Apenninenkamm überschritten und damit wieder toskanisches Territorium erreicht. Südlich von Barga in der Garfagnana wurden die Baumstämme dann dem Fiume Serchio übergeben, auf dem sie bis nach Pisa transportiert wurden.

Mit dem Aufkommen der Dampfschiffahrt Anfang des 18. Jh. verlor die *Straße der Ruder* ihre Bedeutung. Heute finden wir nur noch an wenigen Stellen Reste der alten Pflasterung.

**Im Talgrund des Torrente Lima, der bei der geringen sommerlichen Wasserführung leicht durchwatet werden kann.**

dann den flachen Gipfel des **M. Femminamorta** und erreichen den alten Paß **Foce a Giovo**, uralte Verbindung zwischen dem toskanischen Valle della Fegana und dem emilianischen Valle delle Tagliole. Wir überqueren die alte herzogliche Paßstraße, eine holprige, mit Schlaglöchern übersäte *strada sterrata,* passieren eine kleine Kapelle und steigen durch weite Wiesen und Blaubeerheide über den Nordhang des M. Borra al Fosso bis zu einer Verzweigung hinauf. Hier beginnt die *Via dei Laghi*, ein Weg zu den letzten Zeugen der Vergletscherung des Apennin im Quartär.

Wir wenden uns nach rechts und gehen zum **Lago Torbido** (1676 m) hinab, der im Sommer weitgehend ausgetrocknet ist und ein sumpfiges Feuchtbiotop bildet. Jenseits des Sees nehmen wir den Weg, der über steiniges Gelände und eine grasbewachsene Verebnung zum tieferliegenden **Lago Turchino** (1600 m) hinabführt. Es geht weiter bergab in Richtung Norden, zunächst über einen bewaldeten Hang, dann quer über lockere Gesteinstrümmer, bevor wir auf den Weg treffen, der von der Foce a Giovo herabkommt: ein verbliebenes Stück der alten Trasse der *Via dei Remi*; heute ein schmaler Pfad, der am Rand einer sumpfigen Ebene entlang und dann durch Buchenwald zum Giovo-Paß hinaufführt.

Wir wenden uns nach links und wandern über den stark abfallenden, offenen, mit Geröllbrocken übersäten Nordosthang des Höhenrückens, der das Becken des Lago Baccio vom Valle delle Tagliole trennt, dessen bewaldete Talflanken sich unter uns ausbreiten. Nach der Überquerung der Lichtung tritt der Weg in einen Buchenwald ein. Wenig später durchwaten wir den Rio Baccio direkt oberhalb seines spektakulären, tief stürzenden Wasserfalls. Jenseits des Baches erreichen wir eine Wegkreuzung: links steigt ein holpriger Weg zum schönen Karsee **Lago Baccio** (1554 m) hinauf, und geradeaus geht es leicht bergab zum Ufer des **Lago Santo**, überragt von der beeindruckenden Felsbastion des M. Giovo.

Der fischreiche See liegt in einem läng-

lichen Becken in 1501 m Höhe, nimmt eine Fläche von fast 6 ha ein und erreicht an seiner tiefsten Stelle 20 m. Im klaren Wasser spiegelt sich die steile Nordostwand des M. Giovo. Am waldigen Ostufer des Sees befinden sich einige Hütten mit Übernachtungsmöglichkeiten: Rifugi Alpino Tullio Marchetti, Giovo, Alpino Vittoria und G. Mariotti.

## 3. Etappe: Rund um den Lago Santo

Wir verlassen den tiefblauen See in nordwestlicher Richtung. Nach der Durchquerung eines Buchenwaldes erreichen wir **den Passo della Boccaia**, der die emilianischen Täler Valle delle Tagliole und Valle del Rio Fontanacce verbindet. Wir gehen weiter auf der GEA (*Grande Escursione Appenninica*) direkt nach Westen, queren die Talschlußhänge des Valle del Fontanacce und steigen dann in der Flanke eines felsigen Hangs hinauf auf den Sattel zwischen M. Giovo und Cima dell'Omo. Hier, am **Colle Bruciata,** erreichen wir wieder den Kamm des Apennin mit weitem Blick nach Süden ins Tal des Serchio.

Wir wenden uns scharf nach links und gehen auf dem steilen Kammweg zum Gipfel des **M. Giovo** hinauf und genießen von hier oben eine wahrlich grandiose Aussicht über den nördlichen Apennin, den M. Cimone und die Kette der Apuani-

Der Lago Santo am Fuß der steilen Nordostwand des Monte Giovo.

schen Alpen. Es folgt ein Abstieg entlang der Kante jener Felswand, die das Becken des Lago Santo nach Südwesten abschließt. Wir erreichen den steilen Felssporn **Grotta Rossa**. Ein von hier nach Nordosten verlaufender Kamm trennt den Lago Baccio vom Lago Santo.

Beim Abstieg über den ausgesetzten Sporn hilft ein befestigtes Stahlseil. Wir erreichen den Wiesensattel **Il Passetto**, wo wir auf Reste der *Via dei Remi* treffen. Über einen kurzen, aber steilen Grat steigen wir hinauf zum alpinsten Gipfel des tosco-emilianischen Apennin, dem **M. Rondinaio** (1964 m).

Dann geht es über lockere Gesteinstrümmer steil hinab zur Wiesenfläche zwischen M. Rondinaio und Cima Salaiola. Hier wenden wir uns nach links und wandern hinab zum Lago Torbido. Auf dem uns schon bekannten Weg gehen wir weiter bis zu unserem Quartier am Ufer des Lago Santo.

## Der grausige Canyon: Orrido di Botri

Unterhalb des Apenninenkamms haben die vom Alpe Tre Potenze und Femminamorta herabkommenden Bäche Mariana und Ribellino die vier Kilometer lange, seit 1971 unter Naturschutz stehende Schlucht Orrido di Botri geschaffen. Sie ist mehrere hundert Meter tief und an einigen Stellen nur wenige Meter breit.

Der Canyon beginnt in Ponte a Gaio, einer alten Brücke über den Rio Pelago tief unterhalb der Paßstraße, die aus dem Serchio-Tal zur Foce a Giovo hinaufführt. Auf den ersten 500 Metern wird das Tal immer enger, die Felswände immer höher. Schließlich nähern sie sich in der etwa zwanzig Meter langen, sogenannten *Guadina* auf nur fünf Meter. Danach entfernen sich die Felswände wieder voneinander. Als tiefes und steiles Kerbtal zieht der Orrido di Botri weiter nach Osten, bevor er etwa auf halber Länge nach Norden umbiegt, erneut enger wird und die anderthalb Kilometer lange *Große Rinne (Solco Grande)* bildet. Weiter bachaufwärts folgen Wasserfälle.

Neben einer Anzahl seltener Pflanzenarten nistet auch inzwischen der Königsadler wieder in den Steilwänden des Canyon. Wegen der leichten Verletzbarkeit dieses einzigartigen Ökosystems soll der Orrido di Botri gänzlich für den Zugang des Menschen gesperrt und nur noch mit autorisierten Führern betreten werden dürfen.

**Alternative** Vom Gipfel des M. Rondinaio zurück zum Sattel Il Passetto und dann durch das glaziale Becken des **Lago Baccio** zurück zum Ausgangspunkt der Tagestour.

## 4. Etappe: Zum Passo delle Radici

Heute gehen wir wie am Vortag zunächst hinauf zum Colle Bruciata. Auf dem Kamm des Apennin wandern wir nun strikt der Markierung CAI 00 folgend nach Westen und passieren dabei nacheinander die typisch flachen, apenninischen Gipfel Cima dell'Omo, die Cime di Romecchio und den M. Romecchio, bevor wir südlich des M. Saltello auf einen Schotterweg treffen. Am Nordhang des Bergrückens wenden wir uns nach rechts, um ein längeres Stück der *strada sterrata* zu umgehen, die wir nach etwa dreieinhalb Kilometern wieder erreichen und bis zum **Passo delle Radici** nicht mehr verlassen. Am Passo kann man im Albergo Lunardi übernachten.

Vom Radici-Paß verkehren Busse nach Pievepelago. Hier kann man umsteigen und über Riolunato zurück nach Sestola fahren.

Nach einem Ruhetag und dem Besuch des nahen Wallfahrtsortes San Pellegrino kann man aber auch den zehntägigen Garfagnana-Trekk anschließen und mit der eigentlich letzten Etappe vom Passo delle Radici nach Castelnuovo di Garf. beginnen. Das hat den Vorteil, daß man zunächst einmal den Apennin verläßt und in die landschaftlich völlig konträren Apuanischen Alpen hinüberwechselt, bevor man nach gut einer Woche über die schon vertrauten, sanfteren Bergformen des Apennin zum Radici zurückkehrt.

### Tourenprofil: Sul Tetto della Toscana

| Strecke | Höhe | Gehzeit | Entfernung | Berge / Pässe / Orte |
|---|---|---|---|---|
| Start: Sestola | 1020 m | | | |
| 1. Etappe: Abetone | 1388 m | 6 1/2 Std. | 19 km | Lago della Ninfa, 1503 m – M. Cimone, 2165 m – M. Cimoncino, 2118 m – M. Rotondo, 1937 m – M. Belvedere, 1896 m – Foce della Verginetta, 1492 m |
| 2. Etappe: Lago Santo | 1501 m | 5 Std. | 13 km | Alpe Tre Potenze, 1940 m – Femminamorta, 1881 m – Foce a Giovo, 1674 m |
| 3. Etappe: Lago Santo | 1501 m | 5 Std. | 11 km | Colle Bruciata, 1730 m – M. Giovo, 1991 m – Grotta Rossa – Il Passetto, 1850 m – M. Rondinaio, 1964 m |
| 4. Etappe: Passo delle Radici | 1529 m | 4 1/2 Std. | 14 km | Passo Boccaia, 1587 m – Colle Bruciata, 1730 m – Cime di Romecchio, 1791 m u. 1731 m – M. Romecchio, 1702 m |
| Endpunkt: Passo delle Radici / total: | | 21 Std. | 57 km | |

## Nützliche Hinweise:

**Anreise:** Auf der A 22 bis Modena, dann die A 1 Richtung Bologna, Ausfahrt Modena Sud, und auf der ausgebauten SS 12 »Abetone–Brennero« bis etwa 5 km südlich von Pavullo nel Frignano. Hier verläßt man die SS 12, fährt über enge Serpentinen hinab ins Tal des T. Scoltenna und dann hinauf nach Sestola. Rückfahrt: siehe Routenbeschreibung.
**Karten:** • Carta dei Sentieri e Rifugi 1:25 000 Doppelblätter Nr. 17/19 und 18/20 Edizioni Multigraphic. • CAI-Karte Sentieri dell'Alto Appennino Modenese 1:25 000, S.E.L.C.A. Firenze.
**Übernachtung:** • Sestola: hier gibt es gut zwei Dutzend Alberghi und Hotels. Adressen und Buchung über das Fremdenverkehrsamt. Parkplatz für Wohnmobile!. • Rifugio Pian del Falco (1294 m), Tel. (05 36) 6 11 13. • Posto tappa GEA Abetone (1300 m), Ostello della Gioventù, Loc. La Consuma, Tel. (05 73) 6 01 17. • Bivacco Lago Nero (unbewirtschaftet), Schlüssel: CAI di Pistoia, Via XXVII Aprile, Tel. (05 73) 2 58 51. • Rifugio Alpino Tullio Marchetti (1501 m), Lago Santo, geöffnet: März bis Oktober; restl. Zeit nur an Wochenenden, Tel. (05 36) 7 12 53. • Rifugio Giovo (1501 m), Lago Santo; 46 Betten, Restaurant, ganzjährig geöffnet, Tel. (05 36) 7 15 56 oder 7 11 87. • Rifugio Alpino Vittoria (1501 m), Lago Santo. 12 Betten, Restaurant, geöffnet: 1. 5.–15. 10., Ostern und Weihnachten, Tel. (05 36) 7 15 09. • Rifugio G. Mariotti (1501 m), Lago Santo. 40 Betten, Restaurant, ganzjährig geöffnet, Tel. (05 21) 83 59 09. • Albergo Lunardi Passo delle Radici, 55030 Chiozza (LU), Tel. (05 83) 64 90 71 - 79.
**Informationen:** • Informazioni Assistenza Turistica, p. Passerini 18, 41029 Sestola, Tel. (05 36) 6 23 24. • APT, Via Marconi 16, 51028 San Marcello Pistoiese, Tel. (05 73) 63 01 45 – 62 23 00, Fax (05 73) 62 21 20. • Ufficio Informazione Abetone, Piazzale delle Piramidi, 51021 Abetone, Tel. (05 73) 6 02 31 oder 6 00 01, Fax (05 73) 6 02 32. • Comunità Montana Appennino Pistoiese, 51028 San Marcello Pistoiese, Tel. (05 73) 63 07 90. • Reitzentrum: Centro Ippico Sestolese, Via Casa Fattore 1, 41029 Sestola (MO), Tel. (05 36) 6 20 46.

# 5 Der »Vorgarten von Florenz« Das Mugello

Der bereits in prähistorischer Zeit von den ligurischen Stämmen der *Mugelli* bewohnte nördlichste Teil der Provincia di Firenze erstreckt sich von den Rändern des Fiume-Sieve-Beckens bis hinauf auf die apenninische Wasserscheide (Crinale appenninico). Das **Mugello,** seit Jahrtausenden ein wichtiges Durchgangsgebiet zwischen Etrurien und der Po-Ebene, wird von zahlreichen Straßen durchquert, die über schmale Pässe die Toskana mit der Emilia-Romagna verbinden.
Schon zu Zeiten der Medici war der wegen seiner geschützten Südwestlage beliebte *Vorgarten von Florenz* eine bevorzugte Sommerfrische, ein Zufluchtsort aus dem sommerlichen Hitzekessel der Kunstmetropole.
Auf den flachen Sedimenten eines ehemaligen pliozänen Sees und in den lieblichen, wasserreichen Seitentälern erstreckt sich eine harmonische Mittelgebirgslandschaft mit Getreidefeldern und Weiden, durchbrochen von Olivenhainen, Zypressenalleen und Waldflächen.
Auf den mittleren Hängen dominieren Kastanien- und Eichenhaine, die weiter oben zum Teil in dichte Buchenwälder übergehen. Schafzucht und Holzwirtschaft sind hier die wichtigsten Erwerbsquellen der Bevölkerung. In den am höchsten gelegenen Teilen des **Mugello Alto** treffen wir auf eine herbe, rauhe und einsame Naturlandschaft. Zentrum des Mugello mit seinen zahlreichen kleinen Dörfern und mittelalterlichen Städtchen ist Borgo San Lorenzo.

## 1. Etappe: Auf der Linea Gotica

Ausgangspunkt ist der ganzjährig geöffnete Campingplatz »Il Sergente« in **Monte di Fò** an der SS 65 etwa zwei Kilometer unterhalb des **Passo della Futa**. Hier kann man bedenkenlos sein Auto abstellen.

Etwa 300 m oberhalb des Platzes beginnt links an einer blauweißen Sperre ein Schotterweg, der zum Futa-Paß hinaufführt. Wenig später treffen wir auf die Trasse des SOFT No 52. Wer den Militärfriedhof auf dem Futa-Paß nicht besuchen möchte, wendet sich hier nach rechts und geht zunächst bis zur SS 65 hinauf. Jenseits der Staatsstraße beginnt dann ein Weg, der durch den Wald zur Kammhöhe hinaufführt. Wir gehen geradeaus weiter und treffen unterhalb des Futa-Passes ebenfalls auf die SS 65. Links geht es zur Paßhöhe und zum Militärfriedhof; wir wenden uns nach rechts, gehen die 150 m bis zur Abzweigung der SP 116 »Firenzuola« und sehen dann links einen Trafoturm, vor dem wir erneut rechts abbiegen.

## Kurzcharakteristik

Höhentour zwischen 800 m und 1000 m beiderseits der Wasserscheide des florentinischen Apennin (Appennino Tosco-Romagnolo) mit Abstechern in liebliche Täler und idyllische Bergdörfer. Das Trekkinggebiet umfaßt den nordöstlichen Teil des Sorgenti di Firenze Trekking (SOFT) mit einem Abschnitt der Grande Escursione Appenninica (GEA) als zentraler Achse, an die ein dichtes Netz markierter Wege angebunden ist. Alle vorhandenen Wegmarkierungen entsprechen den Angaben in der Karte.

**Beste Jahreszeit:** Ende April bis Ende Juni, Anfang September bis Mitte Oktober
**Gesamtgehzeit:** 5 Tage
**Gesamtstrecke:** 63 km
**Kartenskizze:** Siehe Seite 88

Hier betreten wir die Trasse der GEA. Nach wenigen Dutzend Metern halten wir uns links und gehen auf der Kammlinie des Hohen Apennin bis zum **M. Gazzaro.** Der weiche, federnde Weg führt durch Buchenwald, durch mannshohe Farnfelder und über weite Kammlichtungen, auf denen köstliche Waldhimbeeren wachsen, deren reife Früchte im Juli eine willkommene Wegzehrung bieten.

Wir bleiben auf der Hauptwasserscheide, erreichen nach anderthalb Kilometern den **Passo dell'Osteria Bruciata** und wandern immer geradeaus im leichten Auf und Ab über die Höhen M. Castel Guerrino, Poggio Roncolombello und Il Piaggione weiter zum **Passo Giogo**. Bevor der Weg den Kamm verläßt, haben wir noch einmal einen weiten Blick über das Mugello und die Florentiner Berge. Dann geht es steil über die Nordabdachung bergab, erst durch Gebüsch, dann durch Buchenwald und schließlich durch einen Nadelwald aus Fichten und Douglasien. Plötzlich öffnet sich der Blick wieder weit ins Tal der Sieve, und in wenigen Minuten haben wir das Albergo Il Giogo erreicht, das Ziel der heutigen Etappe.

**Santa Agata di Mugello. Die Trekkingroute verläuft über die Höhenzüge im Hintergrund.**

## La Linea Gotica

Die von den deutschen Truppen 1944 aufgebaute *Gotische Linie* (auch *Linea Verde*) sollte den Vormarsch der Alliierten nach Norden stoppen. Sie erstreckte sich über eine Länge von 320 km von Pesaro an der Adria bis Cinquale di Montignoso am Ligurischen Meer. Die Gefechte entlang der *Linea Gotica* forderten über 200 000 Tote. Der Futa-Paß war einer der wichtigsten Stützpunkte der Verteidigungslinie. Die meisten der auf dem Militärfriedhof oberhalb der Paßhöhe bestatteten 30 713 Gefallenen sind Opfer der ab Ende August 1944 von britischen und amerikanischen Streitkräften durchgeführten Operationen, die zwischen Carrara und Rimini gegen die deutschen Stellungen gerichtet waren. Nach schweren, opferreichen Abwehrkämpfen brach Ende April 1945 die Apenninen-Verteidigung zusammen.

## 2. Etappe: Einsam und abgelegen: Die Romagna Toscana

Der heutige Tag führt uns in den nördlichsten Zipfel der Provincia di Firenze jenseits der apenninischen Wasserscheide, eine von zahlreichen Bächen und Flüssen stark zerschnittene Landschaft auf der feuchteren Nordostabdachung des Gebirges. Wie zerknäultes Packpapier, das wieder leicht auseinandergezogen wurde, mit Wiesen und Wald besetzt, zerfurcht, gefaltet, aufgewölbt und eingesenkt, ineinander verschachtelte Kuppen und Bergrücken, getrennt durch steile, grüne Kerbtäler: das ist die **Romagna Toscana.** Ganz anders als in der zentralen Toskana liegen hier die Orte nicht auf den Bergrücken, sondern an den Ufern der Wasserläufe, tief unten in den Tälern.

Vom Passo Giogo nehmen wir den Schotterweg, der schräg gegenüber dem Albergo beginnt. Jenseits einer Wiese tritt er in einen aufgeforsteten Nadelwald ein. Wir ignorieren zwei in kurzem Abstand die Grande Escursione Appenninica (GEA) in südlicher Richtung verlassende Wege und erreichen nach drei Kilometern am **Poggio dei Prati Piani** die Stelle, wo die Forststraße den Wald verläßt. Vor uns öffnet

**Von einer Distelwiese oberhalb von Osteto blicken wir auf die ineinander verschachtelten Kuppen und Bergrücken der Romagna Toscana.**

sich ein weiter Blick über die zerknitterte Romagna Toscana. Wir folgen der in Serpentinen über den offenen Grashang führenden Schotterstraße bis zu dem grünen, säulenförmigen Wegweiser in der letzten Rechtskurve. Hier biegen wir links ab in Richtung Moscheta. Beim Überqueren der Hangwiese scheucht jeder Schritt Dutzende von Heuschrecken auf, die dann um unsere Beine schwirren.

Es folgt ein kurzer Abstieg über einen offenen Hang, bevor wir in einen Mischwald aus Wildkirschen, Kastanien und Buchen eintreten. Dann eine Lichtung, auf der im dichten Gras hohe Disteln wachsen. Auf ihren pinkfarbenen Blüten tummeln sich Käfer und Schmetterlinge.

Im Buchenwald passieren wir eine Wildsperre aus Draht und stehen wenig später vor den zuwachsenden Ruinen der Case Pratelle. Ab hier begleitet uns ein Wildbach, dessen klare Wasser über Felsstufen und Querrippen ins Tal plätschern. Wenig später entfernt sich der Weg wieder vom Bachbett und verläuft nun hoch oberhalb desselben stetig abfallend bis

**Osteto**, dessen rotbedachte Steinhäuser plötzlich hinter einem Kastanienhain auftauchen. Unterhalb des idyllischen Dorfes treffen wir auf ein Asphaltsträßchen, das uns zum alten Kloster von **Moscheta** führt. Der Posto tappa di Moscheta, unser Tagesziel, befindet sich in dem Klosterbau gleich rechts hinter der Brücke.

## 3. Etappe: Durch das Valle dell'Inferno

Start ist um neun; das ist im Sommer die beste Zeit fürs *Höllental.* Wir verlassen das einsame, abseits in einem Waldwinkel gelegene Kloster und gehen durch hochstämmige Douglasien am alten Friedhof vorbei hinab ins Tal des **Torrente Veccione**. Jenseits der kleinen Steinbrücke liegt eine mehrfach terrassierte Wiese, auf der man auch sein Zelt aufstellen kann. Wir biegen vor der Brücke rechts ab. Hier beginnt ein beeindruckender Weg durch das tief eingeschnittene Valle dell'Inferno, die tiefste Schlucht des tosco-romagnolischen Apennin.

Der Weg steigt von den Gebäuden der alten Mühle kurz an und folgt dann dem Lauf des Baches oberhalb der Talsohle, an überhängenden Gesteinsplatten und vorspringenden Klippen vorbei, durch den vollständig bewaldeten Canyon. Begleitet vom Rauschen des Baches erreichen wir eine Lichtung in einer kesselförmig ausgeweiteten Talschleife, die von fast senkrechten Felswänden überragt wird.

Dann verengt sich die Schlucht wieder, und der Weg steigt in Serpentinen erneut hoch über das Bachbett auf. Plötzlich tauchen die verrotteten und von Schlingpflanzen überwucherten Natursteinhäuser der Case Val d'Inferno vor uns auf. Von der Tenne des Gebäudekomplexes hat man einen tollen Blick auf die Schlucht des Veccione und das jenseitige, tief eingeschnittene Tal des Fosso dell'Inferno.

Kurz hinter den Ruinen zweigt rechts ein in steilen Serpentinen zum M. Acuto hinaufführender, schmaler Bergpfad ab. Wir gehen links weiter. Der Weg schlägt nun einen weiten Bogen nach rechts, führt an einem Bestand alter Edelkastanien vorbei und schlängelt sich dann hinab ins romantische Tal des **Torrente Rovigo**. Geradeaus geht es hinauf zum Wasserfall. Wir überqueren die Steinbrücke, wenden uns dann an einem Wohnhaus nach rechts und erreichen wenig später den Weiler **Casetta di Tiara**.

Vom Weg oberhalb des Ortes blicken wir ins Tal des nun etwas breiter werdenden Torrente Rovigo. Jenseits der letzten Häuser treffen wir auf einen Wirtschaftsweg. Nach knapp zwei Kilometern nehmen wir links die Abzweigung, die uns zum Poggio Roncaccio (1044 m) hinaufführt.

Wir gehen weiter auf dem Kammpfad in Richtung Norden. Nach 500 m erreichen wir eine Wegverzweigung. Hier wenden wir uns nach links, streifen den M. Feriale und erreichen nach kurzem Abstieg **Casa Montagnana**. Jenseits der Häuser

### Abstecher zum Wasserfall des Torrente Rovigo

Der märchenhafte Weg zur *Cascata del Rovigo* führt entlang des Baches bis zum beeindruckenden Felsenbecken mit einem kleinen See, in den der Wasserfall hinabstürzt. Die Fallhöhe ist nicht groß, aber die aus waagerechten Schichtrippen gebildete Rückwand der Nische, das kristallklare Wasser und eine sich kuppelförmig über dem Pool schließende Vegetation lohnen diesen Abstecher.

durchqueren wir einen felsigen Hang, gehen am Croce di Camaggio nach rechts und steigen nach **Campanara** hinab. Rechts geht es zur kleinen Kirche San Michele aus dem 14. Jh. Wir halten uns links und wandern auf der Forststraße zunächst über Wiesen, dann durch einen Pinienwald bis zum M. dell'Incisa.

Jenseits des Hügels folgen wir dem alten Verbindungsweg von Tana nach **Acquadalto**. Wir passieren die Käserei der Agricoop und treffen auf die SS 477. Hier wenden wir uns nach links und erreichen in Kürze **Palazzuolo sul Senio**. Der idyllische Sommerkurort, in dem 1506 Papst Giulio II und Niccolò Macchiavelli Station machten, liegt in einem Talkessel, der durch den Zusammenfluß mehrerer Bäche zum Fiume Senio gebildet wurde. In dem Städtchen ohne Festungen und Mauern findet an allen Sonntagen im Oktober ein Folklore-Fest mit Leckereien aus Eßkastanien und Waldfrüchten statt: der *Ottobre Palazzuolese*. Bei Palazzuolo gibt es auch einen Zeltplatz, unser Etappenziel.

## 4. Etappe: Von Palazzuolo nach Casaglia

Von der *Piazza Strigelli* führt die *Via del Poggiolino* zum Ortsrand. An ihrem Ende wenden wir uns nach rechts und gleich darauf nach links. Der hier beginnende Weg führt schräg über eine im Sommer zugewachsene Wiese am Rand einer Hecke entlang. Dann geht es auf einem schmalen steinigen Pfad an den malerischen Ruinen der **Casa Calamelli** vorbei über einen teilweise rutschigen, sandigen Rücken hinauf zu den Ruinen des Turms

**Renaissance der Stille: Osteto im Herzen der Romagna Toscana.**

**Blick vom Casa Calamelli auf Palazzuolo sul Senio.**

von Castellaccio. Wir gehen weiter bergauf, passieren die Ruinen von Monterotondo sowie die kleinen Landhäuser »Le Fosse« und »Il Poggio« und erreichen schließlich die Wasserscheide zwischen dem Senio und dem Fiume Lamone. Ein kurzer Abstecher nach links führt uns auf den Gipfel des **M. Prevaligo**, wo wir bei einem herrlichen Rundumpanorama Rast machen.

Nach dem Besuch des Gipfels kehren wir zur Wegkreuzung zurück und setzen unseren Weg in südwestlicher Richtung fort. Im verlassenen **Borgo di Lozzole** kommen einem unwillkürlich Erinnerungen an *Grimms Märchen* in den Sinn: Von einem, der auszog, das Fürchten zu lernen ... Im kleinen *Ghost-town* ignorieren wir die Abzweigungen, die in benachbarte Täler hinabführen, und steigen geradeaus über einen schmalen Rücken zum **Passo di Ronchi di Berna** hinauf.

Das folgende Wegstück bis zum M. La Faggeta verläuft auf der Wasserscheide zwischen dem Becken des Rovigo und dem des Lamone (herrlicher Rundblick an diversen Stellen). Wir lassen die Abzweigung zum M. Carzolano rechts liegen, wenden uns nach links und überqueren die welligen Kammwiesen von **Frassinello**, die sich im Frühjahr in ein buntes Blütenmeer verwandeln. Am Ende der Wiesen treffen wir auf den Weg, der nach Crespino hinabführt. Wir folgen aber dem Höhenweg in südwestlicher Richtung, wandern durch einen dichten, schattigen Buchenwald und treffen am Nordhang des M. La Faggeta erneut auf eine Weggabelung. Hier halten wir uns links und wandern über den bewaldeten, steilen Osthang hinab nach **Casaglia.** In der alten Schule (Posto tappa di Casaglia) gibt es Übernachtungsmöglichkeiten.

## 5. Etappe: Quer über den Kamm des Apennin

Aufbruch im Morgengrauen. Ein erfrischender Wind weht das Tal des Fiume Lamone herauf. Über südexponierte Wiesenhänge schlängelt sich das Asphaltband der SS 302 nach Marradi. Jenseits des Tals blicken wir auf die waldbedeckten Hänge, über die wir zum Kamm des Apennin hinaufsteigen wollen. Nach gut einem Kilometer wenden wir uns nach rechts (Loc. La Fornace), passieren ein Gehöft und treffen an der alten Mühle auf den noch jungen Fiume Lamone.

Wir gehen ein Stück bachaufwärts, überqueren den Bach an einer flachen Furt und treffen jenseits einer Weide auf ein Rinnsal. Nach etwa 30 m wenden wir uns nach links und steigen in dichtem Buchenwald auf einem ausgewaschenen Kammweg steil bergauf.

Wir treten aus dem Wald heraus und gehen durch hohen Farn auf eine offene Fläche. Von hier blicken wir zurück auf Casaglia. Wir gehen geradeaus weiter und erreichen eine mit hohen Disteln bestandene Wiese, an deren linkem Rand wir entlanggehen. Jenseits einer Baumreihe queren wir abermals eine offene Wiesenfläche, wenden uns an deren Ende nach rechts, gehen an zwei Walnußbäumen vorbei und treffen wenige Dutzend Meter höher unvermittelt auf die Ruinen der **Casa Ronci.** Wenn es hier unter uns rumpelt, fährt gerade ein Zug durch die *Galleria degli Allocchi*, einen Tunnel der Bahnverbindung Firenze–Faenza.

Wir lassen die Ruinen links liegen, gehen geradeaus abermals über eine Distelwiese, wenden uns nach rechts und queren eine kleine Rasenfläche. Dann kämpfen wir uns wieder durch ein mannshohes Farnfeld und erreichen schließlich einen Steintrog, der als Viehtränke dient. Hier wenden wir uns nach links und steigen, den jetzt deutlichen weißroten Markierungen folgend, im Zickzack durch den dichten Buchenwald hinauf zum Kamm des Apennin, den wir etwas östlich des Poggio degli Allocchi erreichen.

Vor uns erstrecken sich die weiten Wiesenflächen der **Giogana** nach Nordwesten. Der kühle Höhenwind ist erfrischend, denn es ist inzwischen merklich wärmer geworden, und der Aufstieg war anstrengend. Wir gehen nach links und wandern weiter auf dem First des Apennin bis zum Rifugio Castellino am Nordhang des gleichnamigen Gipfels, Ursprung vieler Bäche, die ihre Quelltäler rundum in die Flanken des Berges geschnitten haben. Jenseits der einst illegal errichteten Schutzhütte treffen wir auf einen Querweg. Hier biegen wir erneut links ab, gehen weiter über Kammwiesen und erreichen wenig später den schmalen Sattel **Varco di Vitigliano.**

Hier gibt es jetzt mehrere Möglichkeiten, über die Südwesthänge des Apennin ins Tal der Sieve hinabzusteigen:

**Variante A** Auf einem breiten, nach rechts abzweigenden Pfad verlassen wir den Höhenweg, passieren während der Durchquerung eines Farnareals die Ruine eines Hauses und erreichen im sich anschließenden Buchenwald eine deutliche Wegverzweigung. Hier gehen wir geradeaus auf dem Weg CAI 26 weiter hinunter nach **Vitigliano.**

**Variante B** An der erwähnten Wegverzweigung wenden wir uns nach links. An der nächsten Abzweigung halten wir uns rechts und folgen dem Weg CAI 22 oberhalb der Quellbäche des Borro dei Tramonti bis zum Schotterweg, der von Rostolena zum Poggio al Tiglio hinaufführt. Hier können wir nun entweder rechts abbiegen und auf der *strada bianca* nach Rostolena hinabwandern, oder aber den Schotterweg überqueren und leicht bergauf zum flachen, mit Wiesen bedeckten **M. Stelleto** (1002 m) mit seiner weithin sichtbaren, einzeln stehenden Buche ge-

hen. Nach Norden öffnet sich ein weites Panorama auf den gesamten tosco-romagnolischen Apennin.

Wir bleiben auf dem Weg CAI 22 und steigen über eine Wiese weiter bergab. Später passieren wir eine Quelle mit Tränke, wenden uns an einer deutlichen Einsattelung nach links und erreichen nach 25 m die Wegkreuzung *Renai*. Hier wenden wir uns erneut nach links und gehen nun auf dem Weg CAI 22a weiter bergab bis in den hübschen Weiler **Uzzana**.

## Tourenprofil: Mugello

| Strecke | Höhe | Gehzeit | Entfernung | Berge / Pässe / Orte |
|---|---|---|---|---|
| Start: Camping »Il Sergente«, Monte di Fò | 764 m | | | |
| 1. Etappe: Passo Giogo | 882 m | 5 Std. | 14 km | Passo della Futa, 903 m – M. Gazzaro, 1125 m – Passo Bruciata, 917 m – M. Castel Guerrino, 1117 m |
| 2. Etappe: Moscheta | 569 m | 3 Std. | 8 km | Poggio dei Prati Piani, 1031 m – Case Pratelle, 720 m – Osteto, 585 m |
| 3. Etappe: Palazzuolo sul Senio | 437 m | 5 Std. | 15 km (ohne Abstecher) | Case Val d'Inferno, 541 m – Casetta di Tiara, 640 m – Poggio Roncaccio, 1044 m – Casa Montagnana, 852 m – M. dell' Incisa, 761 m |
| 4. Etappe: Casaglia | 754 m | 6 Std. | 14 km | Castellaccio, 641 m – M. Prevaligo, 956 m – Lozzole, 796 m – Passo di Ronchi di Berna, 1103 m – Frassinello, 1130 m – M. La Faggeta, 1144 m |
| 5. Etappe: | | | | Casa Ronci, 818 m – Poggio degli Allocchi, 1019 m – Poggio Castellino, 1102 m – Varco di Vitigliano, 1110 m |
| A) Vitigliano | 490 m | 4 Std. | 11 km | |
| B) Uzzana | 490 m | 4 Std. | 11,5 km | |
| C) Villore | 400 m | 4 Std. | 12 km | |
| Endpunkte / total: | | 23 Std. | 63 km | |

## Nützliche Hinweise

**Anreise:** Auf der A 1 Bologna – Firenze bis zur Ausfahrt Roncobilaccio. Von hier sind es nur wenige Kilometer bis Passo della Futa. Wer von Florenz anreist, sollte sich für die landschaftlich schöne Strecke einen halben Tag Zeit nehmen. Man fährt auf der alten *Via Bolognese* (SS 65) über Vaglia und Novoli, dann an den Medici-Schlössern *Castello del Trebbio* und *Villa di Cafaggiolo* vorbei nach Collebarucci und von hier über eine reizvolle Bergstrecke nach Monte di Fò.
**Karte:** Carta dei Sentieri e Rifugi 1:25 000, Doppelblätter 25/28 und 26/27, Edizioni Multigraphic.
**Übernachtung:** • Camping Il Sergente, Monte di Fò, 50030 Montecarelli, Tel. (0 55) 8 42 30 18. • Albergo Passo della Futa (FI), geöffnet Juni bis Ende September, Tel. (0 55) 81 52 55. • Camping Lo Stale, Passo della Futa (FI), Strada Provinciale per Bruscoli 169 (an der SS 65), Tel. (0 55) 81 52 97. • Albergo Ristorante Il Giogo, Passo del Giogo, 50038 Scarperia (FI), Tel. (0 55) 84 60 51; nur 7 Zimmer! • Posto tappa di Moscheta, Badia di Moscheta, Tel. (0 55) 8 14 40 04, 23 Betten, Küche, Bad; Reservierung erwünscht; Restaurant nebenan. • Camping Visano an der Via Strada Provinciale Faggiola (Richtung Bibbiana; außerhalb von Palazzuolo sul Senio), 50035 Visano, Tel. (0 55) 8 04 61 06. • Posto tappa Casaglia, in der alten Schule; c/o Marretti Cinzia, Casaglia 27, Borgo San Lorenzo, 50030 Firenze, Tel. (0 55) 8 40 20 20. Voranmeldung erbeten.
**Informationen:** • Comunità Montana Mugello, v. P. Togliatti 45, 50032 Borgo San Lorenzo (FI), Tel. (0 55) 8 49 53 46 Fax (0 55) 8 45 62 88. • Consorzio Turistico Mugello, v. P. Togliatti 4, 50032 Borgo San Lorenzo (FI), Tel. (0 55) 8 45 80 45. • Club Alpino Italiano, v. Algeri, 50065 Pontassieve (FI), Tel. (0 55) 2 39 85 80. • Gruppo Escursionistico Vicchiese, 50039 Vicchio (FI), Tel. (0 55) 84 86 88.

**Variante C** Vom Varco di Vitigliano steigen wir zur Höhe des Berges gleichen Namens hinauf und bleiben nun noch gut anderthalb Kilometer auf dem Höhenrücken. Unterhalb des Poggio al Tiglio, wo sich der Höhenweg nach links wendet, zweigt nach rechts der Weg SOFT 18 ab (gelbe Markierung). Nach gut drei Kilometern, am Ende eines sehr steilen, serpentinenreichen Abstiegs durch einen lichten Kastanienhain, überqueren wir auf einer Behelfsbrücke aus zwei Baumstämmen einen Bach, wenden uns vor der jenseitigen Steilstufe nach links und gehen auf ebenem Weg hoch oberhalb des plötzlich tief eingefrästen Fosso Botena durch einen Mischwald. Wir passieren die seitlich des Wegs auf einer Spornterrasse gelegenen Case Poggiavari, gehen an kliffartig überhängenden Felsschichten entlang und sind wenig später in **Villore**. Etwas außerhalb des Ortes liegt das *Oratorio della Beata Vergine di Meleto*. Hier endet auch der Weg CAI 22a, der von Uzzana herabkommt.

Alle beschriebenen Wege, die von der Wasserscheide ins Sieve-Tal hinabführen, verlaufen auf langgestreckten Bergrücken, zwischen denen tiefe, bewaldete Kerbtäler liegen. Querwege gibt es nicht, so daß man gezwungen ist, sich für eine der genannten Varianten zu entscheiden.

Nicht von allen Dörfern am Endpunkt der Tour gibt es Busverbindungen, die ins Sievetal führen. Fragen Sie aber ruhig den Fahrer eines Schulbusses, ob er Sie mit nach **Vicchio** nimmt. Von hier aus erreicht man mit Bussen der Linie SITA mehrmals täglich Barberino und von hier aus Monte di Fò, unseren Ausgangspunkt.

# 6 Zwischen Casentino und Valdarno
# Giro di Pratomagno

Während der letzten Phase der Apenninenfaltung entstanden zwischen hohen Aufwölbungen innergebirgliche Becken, die von großen Seen ausgefüllt wurden. Zwei der größten sind das **Casentino** und das mittlere Arnotal, zwischen denen die soliden Sandsteinmassen des **Pratomagno** aufragen; ein wilder Gebirgszug, auf den unteren Hängen dicht mit Wald bedeckt, der in den oberen Höhenlagen ausdünnt und in weite, offene Wiesen übergeht. Die Höhenzüge erreichen in der Croce di Pratomagno mit 1591 Metern ihren höchsten Punkt. Weitgehend unter Landschaftsschutz gestellt, bietet der Pratomagno eine unberührte Natur, die im Winter zu Langlauftouren und zum Eisklettern einlädt.
Die Geschichte der Region datiert weit zurück bis zu den Etruskern, die von der umbrischen Stadt **Casentum** aus das Casentino besiedelten. Im Mittelalter eher eine ruhige Gegend, ist das obere Arnotal heute ein Zentrum spezialisierter Handwerksbetriebe: Kunstschmieden, Möbelschreinereien und Stickereien sind ein wesentlicher Bestandteil im Wirtschaftsleben dieses Teils der Toskana.

## Kurzcharakteristik

Eine für den ungeübten Tourenfahrer sehr anstrengende Route mit ständig wechselnden, steilen Auf- und Abfahrten durch eine herrliche Waldlandschaft zu einsamen Klöstern und über luftige Höhen. Intakte, gepflegte Dörfer und Kleinstädte entlang der Strecke laden mit ihren Burgen, Kastellen und alten Ortskernen zum Verweilen ein. Teilweise grobe Schotterpisten erfordern ein stabiles Fahrrad mit robusten Reifen.
**Beste Jahreszeit:** Mitte April bis Mitte Juni; September und Oktober
**Gesamtfahrzeit:** 4 Tage
**Gesamtstrecke:** 170 km
**Kartenskizze:** Siehe Seite 95

## 1. Etappe: Von Vallombrosa nach Poppi

Start und Ziel dieser Rad-Trekkingtour ist das märchenhaft in die Wälder am Nordwesthang des Pratomagno eingebettete Benediktinerkloster *Vallombrosa* aus dem 11. Jh., damals ein Zufluchtsort all jener Florentiner, die des pompösen Stadtlebens überdrüssig waren und hier Ruhe, Innerlichkeit und Lebenserfüllung suchten. Nachdem der Papst 1055 den im 6. Jh. gegründeten Orden anerkannt hatte, kam es immer wieder zu Plünderungen und Zerstörungsversuchen durch die feudalen Bischöfe von Florenz. Doch allen Anfeindungen zum Trotz leben die Vallombrosianer Mönche bis heute nach den tausendjährigen Ordensregeln *Gebet, Barmherzigkeit, körperliche Arbeit*.

Wir schließen uns letzterer Regel an und beginnen den Giro di Pratomagno, indem wir auf einer steil ansteigenden, schmalen Teerstraße den Klosterkomplex umfahren. Gleich hinter dem Kloster passieren wir den *Arboreti Sperimentali*, einen botanischen Garten mit einer Vielzahl hochstämmiger Baumarten, und fahren dann am Gebäude der forstwirtschaftlichen Fakultät der Universität Florenz vorbei zunächst durch einen dichten Nadelwald, der weiter oben in Buchenwald übergeht, hinauf zur **Croce Vecchia**. Hellgrün strahlen die von der Morgensonne durchleuchteten jungen Blätter der Buchen, deren dicke Stämme lange Schatten auf die schmale Straße werfen.

Von der Croce Vecchia nehmen wir die geradeaus nun ständig am südexponierten Hang des **Valle dello Scheggia** bergab verlaufende Straße, um schließlich über steile Serpentinen nach **Montemignaio** hinabzurollen. In einer Kehre erhebt sich plötzlich die unwirklich erscheinende Silhouette des auf einem Felssporn liegenden Ortes wie eine Fata Morgana vor dem silbrig-grauen Dunst der im Casentino liegenden Frühnebel.

In Montemignaio besuchen wir das den Ort dominierende Castello Leone, bevor wir weiter über die bis in den Bachgrund mit Wald bedeckten Hänge hinab ins Kerbtal des Torrente Scheggia fahren. Jenseits der dreischiffigen *Pieve Molino* überqueren wir den Quellbach und erreichen nach weiteren fünf Kilometern die Abzweigung, die nach **Cetica** hinaufführt. Die Häuser der Streusiedlung verteilen sich in schöner Lage auf den oberen Hängen des Valle del Solano.

Über Paglierriccio und Rifiglio fahren wir hinab nach **Strada**. Oberhalb des Dorfes, welches im Laufe der Jahrhunderte talaufwärts der romanischen Kirche *San Martino a Vado* entstanden ist, erhebt sich auf dem unteren Hang des M. Lupino die malerische Burg *Castel San Niccolò* mit dem markanten, zinnenbesetzten Uhrturm.

Am Ausgang des Ortes haben wir den Gebirgsfuß erreicht. Wir durchqueren die durch den Zusammenfluß von Torrente Solano und Fiume Arno entstandene Ebene **Piano di Campaldino**. Vor uns erhebt sich auf einem Hügel im Tal des Arno ein Juwel mittelalterlicher Burganlagen: die monumentale Schloßburg der Grafen Guidi aus dem 14. Jh. Bewundernswert wegen seiner harmonischen Szenerie ist der Innenhof mit kühn geschwungenen Treppengängen, kostbar sind die Fresken der Kapelle, bedeutend die Bibliothek und beeindruckend der mächtige orthogonale Bau selbst mit dem hohen schlanken Glockenturm. In der Burg der Grafen Guidi schrieb Dante Alighieri (1265–1321) im

**Am Benediktiner-Kloster Vallombrosa beginnt der Giro di Pratomagno.**

Asyl zwei der hundert Gesänge seiner »Göttlichen Komödie«.

Um das Kastell herum legt sich die Altstadt von **Poppi** mit malerischen Arkadengängen und der Piazza mit dem schlichten weißen Marmorbrunnen, gekrönt von der Florentiner Lilie. In Poppi endet die erste Etappe.

## 2. Etappe: Orte der Stille

Von **Ponte a Poppi** fahren wir über Avena und Lierna hinauf nach **Camaldoli**. In der Apotheke des Klosterkomplexes aus dem 15. Jh. sind alte Amphoren, Töpfe, Pfannen, Waagen, Tiegel und andere Gerätschaften eines *Galenischen Labors* ausgestellt (Antico Laboratorio Galenico), und aus dem Brunnen am Straßenrand fließt radioaktives Wasser.

Eine kurvenreiche, schmale Straße schlängelt sich vom Kloster sechs Kilometer durch dichte Tannenwälder, die zu den schönsten Italiens zählen, hinauf in die kühle Stille und Einsamkeit der 1012 vom Heiligen Romualdus gegründeten Eremitage Eremo di Camaldoli. Noch heute leben hier 45 Mönche in völlig gleichen, voneinander abgetrennten Häuschen.

Von Eremo di Camaldoli geht es noch weiter bergauf. Erst am **Passo Fangacci** (1234 m) haben wir den höchsten Punkt des Tages erreicht. Wir fahren weiter durch die kühlen Foreste Casentinesi hinab in den beliebten Sommerkurort **Badia Prataglia** mit seiner einschiffigen archaischen Kirche.

Nach weiteren fünf Kilometern gemütlicher Abfahrt erreichen wir **Serravalle**. Die Häuser des von Wald umgebenen Ortes gruppieren sich auf einer steilen Kuppe des Apennin um die Reste eines alten Kastells. Nur das sporadische Rauschen des Windes in den Kronen der Kastanienbäume unterbricht die Stille.

**In dichte Tannenwälder eingebettet: Eremo di Camaldoli.**

**Weidende Rinder auf den Hochwiesen des Pratomagno. Im Hintergrund das eiserne Gipfelkreuz.**

Über Partina und Soci fahren wir zurück nach Poppi.

## 3. Etappe: »Gipfelsturm«

Heute geht es hinauf auf den 1591 m hohen Gipfel des Pratomagno. Wir fahren westlich um den Burgberg von Poppi herum und treffen hinter der Anhöhe auf eine Asphaltstraße, die sich wenig später dreifach gabelt. Wir nehmen den mittleren oder aber auch den rechten Weg: beide führen nach wenigen Kilometern oberhalb des kleinen Weilers San Martino in Tremoleto wieder zusammen.

Hier muß man sich entscheiden, ob man einen Abstecher nach **Raggiolo** machen möchte, dessen mit roten Ziegeln gedeckte Natursteinhäuser sich am Hang des Torrente Teggina übereinander drängen. Wer den Abstecher nicht machen will, fährt geradeaus auf der nun kontinuierlich ansteigenden Forststraße hinauf zum Ristorante *La Croce del Pratomagno* in 1390 m Höhe.

Auf den letzten fünfeinhalb Kilometern ist der Asphalt grobem Schotter gewichen, der uns zwingt, die Räder streckenweise zu schieben. Nach der verdienten Pause am Ende einer über 19 km langen Auffahrt gehen wir zu Fuß über einen grasbedeckten Rücken zum rotlackierten, stählernen Gipfelkreuz des Pratomagno hinauf. Von hier oben blicken wir nach Südwesten über das Tal des Arno hinweg auf die Monti del Chianti und nach Nordosten ins Casentino, hinter dem sich im Dunst der Apennin erahnen läßt.

Vom Restaurant fahren wir bis zur Kreuzung unterhalb des Poggio Varco di Castelfranco, wenden uns hier nach links und fahren jenseits des kurzen Tunnels auf einem nun besser mit dem Rad befahr-

### Tourenprofil: Giro di Pratomagno

| Strecke | Höhe | Fahrzeit | Entfernung | Berge / Pässe / Orte |
|---|---|---|---|---|
| Start: Vallombrosa | 958 m | | | |
| 1. Etappe: Poppi | 437 m | 4 Std. | 38 km | Croce Vecchia, 1200 m – Montemignaio, 813 m – Cetica, 700 m – Strada, 380 m |
| 2. Etappe: Poppi – Camaldoli – Poppi | 437 m<br>814 m | 6 Std. | 50 km | Ponte a Poppi, 392 m – Camaldoli, 814 m – Eremo di Camaldoli, 1111 m – Passo Fangacci, 1234 m – Badia Prataglia, 840 m – Serravalle, 777 m |
| 3. Etappe: Anciolina | 933 m | 6 Std. | 36,5 km | Croce di Pratomagno, 1591 m |
| 4. Etappe: Vallombrosa | 958 m | 5 Std. | 45,5 km | Loro Ciuffenna, 328 m – Castelfranco, 281 m – Reggello, 396 m – Pietrapiana, 475 m |
| Endpunkt: Vallombrosa / total: | | 21 Std. | 170 km | |

baren Schotterweg durch die Wälder der Südwesthänge der *Großen Wiese*. Nach 1,8 km wenden wir uns an einer Verzweigung erneut nach links, treffen nach weiteren fünfeinhalb Kilometern endlich wieder auf Asphalt und fahren, die phantastische Aussicht ins Arnotal genießend, nach **Anciolina**. Das Dorf liegt weit vorgeschoben auf einem exponierten Felssporn, der hoch über die umliegende Tallandschaft aufsteigt.

## 4. Etappe: Über Serpentinen zurück nach Vallombrosa

Der Tag beginnt mit der Abfahrt nach **Loro Ciuffenna**: sechshundertundfünf Höhenmeter auf sechseinhalb Kilometern! Vom steilen Anfangsteil der Straße blicken wir auf die am höchsten gelegene Dorfreihe am Südhang des Pratomagno: über Chiassaia und Casale bis Trappola. Walnußbäume, Eßkastanien und Ahorn bilden die Wälder oberhalb der Ortschaften, auf den unteren Hängen dagegen sorgen Olivenhaine und Weinberge für ein typisch toskanisches Landschaftsbild.

Wir überqueren den Torrente Ciuffenna und fahren dann auf einer serpentinenreichen Straße hinüber nach **Castelfranco di Sopra**. Mitten im Ort die große Piazza. Hier wenden wir uns nach rechts und erreichen über **Pian di Scò** gegen Mittag **Reggello.** Das Städtchen ist in ganz Italien wegen seines exzellenten Olivenöls bekannt.

Von Loro Ciuffenna bis Reggello sind wir mehr oder weniger am oberen Rand des einstigen Sees entlanggefahren, der das Arnotal ausgefüllt hat. Heute zerfurchen Erosionsgräben die weiche Erde des ehemaligen Seebodens und ziehen kastenförmig fast bis zum Arno hinab.

In **Pietrapiana** beginnt dann der Endspurt. Zum Abschluß noch mal eine Bergwertung: von 475 m ü NN durch schattige Nadelwälder hinauf nach Vallombrosa – 958 m ü NN.

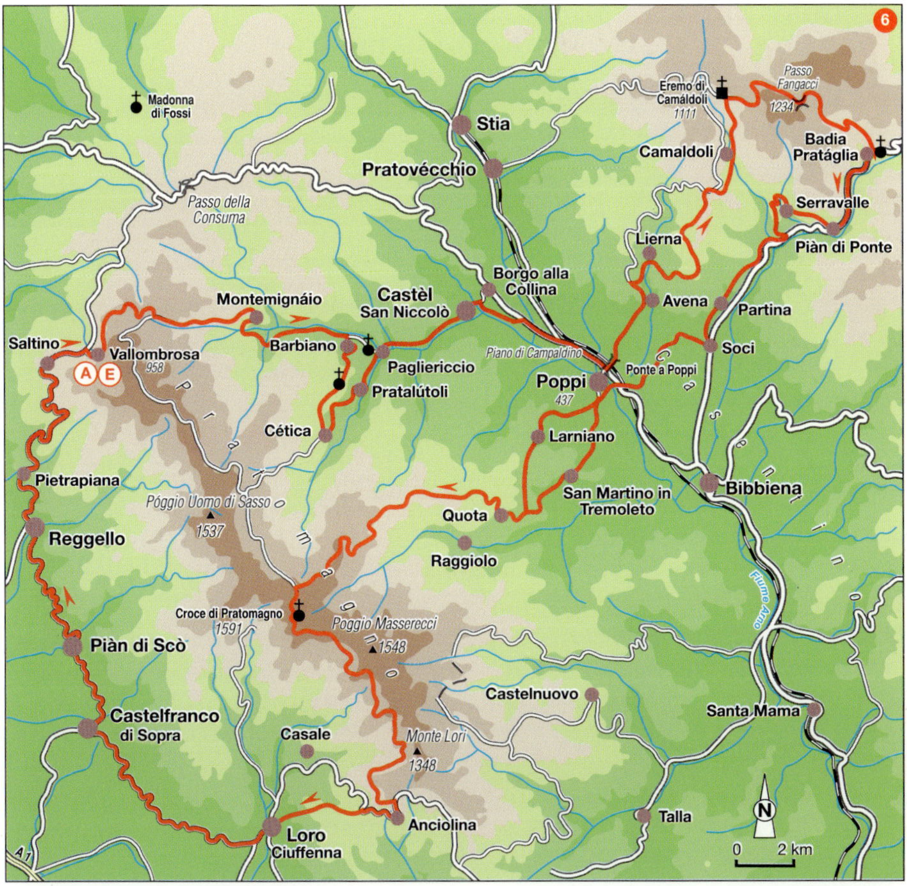


## Nützliche Hinweise

**Anreise:** A 1 Bologna – Firenze, Ausfahrt Incisa Val d'Arno und über Reggello nach Vallombrosa. Abstellmöglichkeit für das Auto: Parkplatz des Albergo Medici direkt am Kloster.
**Karte:** Carta dei Sentieri e Rifugi 1:25 000, Massiccio del Pratomagno, Doppelblatt 31/32, Edizioni Multigraphic.
**Übernachtung:** • Albergo Ristorante Medici, 50060 Vallombrosa, Tel. (0 55) 86 20 17. • Albergo Ristorante Casentino, 52014 Poppi (gegenüber der Burg), Tel. (05 75) 52 90 90. • Albergo Ristorante La Foresta, 52010 Camaldoli (AR), Tel. (05 75) 55 60 15. • Campeggio Fonte del Menchino, 52010 Camaldoli (AR), Tel./Fax (05 75) 55 61 57; geöffnet März bis September. • Ostello Casa Nova, 52010 Badia Prataglia (AR), Tel. (05 75) 55 90 20. • Camping Il Capanno, 52010 Badia Prataglia (AR), Tel. (05 75) 51 80 15. • Rifugio Ristoro Pratomagno (1397 m), Loc. Poggio delle Portacce, ganzjährig geöffnet. • Rifugio Buiti (1380 m), Comunità Montana Casentino, 15 Minuten unterhalb des Croce di Pratomagno.
**Informationen:** • APT Arezzo, p. Risorgimento 116, 52100 Arezzo, Tel. (05 75) 2 39 52, Fax (05 75) 2 80 42. • Comunità Montana del Pratomagno, v. Palazzo Comunale, 52026 Pian di Scò (AR), Tel. (05 75) 2 39 52.

# 7 Von Fattoria zu Fattoria
# Chianti-Weintrekking

Zwischen der Renaissance-Hochburg Florenz und Siena, dem Zentrum der Gotik, liegt eines der schönsten und faszinierendsten Gebiete Europas: die tertiäre Hügellandschaft des Chianti. Im Westen vom Val d'Elsa und im Osten vom mittleren Val d'Arno begrenzt, gliedern die Flüsse Ema, Greve und Pesa mit ihren vielen Nebenbächen das »Herz der Toskana« in ein Wechselspiel von Hügeln, Tälern, steilen Hängen und Höhenzügen, die nur selten 500 m überschreiten.

Dort, wo vor Jahrhunderten noch einfache Steindörfer, Weiden und undurchdringliches Dickicht das Landschaftsbild beherrschten, wachsen heute auf grauen oder gelbbraunen, kreidezeitlichen Kalk- und Sandsteinböden grüne Weingärten und knorrige, silbrig schimmernde Olivenhaine. Sie bilden mit den dichten Eichen- und Kastanienwäldern und majestätischen Zypressenalleen unter dem leuchtenden Blau des Himmels ein pittoreskes Mosaik: perfekte Performance aus Farben, Licht und Formen.

Einsame Schlösser und Burgen mit hohen Wehrtürmen aus dem 12. und 13. Jh., Fassaden alter Palazzi mit gemeißelten Wappen, einst mächtige Klöster, schlichte Kirchen, verlassene Gehöfte und idyllische Dörfer fügen sich harmonisch in die Landschaft ein.

Unter der Herrschaft der Medici bauten mächtige Familienclans ihre Herrenhäuser, Villen und Landsitze in den Hügeln vor den Toren von Florenz und gestalteten sie im Geist der Renaissance. So entstanden Bauwerke von außergewöhnlichem künstlerischem Wert, von denen viele zum Kern berühmter Weingüter wurden.

## 1. Etappe: Über die Chianti-Berge zur Fattoria Rignana

Wir starten vom Basislager der Tour, der Azienda Agricola Villa Buonasera und gehen durch die Weinberge des Guts hinauf nach **La Panca**, wo im Juni das »Ginsterfest« gefeiert wird. Vor uns thront auf einer Bergkuppe der alte Ort Cintoia Alta. In La Panca wenden wir uns gegenüber der Trattoria »Le Cernacchie« nach links, kommen nach 200 m an eine Verzweigung, halten uns hier erneut links und gehen auf einem schmalen, steinigen Pfad durch Niederwald und sumpfige Mulden zur Kammhöhe der Monti del Chianti hinauf, wo wir auf einen Fahrweg treffen.

Bevor wir uns nach rechts wenden, blicken wir über den Passo del Sugame auf die höchste Erhebung der Chianti-Berge, den 892 m hohen M. San Michele. Wenig später erreichen wir die leerstehen-

## Kurzcharakteristik

Genußtrekking von Weingut zu Weingut im Herzen der Toskana, einem der berühmtesten Weinanbaugebiete der Welt. Die Tour erschließt eine Landschaft voller Schönheit, in der Natur, Kultur und Geschichte zu einer harmonischen Einheit verschmelzen. Darüber hinaus ist dieses Trekking eine Wallfahrt durch ein sensorisches Paradies, ein Fest für Augen und Ohren, Nase und Mund, und wir genießen gemäß dem Motto der Medici das *viver bene*, das Wohlleben bei kulinarischen Köstlichkeiten und betörenden Weinen.
**Beste Jahreszeit:** Mitte April bis Ende Mai und September bis Ende Oktober
**Gesamtgehzeit:** 4 bzw. 6 Tage
**Gesamtstrecke:** 73 bzw. 100 km
**Kartenskizze:** Siehe Seite 107

den **Case Rugliana**. Wir lassen die Häuser rechts liegen und gehen links den Hang hinab, passieren Casa Poggerino und folgen dem durch Eichen- und Kiefernwald führenden Weg bis auf einen offenen Platz mit einem Haus und einer kleinen Holzhütte, die sich hinter Zypressen versteckt: **Le Caselle**, am Rand eines Olivenhains.

Nun gehen wir links unterhalb der Holzhütte über eine kleine Kuppe und erreichen einen breiten Fahrweg. Hier wenden wir uns nach links in Richtung Greve. An der nächsten Wegverzweigung muß man sich entscheiden, ob man einen Abstecher nach Convertoie machen will, zu der auf einer Felsnase liegenden mittelalterlichen Burg, die später in eine Villa umgebaut wurde.

Der Hauptweg geht aber rechts weiter. Durch Weinberge und Olivenhaine, ein schattiges Waldstück und eine wunderschöne Zypressenallee erreichen wir das **Castello di Uzzano**, ein großes und bekanntes Weingut. Vom 13. bis zum 15. Jh. gehörte Uzzano zu den bedeutendsten Festungsanlagen des Grevetals.

Wir gehen entlang der Mauer um die mächtige Gutsanlage herum, dann weiter durch Olivenhaine und Weinberge bis

**Das Denkmal von Giovanni da Verrazzano auf der Piazza Matteotti in Greve.**

**Unbedingt bei der Tourenplanung beachten**

- Man sollte möglichst früh am Morgen losgehen, dann ist es noch kühl, und das Licht ist schöner.
- Die Weinernte im Chianti beginnt Ende September und dauert bis Mitte Oktober.
- Wer das Chianti-Wein-Trekking als Rundtour durchführen möchte, sollte die beiden Waldetappen in die Mitte der Tour plazieren. Grundsätzlich ist jede Fattoria als Ausgangspunkt geeignet. Auf allen genannten Weingütern wird Deutsch gesprochen (Caparsa: Englisch).
- Es ist sinnvoll, jeweils zwei Nächte in einer Fattoria Station zu machen, um das Weingut, seine Umgebung und Produkte in Ruhe kennenzulernen.
- Rechtzeitige Planung und schriftliche Voranmeldung werden dringend empfohlen, da die Weingüter im Frühjahr, Herbst und an verlängerten Wochenenden oft ausgebucht sind.

an einen einzeln stehenden Lebensbaum nahe des Podere Capella. Hier wenden wir uns nach links, gehen in das kleine Tal hinab und treffen am jenseitigen Hang auf einen Schotterweg, der nach rechts an der Azienda Agricola Casa Nova vorbei in einen Vorort von **Greve** führt. Über die Viale Rosa Libri erreichen wir dann schnell das Zentrum der Weinstadt, in der jährlich im September die große Weinmesse des Chianti Classico stattfindet.

Auf der zentralen Piazza Matteotti, die sich trichterförmig gegen die Chiesa di Santa Croce verjüngt, treffen sich die Bewohner von Greve beim täglichen Einkauf. Entlang der Häuser ziehen sich abgestufte Arkadengänge mit darüberliegenden Terrassen. Vor einigen Läden, die sich in die Bogengänge öffnen, stehen große Tongefäße: als Blumentöpfe genutzte alte Ölamphoren. Auf dem dreieckigen Platz steht ein Stück Weltoffenheit: das Denkmal von Giovanni da Verrazzano. Der Begleiter von Amerigo Vespucci und Entdecker der Hudson-Bay lebte nordwestlich von Greve auf der gleichnamigen Burg. Gleich hinter dem Denkmal befindet sich die Antica Macelleria Falorni; ein Besuch bei diesem bekannten Wildschweinmetzger lohnt sich.

Wer in Greve Station machen möchte, geht auf der SS 222 (Via Chiantigiana) zwei Kilometer in Richtung Castellina in Chianti und dann rechts zur **Fattoria di Vitigliano** hinauf. Der Gutshof wurde im 11. Jh. von der Adelsfamilie Verrazzano gegründet. Eine andere Zwischenstation wäre die schon erwähnte **Azienda Agricola Casa Nova**.

Wir verlassen die Piazza Matteotti über die Via delle Conce bis zur Via Sagrona. Diese wird nach wenigen Metern zu einem schmalen Fußpfad, der durch Niederwald und Macchia den Berghang hinaufführt. Unterwegs blicken wir immer wieder auf das jenseits eines kleinen Tales liegende Montefioralle. Der alte Ort mit Verteidigungsanlagen, unterirdischen Vorratsräumen und einer fotogenen Wehrkirche war einst der Ausgangsort für die Besiedlung des Grevetals. In einem der Häuser des Ortes wurde angeblich Amerigo Vespucci (1451–1512) geboren, nach dem Amerika benannt wurde (man glaubte zu Anfang des 16. Jh., Vespucci sei der Entdecker der *Terra nova*).

Bald erreichen wir eine kleine Zypressenallee. An der nächsten Weggabelung halten wir uns rechts, gehen bergab an einigen Häusern vorbei, um dann wieder aufzusteigen bis zu einem Steinbruch, der sich links oberhalb des Weges befindet. Durch Weinberge und Olivenhaine, am **Podere Pernano** vorbei, steigen wir hinauf auf den Kamm, der das Greve- vom Pesatal trennt. Von hier oben hat man einen tollen Blick auf Montefioralle, das Grevetal und die Monti del Chianti.

Wir wenden uns nach rechts. Der von Panzano kommende asphaltierte Fahrweg zieht sich in ständigem Auf und Ab über den Bergrücken. Nach knapp zwei Kilometern mit schönen Rundblicken erreichen wir **Casa La Paurosa**. Etwa 100 m vor den Häusern biegen wir scharf links ab und erreichen auf einer *strada bianca* die inmitten von Weinbergen und Olivenhainen gelegene **Fattoria Rignana**.

Der besondere Reiz Rignanas liegt nicht nur in seiner abgeschiedenen Lage, sondern in seiner Authentizität: alte Gemäuer, enge Treppen, alte Türen und Fenster. Beeindruckend schön sind die alten Möbel in den gemütlichen Zimmern. In der Küche gibt es einen riesigen Kamin. Über den glühenden Holzscheiten eine völlig verrußte Eisenrohrspirale: das ist die Warmwasserheizung. Die Heizkörper in den Zimmern werden tatsächlich warm.

Ein paar Schritte oberhalb der Fattoria befindet sich das kleine Spezialitäten-Restaurant *La Cantinetta di Rignana*, bekannt für gutes Essen und Trinken.

Von Rignana aus kann man Tagestouren nach Montefioralle, Verrazzano, San Donato oder Passignano machen.

## 2. Etappe: Durchs Tal der Pesa nach Le Volpaie

Durch Weinberge und Olivenhaine führt der Weg hinab ins Tal der Pesa, die mäandrierend durch ihr weites Schotterbett fließt. Urwüchsiger Auewald begleitet die Ufer, und dort, wo Mäanderbögen sich dem Prallhang nähern, erstrecken sich Weißdorn-, Brombeer- und Schlehengestrüppe bis an den Rand des Talgrunds. Nur noch selten trifft man in Europa auf Täler in solch ursprünglichem Zustand.

**Inmitten von Weinbergen und Olivenhainen: die Fattoria Rignana – Ziel der ersten Etappe.**

Wir überqueren den Fluß auf einer Steinbrücke. Vor uns liegt ein leerstehendes Gebäude im Wiesengrund. Wir wenden uns nach links und gehen quer durch die Talaue auf den kahlen, uns gegenüberliegenden Hang zu. Beim Anstieg halten wir uns immer halb links bis an den Rand eines Niederwaldes, der den steil zur Pesa abfallenden Prallhang bedeckt. Aufgrund von dessen Steilheit ist eine Passage direkt am Ufer nicht möglich.

Wir gehen am Waldrand entlang und treffen jenseits des Hangscheitels auf einen erkennbaren Weg, den wir hinuntergehen. Nach der Überquerung eines kleinen Baches erreichen wir einen Feldweg, der am Rand der Talsohle an Weinbergen entlang flußaufwärts führt. Unterhalb von **La Piazza**, einem Minidorf auf einer Kuppe über dem Pesatal, stoßen wir auf eine breite, steil von rechts herabkommende *strada sterrata*, die wenig später den Fluß überquert. Jenseits der kleinen Brücke macht der nach links abbiegende Weg eine scharfe Rechtskehre und führt durch einen riesigen Weinberg zum **Castello di Rampolla** hinauf, einem der berühmtesten Weingüter des Chianti. Hier wird einer der

besten Weine Italiens gekeltert, der *Sammarco*. Im April, wenn die wertvollen Weinstöcke durch Entfernung der alten Ruten auf die neue Vegetationsperiode vorbereitet werden, kann man überall in den Weinbergen des Chianti Winzer mit der Rebschere bei der Arbeit beobachten. Auch die Ölbäume werden beschnitten, eine Maßnahme zur Verbesserung der Fruchtbildung.

Es geht weiter bergauf, vorbei an der schönen alten Villa **Santa Lucia di Sopra**, bis wir an der Cappella delle Grazie wieder auf den Kammweg treffen, der Panzano mit Mercatale verbindet. Wir überqueren die Kammstraße und gehen unter Zypressen zur Altstadt von **Panzano** mit Burg, Kirche und engen Gassen hinauf. Von der Piazza Luca di Totto geht es nach rechts zum Ristorante Il Vescovino, bekannt für seine hervorragenden Küchenkreationen. Es empfiehlt sich, schon von Rignana aus einen Tisch reservieren zu lassen.

Von der Piazza Luca führt ein kurzes Sträßchen an der Kirche Oratorio SS. Annunciata aus dem 12. Jh. vorbei auf einen Panoramaweg mit großartiger Aussicht über das Grevetal, der durch den unteren Ortsteil zur Piazza G. Bucciarelli führt. Hier, am Platz mit dem Goldfischteich, überqueren wir die SS 222 und haben dann bald die letzten Häuser Panzanos hinter uns gelassen.

Nach knapp zwei Kilometern Wanderung über den offenen Bergrücken, der das Pesa- vom Grevetal trennt, erreichen wir die Wegverzweigung *Tundo di Sala*. Hier wenden wir uns nach links in Richtung **Casa al Monte** und gehen auf schmalem Weg durch einen Eichenwald, lassen zwei jeweils nach links führende Abzweigungen unbeachtet, bis sich nach weiteren zwei Kilometern der Wald öffnet und unser Blick auf die unteren Hänge des M. San Michele fällt, das Weinanbaugebiet von Lamole. Wir überqueren den noch jungen Grevebach und sehen dann rechts oben am Waldrand unser heutiges Tagesziel: das sehr schön umgebaute alte Bauernhaus **Le Volpaie** der Fattoria di Lamole. Es liegt in 600 m Höhe inmitten von terrassierten Irisfeldern und Weinbergen. Im einen Kilometer entfernten Lamole gibt es ein gutes, einfaches Restaurant mit Laden.

**Hoch über dem Greve-Tal liegt das malerische Montefioralle. Jenseits des Tals die Monti del Chianti.**

Gepflasterte Gasse in Montefioralle.

## 3. Etappe: Mitten im Weingarten: das Podere Terreno

Wir verlassen Le Volpaie in Richtung Greve. An der ersten Wegverzweigung, kurz vor **Lamole**, gehen wir rechts und haben nach wenigen Metern einen phantastischen Blick über das gesamte Grevetal. Direkt vor uns ein Weinberg, der zu den wenigen Häusern des Dorfes hinabzieht; auf dem gegenüberliegenden Bergrücken thront Panzano, und bei klarer Luft können wir am Ende des Grevetals hinter dem Häusermeer von Florenz die Alpi Apuane sehen.

Wir nehmen gleich den nächsten Weg links und wandern durch Eichen- und Kiefernwald immer den Hauptweg hinauf. Von links grüßen die Fernmeldetürme des Poggio Convento durch das lichte Laub. Wir erreichen einen breiten Waldweg, wenden uns nach links und stehen nach 50 m auf einem offenen Platz, an dem vier Wege zusammentreffen. Hier, am *Quattro Strade,* wenden wir uns nach rechts und wandern über die offene Hochebene Piano dell'Ospedale. Frische Spuren von Damhirschen und Wildschweinen zeugen vom Wildreichtum der stillen Wälder auf den Flanken der Monti del Chianti. Ab und zu leuchten in der Ferne, am östlichen Horizont, die bis in den April noch mit Schnee bedeckten Höhen des Pratomagno auf.

Nach angenehmen anderthalb Kilometern verlassen wir den Kammweg kurz vor der Höhe **Monte Quercia Bella** und steigen links einen schmalen, holprigen Pfad steil hinab, bis wir auf die breite Schotterstraße treffen, die nach links durch mediterranen Eichenwald nach **Volpaia** führt.

Bereits im 10. Jh. entstand in strategisch günstiger Lage auf einem kleinen Plateau über dem Pesatal ein florentinischer Vorposten mit Dorf und Burg. Noch heute geben die Reste der Stadtmauer, Torbögen, schlichte Steinhäuser, das Castello di Volpaia aus dem 13. Jh. und die Piazza della Cisterna mit Ziehbrunnen und Kirche dem kleinen Weindorf eine mittelalterliche Atmosphäre. Hier lebt auch der Künstler Stefano Spilli; im Sommer finden unter der Leitung des Malers und Graveurs Zeichenkurse in Volpaia statt.

Wir gehen links an der Gaststätte *La Bottega* vorbei, wenden uns dann gleich nach rechts und treffen 100 m weiter auf eine Mauer, vor der wir links abbiegen. Mit Blick auf Radda in Chianti wandern wir durch eine gepflegte Zypressenallee, durch Weinberge und Olivenhaine hinab ins Pesatal. Rechts auf dem Landrücken zwischen zwei Seitenbächen der Pesa liegt die Pieve S. Maria Novella, eine der ältesten Kirchen des Chiantigebiets mit großem Landbesitz.

Nach knapp zwei Kilometern überqueren wir die Asphaltstraße, die Volpaia mit Radda verbindet, und erreichen wenig später **Podere Terreno**, ein liebevoll restauriertes Anwesen aus dem 16. Jh. Das Gut umfaßt 52 ha Weinberge, Olivenhaine, Eichen- und Eßkastanienwälder: ideales Gebiet für Tagestouren. Alle Zimmer sind mit alten Bauernmöbeln ausgestattet, und im Gemeinschaftsraum schaffen Ziegelfußboden, Natursteinwände, die Deckenbalken aus Eichen- und Kastanien-

## Olio di Oliva

Zu einem köstlichen Wein gehören ein paar Oliven mit pikantem Aroma. Außer den Weinbergen ziehen sich endlose Haine knorriger Olivenbäume über die Hügel des Chianti. Ihre Früchte sind klein und bringen nur zwei Liter Öl pro Baum – dafür aber vom Feinsten. Das beste heißt *Olio extra vergine di Oliva* und stammt aus der ersten Kaltpressung der meist noch nicht ganz reifen, von Hand gepflückten Früchte. Grünschimmernd sollte es sein, mit trüben Schlieren, dann ist sein Geschmack intensiver! Mit einem Fettsäuregehalt von deutlich unter einem Prozent ist dieses Öl besonders bekömmlich. Traditionell wird Olivenöl in Tongefäßen gelagert und ist in dunklen Räumen bei 12–18 °C sehr lange haltbar.
Ergänzt wird die Palette der regionalen Gaumenfreuden durch Wurst- und Fleischwaren, Schafkäse, köstliche Soßen, Honig, Panforte, Ricciarelli mit Vino Santo und nicht zuletzt Grappa.

stämmen sowie ein großer Kamin eine wohltuende, gemütliche Atmosphäre.

**Alternative: Zur Azienda Vitivinicola Caparsa** Wir gehen von Volpaia den beschriebenen Weg bis zur Casa Pratolino hinab. Dort macht der Weg eine markante Linksschleife; wir gehen aber geradeaus weiter, wenden uns wenig später nach rechts und wandern zur **Pieve S. Maria Novella** hinüber. Von hier aus führt ein Weg quer durch Weinberge zum **Podere Il Palazzino** und dann weiter an der **Casa Il Colle** vorbei bis ans Ufer der Pesa. Wir überqueren den Bach und steigen dann jenseits der Straße durch einen Weinberg zur **Azienda Vitivinicola Caparsa** hinauf.

## 4. Etappe: Zwischen Radda und Gaiole: die Fattoria La Mandria

Von beiden Weingütern führen verschiedene Wege hinauf nach **Radda in Chianti**. Den kürzesten, bequemsten oder schönsten läßt man sich am besten beim Frühstück erklären.
Radda in Chianti (530 m), strategisch günstig auf der langgestreckten Wasserscheide zwischen den Tälern der Pesa und Arbia gelegen, wurde Anfang des 13. Jh. Hauptort des mittelalterlichen Chiantigebiets. Der Palazzo del Podestà, die Kirche, ein Eiskeller, Mauern und enge Gassen sind Relikte aus jener Zeit. Heute hat der einstige Sitz der Chianti-Liga seine politische Bedeutung verloren und sucht seine Zukunft im Ausbau des Fremdenverkehrs.

Von der Altstadt gehen wir zum Ortsteil **La Villa** hinab, passieren die neue Agip-Tankstelle an der SS 429 und wenden uns

**Alljährlich im April werden die Weinstöcke auf die neue Vegetationsperiode vorbereitet.**

wenig später hinter dem Albergo *Villa Miranda* nach rechts. Nach gut 700 m biegen wir erneut nach rechts auf einen Kammweg ein, von dem aus wir eine tolle Aussicht auf Radda und ins Tal des Borro di Fontercoli haben. Am Ende des Kamms halten wir uns rechts und blicken dann beim Abstieg ins enge Tälchen des Fosso delle Filicaie auf die Pfarrkirche **San Giusto in Salcio** aus dem 11. Jh.

Achtung: 400 m jenseits der klotzigen Kirche erreichen wir einen kleinen Sattel mit einer einzeln stehenden Eiche. Der Hauptweg wendet sich hier nach rechts. Wir gehen aber links an der Eiche vorbei und wandern dann durch eine breite Senke ins abseits aller Wege gelegene, verschlafene **Galenda** (485 m). Die Wohn-

**Monterinaldi im Pesatal nahe der Azienda Caparsa.**

## Der Chiantiwein

Die Geschichte des Weinbaus in der Toskana reicht zurück bis zu den Etruskern. Schon vor 3000 Jahren wurden auf den sonnigen Hügeln des Chianti Rebstöcke gepflanzt und der Saft ihrer Trauben zu Wein vergoren. Aber erst 1384 schlossen sich Winzer aus Radda, Gaiole und Castellina zu einem Erzeugerbund zusammen (Lega del Chianti), und 332 Jahre später wurden durch eine Verordnung des Großherzogs der Toskana die Grenzen des Produktionsgebiets für Chianti-Wein festgelegt. Es war das erste Mal in der Geschichte des Weinbaus, daß eine Herkunftsbezeichnung rechtlich und geographisch definiert wurde.
1924 gründeten Weinbauern aus dem Chianti das *Consorzio per la Difesa del Vino Tipico del Chianti*. Sie wählten den schwarzen Hahn, den *Gallo nero*, das Zunftzeichen aus dem 12. Jh., zu ihrem Markenzeichen und Gütesiegel. Die Bezeichnung *Chianti Classico* wurde dann 1932 von der italienischen Regierung eingeführt und auf das älteste Ursprungsland begrenzt, das sich über ein Gebiet von ca. 70 000 ha erstreckt. 1967 erhielt der *Chianti Classico* das Prädikat D.O.C., und 1984 wurden Chiantiweine in den kleinen, exklusiven Kreis der D.O.C.G.-Weine aufgenommen.
Der Chianti ist in erster Linie ein Rotwein, der überwiegend aus den Trauben zweier Rebsorten mit klangvollen Namen hergestellt wird: des *Sangiovese* und des schon in der Antike bekannten *Canaiolo Nero.* Charakteristisch ist seine Reinheit, die rubinrote Farbe, sein intensives Bukett, leicht nach Veilchen duftend, der vollmundige Geschmack und sein nicht unter 12% liegender Alkoholgehalt. Die weißen Trauben des Chianti heißen *Trebbiano* und *Malvasia.* Der bekannteste weiße Chianti ist der *Galestro.*
Noch bis vor kurzem wurde der größte Teil der Chianti-Produktion nach der alten *Governo*-Methode gekeltert: Dem jungen Wein wurde nach Abschluß der Gärung frischer Most zugesetzt. Das Ergebnis war eine zweite Gärung und ein kraftvoller, fruchtiger und oft leicht schäumender Wein, der in die typischen, dickbauchigen, mit Stroh ummantelten *fiaschi* abgefüllt wurde. Heute werden Weine erzeugt, die mehrere Jahre in Holzfässern gelagert werden. Mit der Abschaffung des *Governo*-Verfahrens änderte sich auch das Outfit: Die dickbauchigen *fiaschi* wurden durch gerade Walzenflaschen ersetzt (s. auch »Kleines Weinlexikon«, S. 215).

**Die Sangiovese-Traube: sie gibt dem Chianti Classico die rubinrote Farbe und seinen vollmundigen Geschmack.**

räume der wenigen, sich eng um einen Turm gruppierenden Häuser liegen über den alten Ställen, und jedes Haus verfügt über einen eigenen Backofen. Inmitten einer immer mehr technisierten Welt industrieller Weinproduktion treffen wir in Galenda auf ein lebendiges Fossil: hier wird der Wein noch wie in alten Zeiten nach der Governo-Methode gekeltert.

Wir verlassen den Häuserkomplex durch den alten Torbogen, hinter dem die Landschaft wie ein gerahmtes Bild erscheint, und wandern zunächst neben einer Mauer und dann am Rand eines Weinbergs entlang bis zur Asphaltstraße hinauf, biegen links ab und treffen nach einem dreiviertel Kilometer auf die Straße, die von Lecchi heraufkommt. Hier rechts und nach 80 m links: bis zur Fattoria La Mandria (536 m), unserem Tagesziel, sind es jetzt noch genau tausend Meter.

La Mandria ist ein wirklich großes Weingut. Hier riecht es überall nach dem edlen Rebensaft. In riesigen Holzfässern reift einer der besten Chianti-Weine der Region.

Die Lage ist günstig für Tagesausflüge in die Umgebung: z. B. nach Radda oder Gaiole mit der romanischen Pfarrkirche S. Maria di Spaltenna (11. Jh.). Südlich von Gaiole liegt das mittelalterliche Schloß Meleto, ein festungsartiger Bau mit mächtigen Rundtürmen, und Castello di Brolio mit einer 900jährigen Weinbautradition ist auch nicht allzu weit. Das Gut ist immer noch im Besitz der Familie Ricasoli, ein Name, der aufs engste mit der Geschichte der Toskana verbunden ist.

**Der Rückweg** In La Mandria endet das eigentliche Wein-Trekking. Für den Weg zurück zur Azienda Villa Buonasera gibt es zwei Möglichkeiten:

Entweder wir gehen die vier Kilometer nach Gaiole und fahren von dort mit ei-

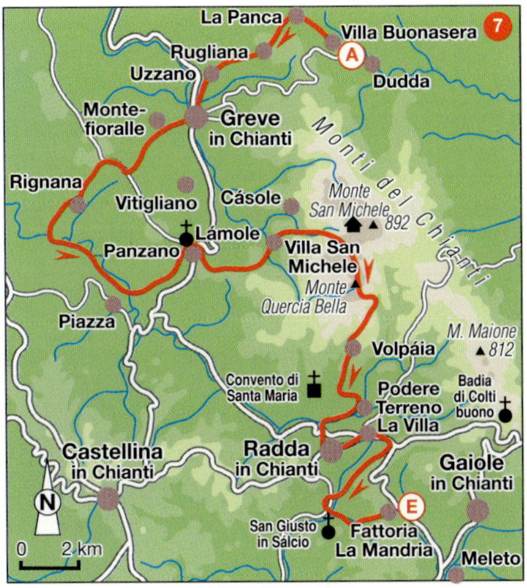


nem Bus der SITA über Radda in Chianti und Panzano nach Greve. Abfahrt ist täglich um 7 Uhr, außer samstags und sonntags. Die Fahrkarten sollten nach Möglichkeit vorher in der örtlichen Bar oder im Tabakladen gekauft werden. Weiterhin gibt es in Panzano ein Taxi-Unternehmen: Gemini Travel, Tel. (03 30) 26 89 11. Dann von Greve wieder zu Fuß den schon bekannten Weg zurück zur Ausgangsstation. Die Alternative wäre ein zweitägiges Anschlußtrekking:

## 5. Etappe: Durch einsame Wälder zur Villa San Michele

Während wir westlich der Via Chiantigiana eine intensiv bewirtschaftete Region kennengelernt haben, tauchen wir bei Gaiole in ein Gebiet wildromantischer Hügel und einsamer Steineichenwälder ein. Weinberge und Olivenhaine werden zur Ausnahme. Wälder dominieren das Landschaftsbild.

Von La Mandria gehen wir auf der *strada bianca* nach links, überqueren nach etwa anderthalb Kilometern die Asphaltstraße nach Radda, passieren **Podere San Piero** und erreichen bald darauf **Gaiole**

## Tourenprofil: Chianti-Weintrekking

| Strecke | Höhe | Gehzeit | Entfernung | Adressen, Bemerkungen |
|---|---|---|---|---|
| Start: Azienda Agricola Villa Buonasera | 444 m | | | Villa Buonasera, Via Cintoia Alta 32, 50027 Strada in Chianti (FI), Tel. (0 55) 8 54 79 32<br>1, 3, 4 |
| 1. Etappe: Fattoria Rignana | 372 m | 4 Std. | 15,5 km | Fattoria Rignana, Dott. A. Gericke, 50022 Greve in Chianti (FI), Tel. (0 55) 85 20 65<br>1, 2, 4, 5 |
| 2. Etappe: Le Volpaie | 583 m | 4½ Std. | 13 km | Agriturismo Le Volpaie, Fattoria di Lamole, 50020 Lamole (FI), Tel./Fax. (0 55) 8 54 70 65<br>1, 3, 4, 5<br>3 DZ, 1 kl. Ferienwohnung |
| 3. Etappe: a) Podere Terreno oder | 393 m | 3 Std. | 10 km | Podere Terreno, Via delle Volpaia, 53017 Radda in Chianti (SI), Tel./Fax. (05 77) 73 83 12<br>1, 2, 4, 5<br>7 DZ, HP incl. Wein 120 000 Lire |
| b) Azienda Caparsa | 403 m | 4 Std. | 13 km | Azienda Vitivinicola Caparsa, 53017 Radda in Chianti (SI), Tel. (05 77) 73 81 74, Fax. (05 77) 73 86 51<br>1, 3, 4, 5<br>2-Bett-App., 4-Bett-App. |
| 4. Etappe: Fattoria La Mandria | 536 m | 4 Std. | 11–12 km | Fattoria La Mandria, 53010 Lecchi di Gaiole (SI), Tel. (05 77) 74 95 79<br>1, 2, 4, 5<br>6 DZ u. 3 Komfortzimmer |
| 5. Etappe: Villa San Michele | 847 m | 6–7 Std. | 18,5 km | Ostello Villa San Michele, Via Casole 42, 50020 Lucolena-Greve in Chianti, Tel./Fax. (0 55) 85 10 34<br>1, 2, geöffnet ab 1. 4., 5 DZ |
| 6. Etappe: Villa Buonasera | 444 m | 3 Std. | 9 km | |
| Endpunkt: Villa Buonasera / total: | | a) 24½ Std.<br>b) 25½ Std. | a) 77 km<br>b) 80 km | |

Zahlenschlüssel :
1 = tageweise Vermietung,
2 = Verpflegung im Haus,
3 = Selbstverpflegung möglich,
4 = eigene Weinproduktion,
5 = eigene Olivenölproduktion

an den Südwestausläufern der Monti del Chianti. Wir verlassen das Weinbauerndorf in nördlicher Richtung und wandern über die **Fattoria Riecine** und **La Vigna** durch Weinberge und Eichenwald zur Benediktiner-Abtei **Badia San Lorenzo di Coltibuono** (628 m) aus dem 12. Jh. Die Mönche von Vallombrosa gründeten vor etwa 1000 Jahren die *Abtei der guten Ernte* als Kult- und Meditationsstätte. Schon bald aber begannen sie als die ersten Winzer dieser Gegend mit dem Weinbau, einer Tradition, die bis heute sehr erfolgreich fortgesetzt wird.

**Coltibuono** liegt direkt am Fernwanderweg Florenz–Siena. Vor der Zufahrt zum *Ristorante di Badia* biegen wir an einem mächtigen Baum links ab, halten uns wenig später an einem Gebetshäuschen wiederum links und erreichen nach 500 m die Stelle, wo der Weg deutlich nach Norden abknickt und durch Pinienwald zum **M. Maione** (812 m) hinaufführt.

Wir haben die Kammhöhe der Monti del Chianti erreicht. Hier oben weht uns ein kühlender Wind um die Ohren. Auf dem weiteren Weg zum **M. Quarciolo** (816 m) genießen wir die weite Aussicht über das Chianti mit seiner schier unendlichen Staffel von Hügelketten, die am Horizont im Dunst versinken. Auf der anderen, der rechten Seite liegt uns das Arnotal zu Füßen, hinter dem sich der Pratomagno emporwölbt.

Über die Hochebenen **Pian del Ciliegio** und **Piazza di Siena** erreichen wir den **Parco di Cavriglia** mit einer Raststätte, einem Campingplatz und einer Jugendherberge. Wir wandern auf der Forststraße weiter bis **Morellino**. Hier verlassen wir den Wirtschaftsweg indem wir nach links abbiegen, ein kleines Waldstück durchqueren und unterhalb des **M. San Michele** (892 m) zur Fattoria gleichen Namens wandern, in der sich heute ein Restaurant und eine Jugendherberge befinden.

## 6. Etappe: Zurück zur Villa Buonasera

Der letzte Tag führt uns über weite, offene Kammwiesen in nordwestlicher Richtung auf die Hochebene **Pian della Canonica**. Hier zweigt der Fernwanderweg Florenz–Siena scharf rechts vom Hauptweg ab und windet sich durch dichten Eichenwald zum **Passo del Sugame** (532 m). Wir überqueren die Verbindungsstraße zwischen dem Arnotal und Greve und erreichen bald jene Stelle, wo sich der Schotterweg nach links in Richtung Casa Rugliana wendet. Wir gehen aber rechts durch den Wald nach **La Panca** hinab und dann zurück zur **Villa Buonasera**.

### Nützliche Hinweise

**Anreise:** Auf der A 1 über Florenz bis Ausfahrt Incisa Valdarno. Weiter über Figline, Ponte agli Stolli und Dudda zur Villa Buonasera. Oder von Florenz mit Linienbussen ins Chianti.
**Karte:** Carta dei Sentieri e Rifugi »Siena e Dintorni«, 1:25 000, Doppelblatt 43/44, Edizioni Multigraphic.
**Übernachtung:** Über die im Text genannten Fattorie mit Übernachtungsmöglichkeiten hinaus gibt es im Chianti eine Vielzahl von Unterkünften aller Preisklassen. Auskunft und Reservierung über die Fremdenverkehrsbüros.
**Informationen:** • APT Provincia di Firenze und APT Provincia di Siena (Adr. s. Service-Teil).
• Chianti News; Periodico mensile di informazioni culturali e turistiche (dreisprachig); Via Fra' Paolo Sarpi 8/A, 50136 Firenze. Kostenlos in vielen Geschäften des Chianti.

# 8 Kulturtrekking
# Mittelalterliche Toskana

Piazza della Cisterna, San Gimignano. Bleierne Hitze läßt die Luft zwischen den alten Patrizierpalästen flimmern. Von mittelalterlichen Gebäuden und Türmen aus weißgrauem Travertin und rotem Backstein umgeben, sitze ich auf den Stufen des achteckigen Brunnens aus dem 13. Jahrhundert, blicke abwesend auf das Pflaster in Fischgrätenmuster. Noch immer ganz gefangen von den Geräten des Schauderns, des Schindens und Folterns, die ich soeben im *Museo di Criminologia Medioevale* gesehen habe, steigt vor meinen Augen eine szenische Performance auf:
Ich höre den monotonen Gesang der in dunkle Kutten gehüllten Mönche, höre die Schreie der Hexen, die im Käfigwagen zur Richtstätte gefahren werden, höre das tausendkehlige Johlen und Grölen des Pöbels. Ich sehe, wie demütige Pilger, Frauen und Männer, Kinder und Greise sich durch den *Arco dei Becci* auf den Platz drängen, sehe verwahrloste Jungen und Mädchen, Schmuddelkinder, in mit Stricken zusammengehaltenen, ausgefransten Hemden und Hosen barfuß an mir vorüberrennen. Ich rieche den Staub, der, aufgewirbelt von tausend nackten Füßen, wie eine Wolke in den ungepflasterten Gassen hängt und in Schwaden über die Piazza treibt. Ich spüre hautnah das Gedränge, die entfesselten Emotionen. Schweiß tritt mir auf die Stirn, als das Knistern des Feuers zu mir herübertönt und die flimmernde Luft sich in lodernde Flammen verwandelt.
Drei Tage auf den Spuren des Mittelalters haben mich empfänglich gemacht für die Zeichen jener Zeit. Fata Morgana medioevale!

## 1. Etappe: Von Sovicille zum Podere Monte Morio

In der Nacht hat es ein wenig geregnet. Kristallklare Tropfen säumen die Ränder der schlanken Gräser und blinken in der aufgehenden Sonne. Das Läuten der Glocken von *San Lorenzo* zu *Sufficillum* begrüßt den neuen Tag.

Ich gehe vom Campingplatz *La Montagnola* nach **Sovicille** hinüber. Café con latte in der Bar gegenüber der Kirche. Der Wirt erzählt mir von zahlreichen Marmorbrüchen in der Gemarkung des Ortes, die seit dem Jahr 1100 betrieben wurden und jetzt langsam zuwachsen.

Jenseits der *Piazza Marconi* verlasse ich Sovicille durch das alte Stadttor. Gleich links beginnt ein Weg, der hinunter zur romanischen Pfarrkirche *Pieve di Ponte allo Spino* führt. Gegenüber dem dreischiffigen Kirchenbau wende ich mich nach

## Kurzcharakteristik

Vier Tage auf Wald- und Wirtschaftswegen durch einsame Wälder und lichte Weinberge, über Bergrücken mit weiten Panoramen, vorbei an Burgen, Schlössern, Kirchen und Klöstern zu den Höhepunkten des toskanischen Mittelalters: Monteriggioni, Colle Val d'Elsa, San Gimignano und Volterra.
**Beste Jahreszeit:** Mitte April bis Mitte Juni und Ende August bis Mitte Oktober
**Gesamtgehzeit:** 6 Tage
**Gesamtstrecke:** 61 km
**Kartenskizze:** Siehe Seite 124

links, passiere Casa Pietriccio und erreiche bald darauf **Poggiarello** mit seinen beiden mächtigen, weithin sichtbaren trutzigen Wehrtürmen. Gleich nebenan das noch immer mittelalterlich anmutende Podere Casella, ein kleiner, aus knapp einem Dutzend eng zusammengebauter Häuser bestehender Weiler, und rechts am Hang die mächtige Wohnburg von **Toiano.**

Rote Kalkverwitterungsböden begleiten mich bis zum Ortsanfang von **Caldana.** Hier geht es links durch einen lichten Steineichenwald weiter bis zu einer Wegverzweigung. Ich gehe rechts den Schotterweg mit dem schönen Namen *Strada di Bellaria* hinauf. Von der Höhe blicke ich zurück auf Sovicille und über die dunklen Wälder der **Montagnola Senese,** ein Refugium unberührter Natur, das sich zwischen den Tälern von Elsa und Merse erhebt. Der aus dunkelgrauem Kalkstein aufgebaute, teilweise verkarstete Höhenzug ist geprägt von dichten, ausgedehnten Steineichen-, Kastanien- und Buchenwäldern, in denen Stachelschweine, Dachse, Marder und Wildkatzen leben. Zahlreiche alte Wege, die im Mittelalter die Verbindung zur *Via Francigena* hergestellt

**Das mittelalterliche Gut Poggiarello mit seinen weithin sichtbaren, trutzigen Wehrtürmen.**

haben, durchqueren das Wasser- und Landschaftsschutzgebiet. Kleine mittelalterliche Dörfer, Schlösser und Landpfarreien, oft in eindrucksvoller Lage auf langgestreckten Bergrücken, brechen lichte Inseln ins geschlossene Grün.

Jenseits des Gutshofs *Bellaria,* am Ende einer Allee junger Zypressen, biege ich rechts ab, nach 100 m gleich wieder links, und wenig später erblicke ich oberhalb des Weges die Augustiner-Einsiedelei *Eremo di San Leonardo al Lago* aus dem 12. Jahrhundert.

Nach einer Rast im Schatten des durch seine Schlichtheit beeindruckenden Gebäudes mit seiner grauen Kalksteinfassade gehe ich am Waldrand links bis auf einen Querweg. Vor mir breitet sich die Ebene **Pian del Lago** aus, der Boden eines großen Sees, der sich von hier einst nach Norden erstreckte.

Der im Belag wechselnde Weg führt nun leicht ansteigend in einem weiten Linksbogen um einen Hügel herum, bis sich rechts der Blick öffnet. Oben am Hang liegt die großartige Villa von **San Colomba,** erbaut von Baldassare Peruzzi, die trotz ihrer Größe eine gewisse Leichtigkeit ausstrahlt.

Vom majestätischen Gebäude geht es steil ein kurzes Stück in eine Senke hinab. Hier wende ich mich nach links, gehe durch ein Wäldchen, überquere das Sträßchen nach Cannuccio, gehe an der Casa Altichiari vorbei, steige wenig später den jenseitigen Hang eines kleinen Kerbtals hinauf zur Casa Gatti und erreiche hinter verwildernden, von Steinmauern begrenzten Feldern den alten Weiler **Fungaia**.

Mein Weg führt nach links, an der kleinen Kirche vorbei, auf einen offenen Platz. Hier verzweigt sich der Weg. Ich nehme den rechten, wende mich gleich nach links, gehe durch einen lichten Eichenwald und biege nach knapp 300 m erneut rechts ab. Noch einmal muß ich aufpassen: nach etwa 200 m ist es verlockend, geradeaus weiterzuwandern. Aber dieser Weg endet bald im Gestrüpp; deshalb links bergauf und weiter durch den einsamen Bergwald bis auf eine Lichtung.

Hier kreuzen sich zwei Waldwege. Ich gehe rechts weiter, entlang der aufgegebenen Ländereien des verlassenen *Podere M. Morio*. An der knorrigen uralten Eiche am kleinen Teich setze ich mich ins Gras, lehne den Rücken an den rauhen Stamm. Kein Mensch weit und breit, nur das leise Rascheln der Blätter im Wind. Ich bin mit mir allein. Hier fällt es nicht schwer, sich die Kuriere mit Kettenhemd und Lederhelm vorzustellen, die wie dunkle Schatten drüben am Waldrand entlang reiten. In geheimer Mission von Monteriggioni nach Siena unterwegs, abseits der Hauptverbindungswege, auf Schleichpfaden. Sie sollen die neuesten Nachrichten über die Stärke des florentinischen Heers übermitteln, das sich anschickt, Monteriggioni zu belagern. Ich höre das dumpfe Schlagen der Hufe auf dem Waldboden und dann deutlich ein Wiehern! Aber kein Pferd weit und breit, nur eine Amsel zwitschert im Geäst. Ich stelle mein Zelt auf und bereite mich für die Nacht vor.

## 2. Etappe: Auf Irrwegen zur »Krone der Toskana«

Am nächsten Morgen benetzt frischer Tau die Wiesen am Podere M. Morio. Ich lasse die Gebäude rechts liegen, lichter Steineichenwald nimmt mich wieder auf. Beidseitig des Weges überall kleine Dolinen, untrügerisches Zeichen der Verkarstung. Ich gehe immer geradeaus bis ans Ende des Waldes, dann weiter rechts am Feld entlang. Noch vor **Colle Ciupi** erreiche ich eine Abzweigung; doch bevor ich hier nach links abbiege, gehe ich in den kleinen Weiler. Vom Platz hinter der Kirche sehe ich am Horizont die vom Dunst verschleierte Silhouette Sienas.

Oberhalb der teilweise renovierten *Casa Nuova Colle Ciupi* vorbei gehe ich bis ans Ende der Felder und wende mich erst hier, bei zwei mit Efeu durchrankten Eichen, scharf nach rechts. Knapp 300 m gehe ich auf einem schmalen Waldpfad, dann biege ich wieder rechts ab, und 50 m weiter halte ich mich links. Jetzt wandere ich zügig oberhalb eines ausgelichteten Waldstücks mit gelegentlichem Blick auf Monteriggioni bis zum schmalen Schotterband einer *strada bianca*. Ich gehe nach links und passiere eine Holzsammelstelle. Wenig später begrüßen mich laut kläffend ein gutes Dutzend Hunde aus ihren Zwingern. Hinter dem Gehöft des Züchters geht es scharf rechts bergab; an einem Olivenhain vorbei komme ich erneut in ein Waldstück.

Zunächst noch von Steinmauern begleitet, wird der Verlauf des Weges immer undeutlicher. Den in der Karte eingezeichneten Weg, links um die Höhe 393 herum, habe ich irgendwo im Wald verloren, bin aber immer in einem trockenen Bachbett bergab und quer durch ein ausgelichtetes Waldstück gegangen, bevor ich am Podere Gallinaio wieder auf den richtigen Weg treffe. Wenig später quere ich einen breiten Fahrweg, gehe an der Abzweigung zum Gasthof La Ripa vorbei und trete aus dem Wald heraus. Vor mir, jenseist der *Via Cassia*, thront auf einem kleinen Hügel ein mächtiges Zeugnis unbeugsamer sienesischer Macht: **Monteriggioni**.

Im 13. Jahrhundert gegen den florentinischen Expansionsdrang um einen schon auf dem *Mons Regionis* existierenden, befestigten Bauernhof langobardischen Ursprungs erbaut, wurde die *Krone der Toscana* zum strategischen Ausgangspunkt an der Nordgrenze der Republik Siena. In nur sechs Jahren entstand ein 560 m langer, imposanter elliptischer Mauerring mit 14 viereckigen Türmen und einem umlaufenden Wachgang. Dort, wo heute Olivenbäume am Fuß der mächtigen Mauer wachsen, befand sich einst ein Graben, der im Falle einer Belagerung mit Kohle gefüllt und angezündet wurde.

Ich betrete durch das südöstliche Stadttor diese typische *città fortilizio*, mache einen Rundgang durch die wenigen engen Gassen und kehre zur Piazza Roma zurück. Am Brunnen gegenüber der schlichten romanisch-gotischen Kirche *Santa Maria* mit ihrer mehrfarbigen, harmonischen Fassade setze ich mich auf den Boden und stelle mir vor, wie jedes Jahr im Juli hier für drei Tage das Mittelalter erwacht: Ort, Einwohner und Küche präsentieren sich in original historischem Gewand.

Von der Piazza Roma gehe ich zurück bis zur Wegkreuzung am Podere Mandorlo, wende mich nach rechts und genieße dann einen schmalen, schattigen Waldweg, der in Serpentinen in die Ebene hinabführt. Am Waldrand biege ich links ab. Knapp zwei Kilometer sind es jetzt noch bis zur romanisch-lombardischen Zisterzienser-Abtei *San Salvatore* im kleinen Dorf **Abbadia a Isola.** Die am 4. Februar 1001 gegründete und zum italienischen Nationalmonument erklärte Abtei wurde als »Insel« in einem Sumpfgebiet erbaut, das später trockengelegt wurde. Nur der Name erinnert noch daran. Ein Blick in die vollständig mit Fresken ausgemalte Kirche lohnt sich.

Wenn man das Kloster verläßt, beginnt gleich links der *Tratto Monteriggioni-Strove*. Ich gehe an einer kleinen Kapelle vorbei, halte mich rechts, um 100 m weiter links abzubiegen. Leicht ansteigend geht es durch Weinberge und Olivenhaine. Fast verpasse ich nach 600 m die kleine

Abzweigung nach rechts. Der steinige Pfad führt durch das schmale Kerbtal des Botro del Castagneto und trifft dann auf einen Fahrweg. Ich wende mich nach links, gehe mitten durch einen Gutshof und erreiche **Castel Petraia,** eine mittelalterliche Burg, die im 16. Jahrhundert zu einer Villa umgebaut wurde.

Gegenüber der Festung liegt **Strove,** wo es Möglichkeiten zur Übernachtung gibt. Am *Albergo Ristorante Casalta* vorbei verlasse ich den kleinen Ort. Mit Blick auf Colle di Val d'Elsa und San Gimignano wandere ich über Acquaviva weiter bis **Scarna.** Am Ortsausgang blicke ich noch einmal zurück auf den M. Maggio und die mit dunklen Wäldern bestandenen Nordwesthänge der Montagnola Senese, die ich nun endgültig hinter mir gelassen habe. Vor mir breitet sich im Kontrast zu dem dichten Waldgebiet eine weite, offene Tallandschaft aus. Ich suche mir einen Platz für mein Zelt und richte mich für die Nacht ein.

## 3. Etappe: Über Colle di Val d'Elsa nach S. Lucia

Früher Aufbruch am kleinen Weiher unterhalb von Scarna. Durch die Felder und Weinberge der oberhalb des Weges liegenden Landgüter geht es hinab ins Elsa-Tal. Leider unvermeidlich: der Blick auf die häßlichen Industrieanlagen von Colle di Val d'Elsa. An der Kirche *San Marziale* treffe ich auf die vielbefahrene Provinzstraße, überquere auf ihr den Fiume Elsa und wende mich hinter der Brücke sofort nach links. Die *Via Querciolaia* führt an einer Neubausiedlung vorbei bis zu einer Gruppe kräftiger alter Pinien. Vor mir breitet sich auf drei zum Elsa-Tal hin abfallenden Terrassen **Colle di Val d'Elsa** aus. Ich wende mich nach rechts und gehe nun durch Weinberge und Wiesen über S. Andrea hinauf nach Colle.

Durch die monumentale *Porta Nuova* betrete ich *Il Borgo,* das Dorf. Schmal und lang zieht sich dieser am höchsten gelege-

**Die monumentale Porta Nuova von Colle di Val d'Elsa: Eingang ins alte Dorf.**

**Wallende Morgennebel in den Tälern unterhalb von San Gimignano.**

ne Ortsteil mit seinen schönen Patrizierpalästen aus dem 16. und 17. Jahrhundert bis zum Palazzo Campana: Hier beginnt *Il Castello*, der Burgbezirk. Ein paar hundert Meter Mittelalter nehmen mich in ihren Bann: die »Zeitmaschine« der vollständig überbauten, finsteren *Via delle Volte* »transchronisiert« mich ins 13. Jahrhundert, »beamt« mich zur *Piazza del Duomo* mit der schönen Kathedrale, dem bischöflichen Palais und dem Palazzo Pretorio.

Ein Gewirr aus schmalen, gepflasterten und teilweise überwölbten Gassen, mittelalterlichen Häusern, kleinen Kirchen, Geschlechtertürmen und Palästen schließt sich an und erstreckt sich bis zum Burgwall, wo der Blick auf *Colle Bassa* freigegeben wird. Die in der Flußaue liegende Neustadt ist das heutige Wirtschaftszentrum von Colle. Zu den alteingesessenen Betrieben der Papierherstellung und Wollverarbeitung gesellte sich später die Produktion hochwertiger Kristallwaren, die Colle weit über die Grenzen Italiens hinaus berühmt gemacht haben.

Die knapp drei Stunden von Colle nach Santa Lucia kurz vor San Gimignano habe ich dem späten Nachmittag vorbehalten, wenn die sanften Hügelketten in weiches, warmes Licht getaucht sind und die *Stadt der schönen Türme* von der untergehenden Sonne mehr und mehr in die magische Silhouette einer längst vergangenen Zeit verwandelt wird.

Ich verlasse Colle über die *Via Dietro Le Mura*, die Straße hinter den Mauern. Jenseits der Hauptstraße führt die *Via G. Giusti* schnell an den letzten Häusern des Ortes vorbei. An einer kleinen Kapelle wende ich mich nach links und gehe auf einer *strada bianca* geradeaus ins Tal des Borro di Rigola hinab, eines Bachs, der hier durch den Zusammenfluß zweier Rinnsale entsteht, die tiefe Kerbtäler in die Hochterrassen westlich des Elsatals eingeschnitten haben. Beim Aufstieg am gegenüberliegenden Hang fallen in der aufgeschlossenen Bergflanke Schichten mariner Ablagerungen (Muschelschalen) auf, die bezeugen, daß dieses Gebiet vor Urzeiten einmal Meeresboden war.

An den Bauernhöfen Rigola und Fabbiano vorbeigehend, treffe ich auf die Asphaltstraße, die Colle mit San Gimignano verbindet. Hier wende ich mich nach links, und nach etwa 70 m gleich wieder nach rechts. Auf einem schmalen Schotterweg gehe ich durch einen kleinen Olivenhain und dann weiter geradeaus, bis ich zwei einzelne, freistehende Steineichen erreicht habe.

Jenseits des vor mir liegenden tiefen und breiten Tales des T. Foci thront Montauto mit seinem deutlich sichtbaren Glockenturm auf einem langgezogenen Bergrücken, und ganz hinten am Hang, unterhalb des dunklen, den Horizont bildenden Waldstreifens, ist San Donato zu sehen, beides Stationen der nächsten Etappe. Nach rechts fällt der Blick auf San Gimignano und auf die Fattoria Pietrafitta, die fahlgelb zwischen dunklen Zypressen liegt.

Kurz vor den beiden Steineichen beginnt links ein Feldweg, der zunächst am Rand einer Erosionsrinne und dann unterhalb einer Geländestufe entlang bis in den Grund eines kleinen Kerbtals führt. Von hier geht es dann halb rechts ein kurzes Stück steil hinauf bis auf den Feldweg, der sich links zur Talsohle des T. Foci hinabschlängelt. Dort biege ich rechts in die den Bach begleitende Koniferenallee ein, passiere nach einem Kilometer die Ruine eines alten Gebäudes, überquere wenig später auf einer Steinbrücke den Borro Imbotroni und wende mich nach weiteren 400 m nach links.

Begleitet von Zypressen geht es jetzt steil hinauf zum Podere La Colombaia. An der Wegverzweigung hinter dem Haus halte ich mich rechts und erreiche auf einem schmalen Feldweg **Santa Lucia**. Ich gehe am Boule-Platz, dem allabendlichen Treffpunkt der alten Männer, vorbei durch den kleinen Ort und biege dann wenig später zum Campingplatz *Il Boschetto* ab, dem heutigen Etappenziel.

## 4. Etappe: Ein Tag im Mittelalter

Vom Campingplatz führt eine kleine Straße am schönen Klosterbau Monteoliveto aus dem Jahr 1340 vorbei nach **San Gimignano**, der einzigen toskanischen Stadt, in der die im Mittelalter allgemein verbreiteten Geschlechtertürme noch in so großer Zahl erhalten sind. Noch 15 der einstmals 72 Türme prägen seit dem ausgehenden 13. Jahrhundert bis heute das einzigartige Stadtbild, das mit Geldern der UNESCO restauriert wurde.

### Der Geschlechter- oder Wehrturm

Die Geschlechtertürme (so genannt, weil sie ursprünglich einzelnen adligen Familien als Schutzraum in Zeiten des Krieges dienten) sind mehrstöckige Bauwerke auf quadratischem Grundriß mit je einem Raum auf jedem Stockwerk. Die Türme erreichen Höhen von acht-, ja zehnmal der Seitenlänge.

Die wie ausgestreckte Finger gen Himmel zeigenden Torri waren die Statussymbole des 14. Jahrhunderts, architektonische Zeichen der Macht, Ausdruck des Wettkampfs lokaler Adelsfamilien um die Vorherrschaft in der Stadt. Allen voran bauten die in ständiger Fehde liegenden Familienclans der Salvucci und der Ardinghelli neben ihren Palazzi die steinernen Festungen höher und höher über die rotgedeckten Dächer von San Gimignano.

**Das von mittelalterlichen Gebäuden umgebene Zentrum von San Gimignano: die Piazza della Cisterna mit dem achteckigen Brunnen aus Travertin aus dem Jahr 1237.**

Ich betrete die *Stadt der schönen Türme* durch die Porta San Giovanni, das südliche, 1262 erbaute Stadttor. Die sich anschließende Straße gleichen Namens folgt der Trasse der von den Langobarden befestigten *Via Francigena* (auch *Via Romea*), des wirtschaftlichen Hauptverbindungswegs, auf dem die aus Norden kommenden Händler und Pilger nach Rom zogen. Die Straße durchquerte San Gimignano von Norden nach Süden, und überall an ihrem Verlauf entstanden Gaststätten, Herbergen, Spitäler, Kirchen und Klöster: Grundlage für den wirtschaftlichen Aufschwung der Stadt. Es wurde Safran produziert und Vernaccia gekeltert, ein Wein der Spitzenklasse, der schon in Dantes »Göttlicher Komödie« gepriesen wurde. Die Frauen trugen kostbaren Schmuck und Seidenroben zur Schau, und die besten Künstler der Zeit wurden in den Ort gerufen.

Zielstrebig führt die Via S. Giovanni zum Arco dei Becci, dem gewaltigen Torbogen aus dem 12. Jahrhundert, Eingang zum eigentlichen Zentrum der Stadt: zur Piazza della Cisterna.

Ich gehe am Dom vorbei, über die Piazza delle Erbe zum höchsten Punkt von San Gimignano. Hier oben, auf dem Hügel Montestaffoli, wurde der ehemals stark befestigte Vorposten des Bischofs von Volterra zur Festung ausgebaut. Vom letzten noch begehbaren Wehrturm der fünfeckigen Rocca skizziere ich mit den Augen den weiteren Weg durch anmutige, sanftgewellte Hügelketten nach Volterra.

Unten im Garten von La Rocca sitzt ein junges Pärchen auf dem Rasen unter den Zypressen und spielt Minnelieder. Zarte zerbrechliche Klänge von Harfe und Querflöte erreichen mein Ohr und verzaubern die Atmosphäre dieses Ortes auf eine ganz eigene Weise.

## 5. Etappe: Gemütlich nach San Donato

Ein Bummeltag durch eine abwechslungsreiche pliozäne Hügellandschaft mit Getreidefeldern, Obstgärten, Weinbergen und Wäldern liegt vor mir. Vom Campingplatz gehe ich in Richtung Santa Lucia. Nach knapp 500 m zweigt vor einem Marien-

**Im Innenhof des Palazzo del Comune aus dem 13. Jahrhundert. Von hier aus kann man den Torre Grossa besteigen, den mit über 53 Meter Höhe größten Turm von San Gimignano.**

**Brunnen der Verheißung: Wer die Zisterne ganz umrundet, wird in die »Stadt der schönen Türme« zurückkehren.**

häuschen rechts ein Pfad ab, der bis zu einem unbewohnten Haus am Borro Il Borratello hinabführt. Links des Hauses überquere ich den Bach. Am jenseitigen Hang tritt der Weg in einen schmalen Waldstreifen ein. Wenig später wird der Blick wieder frei. Ich durchquere einen Weinberg, passiere das blaßrosa Haus *Vallebuia* und erreiche die Kammhöhe am **Podere Montarone.** Hier wende ich mich nach rechts und folge dem leicht bergauf führenden Panoramaweg bis zur alten Burganlage von **Montauto**.

Dann geht es einen kurzen, aber steilen Weg hinab bis zu einer Weggabelung. Hier gehe ich ein Stück nach links, um gleich darauf wieder rechts auf den Weg einzubiegen, der zur **Fattoria Casa Vecchia** führt. Rotolo Santo, der Gutsbesitzer, ist in den Weinbergen unterwegs. Seine Frau bittet mich zu einer Weinprobe in den Weinkeller. Ich koste einen Chianti, dann den berühmten, goldgelben Vernaccia und zum Abschluß den köstlichen Vin Santo. Beim Blick über den Weinberg auf die weltberühmte Silhouette von San Gimignano schwanken die Türme bedenklich.

Einige Dutzend Meter hinter dem Gutshof wendet sich der Weg rechtwinklig nach links, durchquert einen Weinberg und verläuft zunächst weiter nach Süden, bis er erneut scharf abbiegt, diesmal nach rechts. Dann passiere ich knapp einen Kilometer weiter die Fattoria Voltrona (Villa Maria Giulia). Von hier schlängelt sich der Weg durch Eichenwald, Ginster und Zypressen hinauf nach **San Donato.** In einigen restaurierten Steinhäusern des kleinen Weilers aus dem 13. Jh. werden von der Fattoria San Donato urige Zimmer vermietet, auch für nur eine Nacht.

**Die kleine romanische Kirche von San Donato aus dem 13. Jahrhundert. Das mittelalterliche Dörfchen liegt auf dem Südhang des Poggio del Comune.**

## 6. Etappe: Endstation »Villa Palagione«

Aufbruch im Morgengrauen. Jenseits der Hauptstraße nach San Gimignano, die hinter dem mittelalterlichen Weiler den Hang schneidet, beginnt ein Weg, der durch die dichten Eichenwälder am Südhang des Poggio del Comune führt. Ich gehe an einer Holzverladestelle und einigen alten Steinbrüchen vorbei. Dann fällt mein Blick unvermittelt hinter einer kleinen Kuppe auf die Ruinen von **Castelvecchio** aus dem 11. Jahrhundert, ein Bollwerk San Gimignanos im langen Krieg gegen Volterra. Einen halben Kilometer weiter versteckt sich Podere Il Caggio zwischen hohen Zypressen. Burg und Gutshof sind eingebettet in dichte, fast undurchdringliche Macchia und dunkle Steineichenwälder.

Vom Podere (Landgut) steige ich einen steilen, serpentinenreichen Pfad in ein tief eingeschnittenes Kerbtal hinab und folge jenseits des Baches dem Weg bis auf eine Anhöhe. Hier beginnt links ein Waldweg, der zur *Zona archeologica di Castelvecchio* führt. In eindrucksvoller Umgebung liegen zwei Türme, die Kirche und einige Mauerzüge als letzte sichtbare Überreste der Burganlage im Eichenwald. Ein geheimnisvolles Schweigen umgibt den Ort.

Ich gehe zurück zur Kreuzung, wende mich nach links und erreiche bald einen Waldrand. Rechts erstreckt sich ein riesiger Weinberg der *Fattoria Castelvecchio.* Hinter den Gebäuden des Weinguts biege ich rechts ab und passiere die Fattoria *Casa Agresto*, bevor der Weg jenseits riesiger Weinberge und Olivenhaine wieder in Wald eintritt. Auf der Wasserscheide zwischen dem Botro di Castelvecchio und Fiume Era trifft die *strada bianca* auf eine Asphaltstraße. Hier biege ich links ab. Nur 400 m weiter verlasse ich bereits das graue Asphaltband wieder, denn rechts beginnt ein Schotterweg, der an einem alten Friedhof vorbei nach **Pignano** führt. Die beachtenswerte Burg aus dem 12. Jahrhundert wurde im 18. Jahrhundert in eine Villa umgewandelt.

## Tourenprofil: Mittelalterliche Toskana

| Strecke | Höhe | Gehzeit | Entfernung | Berge / Pässe / Orte |
|---|---|---|---|---|
| Start: Campingplatz La Montagnola, Sovicille | 265 m | | | |
| 1. Etappe: Monte Morio | 473 m | 4–5 Std. | 13,4 km | San Leonardo, 292 m – S. Colomba, 338 m – Fungaia, 395 m |
| 2. Etappe: Scarna | 218 m | 5–6 Std. | 16,5 km | Colle Ciupi, 434 m – Monteriggioni, 274 m – Abbadia a Isola, 200 m – Castel Petraia, 261 m |
| 3. Etappe: Camping Il Boschetto, S. Lucia | 268 m | 5 Std. | 13,2 km | S. Marziale, 174 m – Colle di Val d'Elsa, 223 m |
| 4. Etappe: San Gimignano | 324 m | | | Ein Tag in San Gimignano |
| 5. Etappe: Camping Il Boschetto – San Donato | 349 m | 3 Std. | 6 km | Montauto, 277 m – Fattoria Casa Vecchia |
| 6. Etappe: Villa Palagione | 337 m | 6 Std. | 12,2 km | Castelvecchio, 420 m – Pignano, 502 m |
| Endpunkt: Villa Palagione / total: | | 23–25 Std. | 61,3 km | |

**Landschaft in der Umgebung der Villa Palagione.**

Volterra: Vicolo delle Prigioni.

## Volterra: Stadt der Etrusker, Stadt des Alabasters

Seit dem 9. Jh. v. Chr. erhebt sich auf einem exponierten, 550 m hohen pliozänen Hügel die mauerumschlossene *Stadt des Windes und des Steins* und beherrscht von hier oben das gesamte Tal des Fiume Cecina bis zum Tyrrhenischen Meer. Die Anmut der welligen Hügel weicht in der Umgebung der Stadt einer einzigartigen, herben und spröden Erosionslandschaft. Wind und Wasser haben aus erdbraunen, beigen und blaugrauen Sand- und Tonschichten spektakuläre Abbrüche und pittoreske Formen modelliert: die kahlen, vegetationslosen *Balze* (balza, Steilhang) im Nordwesten Volterras, die sich fortsetzen in den gestaffelten Silhouetten karger Hügel, hinter denen manchmal das Meer blinkt.
Lokale Rohstoffe bilden die Grundlage für ein blühendes Kunsthandwerk, allen voran ein nebeltrübes, mal gebändertes, mal marmoriertes Gestein: der Alabaster. Bereits die Etrusker haben aus dem Kalziumsulfat Graburnen, Vasen, Figuren und Schmuck hergestellt. Außer dem bleichen Nobelmaterial schaffen Gips- und Steinsalzvorkommen Arbeitsplätze für die Volterraner.
Die Mauern einer gewaltigen, von den Medici errichteten Festung legen sich um die Altstadt und verwehren den Blick auf ihre Häuser. Seit ihrer Errichtung im 14. und ihrer Erweiterung im 15. Jh. war die *Fortezza* ein sicheres Gefängnis: hier saßen lange nach den Brüdern Pazzi, die einen Anschlag auf die Medici verübten, Terroristen der *Brigate Rosse* neben Mafiosi ein.
Die traditionell von den Kommunisten (heute vom PDS) verwaltete Stadt hat ihren kleinstädtisch-bürgerlichen Charakter erhalten. Im autofreien *centro storico* ducken sich Tante-Emma-Läden, Schuhmachereien und kleine Bars neben mittelalterliche Paläste.
Unter der Mitarbeit der Universität Siegen, eines Frankfurter Architekturbüros und des Kultur- und Bildungszentrums Villa Palagione reift z. Zt. ein Projekt zur Stadtentwicklung Volterras mit dem Ziel der Erhaltung seiner Identität.

Nach einem kurzen, aber steilen Abstieg führt der immer wieder von Zypressen begleitete Weg über einen langgestreckten, welligen Bergriegel an der Azienda Fattoria Palazzina, der Chiesa di S. Lorenzo aus dem 12. Jahrhundert und Poggiarello vorbei zur **Villa Palagione** an der Südostflanke des pittoresken M. Voltraio, der sich als markanter Bergkegel aus dem welligen Hügelland erhebt und mir als Wegweiser gedient hat.

Die Villa Palagione, sieben Kilometer vor den Toren der mittelalterlichen Stadt Volterra, ein Medici-Landsitz aus dem 16. Jahrhundert, diente einst adligen und reichen Familien der Toskana als Sommer- und Jagdschloß. Nach jahrelangen Restaurationsarbeiten der vom Verfall bedrohten Gebäude wurde der ursprüngliche Zustand dieses Kleinods weitgehend wiederhergestellt. Besondere Sorgfalt galt dabei den Deckengewölben und den Freskenmalereien. Heute beherbergt die Villa das von einem deutsch-italienischen Team geleitete *Centro Interculturale Villa Palagione*. Das Angebot umfaßt neben Sprach-, Mal- und Bildhauereikursen auch Wandern, Reiten und Mountainbike-Touren. Hier, am Endpunkt unserer Tour durch das toskanische Mittelalter, bietet es sich an, eine Woche anzuhängen, sei es, um auszuspannen, sei es, um in einem Kurs *Geschichte zum Anfassen – Das Mittelalter* das Gesehene zu vertiefen. Eine Voranmeldung ist unbedingt erforderlich. Wenn alle Zimmer ausgebucht sind, helfen die Mitarbeiter der Villa Palagione bei der Quartiersuche in der Umgebung.

## Nützliche Hinweise

**Anreise:** Von Firenze Certosa über die mautfreie Schnellstraße in Richtung Siena. Dann auf der SS 73 bis Malignano und rechts ab nach Sovicille.
**Rückfahrt:** Mit dem Bus von Volterra nach Siena und von hier weiter nach Sovicille.
**Karten:** • Carta dei Sentieri e Rifugi, »Siena e Dintorni« 1:25 000, Doppelblatt 43/44, Edizioni Multigraphic. • Carta escursionistica, 1:50 000, Dolce Campagna/Antiche Mura.
**Übernachtung:** • *Sovicille:* Camping »La Montagnola«, Via Cava del Siciliano, 53018 Sovicille (SI), Tel: (05 77) 31 44 73, Fax: (05 77) 34 92 86; geöffnet: Ostern bis 30. September; stündlich Busverbindung nach Siena ab Campingplatz. Idealer Ausgangsort. Kfz kann hier abgestellt werden. • Albergo Ristorante Casalta, 53035 Monteriggioni (SI), Tel. (05 77) 30 11 71; oder auf Anfrage in einem der Landgüter nordwestlich von Scarna. • Camping »Il Boschetto«, Loc. S. Lucia, 53037 San Gimignano, Tel. (05 77) 94 03 52. • Jugendherberge: Via delle Fonti 1, 53037 San Gimignano, Tel. (05 77) 94 19 91. • Fattoria San Donato, 53037 San Gimignano, Tel. / Fax (05 77) 94 16 16 oder 94 10 92. • Centro Interculturale »Villa Palagione«, 56048 Volterra, Tel. (05 88) 3 90 14, Fax (05 88) 3 91 29; Information / Anmeldung: c/o Neugasse 3, 61203 Reichelsheim, Tel. (0 60 35) 13 89, Fax (0 60 35) 41 67. • Jugendherberge: Via Don Minzoni, 56048 Volterra, Tel. (05 88) 8 55 77. • Camping »Le Balze«, 56048 Volterra, Tel. (05 88) 8 78 80.
**Informationen:** • APT Siena (Adresse siehe Service-Teil). • Officio Informazioni e Prenotazioni, Via S. Giovanni 125, 53037 San Gimignano, Tel./Fax (05 77) 94 08 09. • APT Volterra, Via Turazza 2, 56048 Volterra, Tel. (05 88) 8 61 50. • Club Alpino Italiano (C.A.I.): Via Mazzini 95, 53100 Siena, Tel. (05 77) 27 06 66. • Gruppo Trekking Dodo, 50052 Certaldo (FI), Tel. (0 55) 66 41 33).

**Im toskanischen »Erzgebirge«, nicht weit von Volterra entfernt, liegt in eindrucksvoller Umgebung das mittelalterliche Gerfalco.**

# Der wilde Süden der Toskana

Die Provincia di Grosseto mit der gleichnamigen Hauptstadt – auf halbem Weg zwischen Florenz und Rom – ist die flächenmäßig größte der zehn toskanischen Provinzen (4496 Quadratkilometer). Ein Land, das vom Tyrrhenischen Meer bis zu den bewaldeten Höhen des Monte Amiata (1738 m) emporsteigt.

Aus dem Glitzern des Meeres mit seiner abwechslungsreichen Küste erheben sich zerklüftete Steilküsten, zwischen denen sich feinkörnige Sandstrände ausdehnen. Weite Ebenen mit unendlichen Horizonten und wogenden Weizen- und Sonnenblumenfeldern erstrecken sich hinter costralen Pinienwäldern ins Landesinnere bis an die sonnenverwöhnten Hügelketten und Bergrücken, auf denen mediterrane Wälder, Olivenhaine und Weinstöcke wachsen. Und dahinter legt sich wie ein hoher Wall das einsame Bergland des Monte Amiata.

Wie Storchennester auf hohen Bergkuppen gelegene etruskische Akropolen, römische Villen und Paläste, romanische und gotische Kirchen, Kathedralen mit marmornen Bögen sowie mittelalterliche Burgen, Festungen und von mächtigen Mauern geschützte Dörfer garnieren als steinerne Zeugen einer über 2000 Jahre währenden wechselvollen Geschichte dieses vielfältige Mosaik aus unterschiedlichsten Landschaften und unverfälschten Biotopen. Natur und Kultur vereinen sich zu einem unverwechselbaren, harmonischen *Panopticum Grossetana*.

## La Costa – Die Küste

Entlang der in Licht getauchten Küste erstrecken sich breite, kilometerlange Sandstrände, die zum Land hin vom satten Grün üppiger Pinienwälder abgeschirmt werden. Schmale, federnde, mit Moos und Nadeln bedeckte Pfade durchziehen die lichten und luftigen Koniferenbänder, die sich wie ein Deich zwischen Meer und Hinterland legen. Dort, wo Hügelketten das Meer erreichen, bilden bizarre, mit Macchia und dichtem Wald überzogene, steil zum Meer abfallende schroffe Klippen malerische, einsame Buchten.

Ozeanische Ablagerungen, Sand und zerbrochene Felsformationen bilden den Meeresboden, Lebensraum für eine Vielzahl von Meerestieren. Vor der Küste umspült ein sauberes, fischreiches Meer die Inseln des Toskanischen Archipels: Elba, Giglio, Giannutri, Montecristo – Relikte der versunkenen Tyrrhenis.

## Le Pianure – Die Ebenen

Wo sich heute zwischen Castiglione und den Monti dell'Uccellina die Ebene von Grosseto ins Landesinnere bis zu den Anhöhen von Moscona, Roselle und Vetulonia ausdehnt, erstreckte sich einst eine weite Meeresbucht. Bereits in vorrömischer Zeit hatten die Tuffsand-, Kies- und Schlammablagerungen der Flüsse Bruna und Ombrone die Öffnung der Bucht weitgehend geschlossen und in einen Salzwassersee verwandelt: den *Lacus Prilius*.

Durch eine verbleibende Verbindung mit dem Meer entstand ein riesiger Naturhafen, auf dessen Randbergen bereits von den Etruskern Siedlungen gegründet wur-

**Blick vom »Parco archeologico di Roselle« über die Ebene der Maremma Grossetana.**

den. Zwei von ihnen entwickelten sich später zu wichtigen Zentren: Vetulonia und Roselle.

Bis ins 7. Jh. n. Chr. hatte der Prilius-See noch eine ansehnliche Größe, verkleinerte sich aber mit fortschreitendem Verlandungsprozeß immer mehr. Es bildeten sich Lagunen und Sümpfe. Das Gebiet wurde zur Brutstätte der Malaria.

*Der Tod kommt aus der Maremma,* hieß es fortan. Der Unübersichtlichkeit ihrer Sumpflabyrinthe wegen diente die Maremma Räuberbanden als Versteck. Das Durchschnittsalter ihrer wenigen Bewohner lag nicht viel über 20 Jahre. Der Hauch des Todes umgab diese Gegend, und die Totengesänge bestimmten das kulturelle Leben. Fast ein halbes Jahrtausend vertrieb der Sumpf immer wieder die Menschen, bis endlich in der zweiten Hälfte des 16. Jahrhunderts die Medici systematisch mit der Trockenlegung begannen. Es folgte am Ende des 18. Jahrhunderts unter der Leitung von Leonardo Ximenes (1716–1786) ein ausgedehntes Entwässerungsprojekt des Sumpfgebiets von Castiglione.

Aber erst die Entwässerungs- und Aufschüttungsarbeiten unter Leopold II. von Lothringen (seit 1828) haben die flache Küstenniederung in fruchtbares Ackerland verwandelt und die Malariagefahr gebannt. Aber noch lange ordneten die Zugführer an, während der Fahrt durch die Maremma die Fenster nicht zu öffnen. Abgeschlossen wurde die Trockenlegung der Maremma allerdings erst in den fünfziger Jahren unseres Jahrhunderts. Auf der Piazza Dante Alighieri in Grosseto steht das Denkmal von Leopold II., der die *Schlange Malaria* zertritt.

In den Jahren der Landreform (1951–58) wurden von der Siedlungsgesellschaft der Maremma über 160 000 ha Land an 19 000 selbständige Familienbetriebe vergeben, die noch bis in die Mitte des 20. Jahrhunderts fast Leibeigene waren, da sie nach dem Gesetz der *mezzadria* (Halbpacht) die Hälfte ihrer Ernte an den Padrone abliefern mußten.

Das größte verbliebene Sumpfgebiet an der tyrrhenischen Küste ist mit etwa 1000 ha der »Palude di Castiglione«, ein amphibisches Land, wo sich Wasser und Erde vermischen, ursprünglich und faszinierend. Geprägt von Kanälen, Morasten, dem Rauschen und geheimnisvollen Knistern des Röhrichts und dem Aufleuchten der *chiari,* der offenen Wasserflächen, ist dieses Land der weiten Horizonte zum Refugium einer Vielzahl von Wasservögeln geworden.

## Le Colline – Die Hügel

Am Rand der unendlich erscheinenden Weite der maremmanischen Ebene mit ihren fruchtbaren Feldern und glitzernden Sümpfen gleiten lautlos mäandrierende Bäche und Flüsse durch fast unveränderte, natürliche Auewälder. Diese vereinen sich am Horizont mit den in silbriges Grau getauchten, fast unwirklich erscheinenden Hügelketten. In ihren Mündungsgebieten türmen sich ausgebleichte Baumskelette zu bizarren Skulpturen auf.

Im Landesinneren, am Ende der einstigen Meeresbuchten, steigt unvermittelt sanftwelliges Hügelland aus der Ebene auf. Undurchdringliche, tiefgrüne Macchia oder Stein- und Korkeichenwälder bedecken die Hänge. Wo der Wuchs niedriger und weniger dicht ist, füllen Myrte, Rosmarin und Oleander die Luft mit ihren kräftigen Düften. Nur wenige schattige Pfade durchziehen dieses Reich des Geheimnisvollen und Verschlossenen.

Neben den dunklen Waldgebieten verströmen Sonnenblumenfelder, lichte Olivenhaine und anmutige Weinberge eine

In den Hügelgebieten treffen wir immer wieder auf die typischen Zypressen-Alleen. Diese hier führt zu den Gebäuden der Fattoria di Poggio Cavallo.

heitere, toskanische Stimmung, und über ihnen erheben sich die unverwechselbaren Silhouetten der wie riesige, graue Echsen auf den Bergkämmen liegenden, uralten, vom Wind gepeitschten Dörfer mit ihren verwinkelten Gassen. Sie grüßen den Herankommenden schon von weitem und laden ihn zu einer Zeitreise in die Vergangenheit ein.

## Der Monte Amiata

Nur 50 km Luftlinie von der Küste des Tyrrhenischen Meeres entfernt, erhebt sich an der Grenze der Provinz Grosseto das weit ausladende, nirgends steile, erloschene Vulkanmassiv des Monte Amiata. Von Weihnachten bis weit in den März hinein krönt seinen 1738 m hohen Gipfel eine weithin sichtbare, leuchtend weiße Kappe aus Schnee. In den letzten Jahrzehnten ist hier ein beliebtes Wintersportgebiet entstanden, mit 15 km Pisten und 17 Liftanlagen.

Im Sommer dagegen dominiert das Grün hochstämmiger Kastanien-, Steineichen- und Buchenwälder, die sich bis zum Gipfel hinaufziehen und die seit alters her den Bewohnern der umliegenden Dörfer Nahrung und Arbeit gegeben haben. Bis heute sind diese Wälder ein beliebtes Jagdgebiet und ein Eldorado für Pilzsammler.

Der Monte Amiata ist ein ideales Wandergebiet mit vielen markierten Wegen. Besonders schön ist der rotweiß markierte, 29 km lange Rundweg *Anello della Montagna* zwischen 1000 m und 1300 m Höhe durch den größten geschützten Buchenbestand Europas. Vom Gipfel hat man bei klarer Sicht einen spektakulären Blick nach Nordwesten über den M. Labbro und die gesamte Maremma Grossetana bis zum Meer und zur Insel Elba. Nach Norden sieht man bis in die Gegend von Siena sowie nach Osten auf den benachbarten Lavafelsen von Radicofani, der wie ein Maulwurfshügel die umgebenden Lehmböden durchbricht.

An den Rändern des sich schildförmig ausbreitenden, vulkanischen Eruptivmaterials gibt es Vorkommen des silbrig glänzenden, sehr spröden Metalls Antimon, von Mangan, von Fluoriden und Zinnober, jenes meist roten Quecksilbererzes. 100 Prozent der italienischen Quecksilbervorkommen werden in den Minen von Abbadia San Salvatore, Bagnore und in der Umgebung von Poggio Roccone südlich des Amiata abgebaut. Begleiterscheinungen des Vulkanismus sind zahlreiche Thermalquellen im Gebiet des M. Amiata.

## Der Parco Naturale della Maremma

Südlich von Grosseto erstreckt sich entlang der tyrrhenischen Küste zwischen Principina a Mare und Talamone der 100 Quadratkilometer große Naturpark der Maremma. Das 1975 unter Naturschutz gestellte Gebiet ist ein Mosaik aus vier ökologisch unterschiedlichen Biotopen.

Im Nordwesten erstreckt sich die Sumpflandschaft des **Paludi della Trappola** mit flachen Küstenseen, Weiden und Dünen im Wechsel. Nach Süden folgt **La Bocca d'Ombrone**, das teilweise an den Ufern verschilfte Mündungsdelta des zweitlängsten Flusses der Toskana. Jenseits der Mündung liegt parallel zur Küste ein Dünenfeld mit kleinen sumpfigen Niederungen, die größtenteils mit Pinien bedeckt sind (**La Pineta**). Auf den saftigen Wiesen zwischen den Sumpfflächen oder unter den weitausladenden Kronen der Pinien treffen wir noch auf die weidenden Herden der berühmten Maremma-Rinder mit ihren langen, weitgeschwungenen

Hörnern, ihrem meist hellgrauen Fell und ihrer kräftigen Muskulatur. Früher als Zugtiere benutzt, dienen sie heute der Fleisch- und Milchproduktion. Aus der Milch dieser Rinder wird der bekannte »Büffelkäse« Mozzarella hergestellt.

Während es sich bei den Palude, der Bocca und der Pineta um quartäre Aufschüttungen handelt, ist die dicht mit mediterraner Macchia bestandene Hügelkette der **Monti dell'Uccellina** tertiären Ursprungs. Dieser Kernbereich des Parks besteht aus einer Reihe von Anhöhen, teils aus Kalkgestein, teils aus kieselhaltigen Formationen. Höchste Erhebung ist der Poggio Lecci mit 417 m. Ungewöhnlich vielfältig präsentiert sich die Vegetation der weitgehend unberührten Ökosysteme von Dünen, Sümpfen, Strauchzonen und steinigen Hügeln.

Die Fauna des Parks umfaßt neben 14 Säugetierarten eine reichhaltige Vogelwelt, über 1000 Schmetterlingsarten, Schlangen und Schildkröten.

Die Siedlungsgeschichte der Monti dell'Uccellina reicht bis in die Altsteinzeit zurück. An der Küste, unterhalb des Poggio Lecci, befinden sich wenige Meter über dem Meeresspiegel vorgeschichtliche Grotten, die nachweislich in der Bronzezeit bewohnt waren. Auf den Anhöhen erheben sich insgesamt sechs mittelalterliche Türme. Sie waren Teil eines Beobachtungs- und Verteidigungssystems gegen die sarazenischen Piraten, das von Castiglione bis Talamone reichte.

Der Naturpark wird nur von wenigen Wegen durchzogen. Ein Verlassen dieser Wege ist nicht gestattet. Eingänge befinden sich in Alberese und Talamone. Hier können auch die Eintrittskarten gekauft werden.

Der Park ist vom 15. Juni bis 30. September täglich von 9 bis 19 Uhr geöffnet. Eintrittskarten und Informationen beim Centro Visite di Alberese, Via del Fante, 58010 Alberese (GR), Tel. (05 64) 40 70 98, Fax (05 64) 40 72 78.

**Sonnenuntergang im Palude della Trappola.**

**Maremma-Rinder – sie wurden wahrscheinlich während der langobardischen Herrschaft in Italien eingeführt. Typisch für die aus den osteuropäischen Graslandebenen stammende Rinderrasse ist ein massiver Körperbau, der kräftige Hals und weitausladende Hörner.**

## Land und Leute

Wie das Land, so sind auch die Menschen: liebenswert, bodenständig, rauh und herzlich. Aus den Produkten einer intakten Natur bereiten sie einfache, aber wohlschmeckende Gerichte. Sie lieben Fleisch und Würstchen mit weißen Bohnen, *Cinghiale di Maremma,* Wildschweinbraten, garniert mit Kastanien, Pilzen oder Trüffeln, *Mozzarella*, den frischen Büffelkäse, und *Pecorino,* den herben Schafskäse ebenso wie die *Cucina povera* (»Armeleuteküche«): *Panzanella* (ein einfacher Salat), *Tortelli* (gefüllte Maultaschen), *Spiedi di Caccia* (Wildspieß), *Crostini* (geröstetes Brot mit Hühnerleberpastete), *carciofi morelli* (schwarze Artischocken), die mit Öl, Salz und Pfeffer gegessen werden, oder die typische Mahlzeit der maremmanischen Landbevölkerung: *Acqua cotta* (Brotsuppe aus Olivenöl, Zwiebeln, Tomaten, geriebenem Schafskäse und einem Ei). Entlang der Küste dominieren Fischgerichte. Dazu trinkt man Weine aus der Region, wie z. B. den roten *Morellino di Scansano*, den weißen *Parrina* oder den weltberühmten Rotwein *Ornellaia*.

Dieses Land war die Heimat des Briganten Domenico Tiburzi, eines berühmten Räubers, der über die Macchia von **Capalbio** herrschte. Jahrzehntelang vergeblich gejagt, starb er am 23. Oktober 1896 im Kugelhagel der Carabinieri-Gewehre. Aufgrund seiner Großzügigkeit, mit der er den Armen gab, und der Erbitterung, mit der er von den Reichen nahm, wurde er zum Volkshelden, zum *Robin Hood der Maremma.* Noch heute finden wir sein Foto in vielen kleinen Landgasthäusern. In Capalbio wurde er begraben; man pflanzte nach mittelalterlichem Brauch über den Füßen des Räubers eine Zypresse, die mit ihren Wurzeln den unruhigen Geist des Gesetzlosen gefangenhalten soll.

Es ist das Land der legendären *Butteri*, der wettergezeichneten Rinderhirten der Maremma mit ihren ledernen Mantelschößen und tief in die Stirn gedrückten, schwarzen Hüten. Ihr Mut und ihre Geschicklichkeit sind bis heute die Grundlage vieler Feste und Feiern. Sie gewannen 1890 unter dem Buttero Augusto Imperiali auf der *Piazza di Siena* in Rom einen Geschicklichkeitswettkampf im Reiten und Lassowerfen gegen die Cowboys eines gewissen William Frederick Cody, genannt *Buffalo Bill.* Beim alljährlichen Rodeo-Fest am 1. Mai in Alberese kann man die *Cowboys der Maremma* bei der Brandmarkung der Rinder beobachten.

Und es ist das Land der Niki de Saint-Phalle, deren überdimensionale, groteske Tarot-Figuren die öde Macchia bei Capalbio mit Farbtupfern versehen.

Während an der Küste der Tourismus Handel, Wirtschaft und Infrastruktur bestimmt, diktieren im Landesinneren kleine Handwerksbetriebe und der Rhythmus des bäuerlichen Lebens den Tagesablauf. In den schlichten Werkstätten werden Schmuck, Keramik und Arbeiten aus Holz und Schmiedeeisen hergestellt. Die Provinz ist reich an Traditionen: in fast jedem Ort haben sich alte Sitten und Bräuche erhalten.

**Im »Parco Naturale della Maremma«: die von Pinien begleitete Asphaltstraße führt nach Marina di Alberese.**

# 9 Grossetanisches Kaleidoskop
# Von null auf siebzehnhundert

Dem Charakter der Tour und der Infrastruktur des maremmanischen Hinterlandes entsprechend, wurde auf eine Einteilung in einzelne Tagesetappen bewußt verzichtet. Wer dieses Radtrekking durchführen will, soll selbst entscheiden, wie viele Kilometer er oder sie oder beide täglich fahren möchten. Etwas Kondition und ein gutes Trekking- oder Tourenrad mit ordentlicher Gangschaltung sind Voraussetzungen, um die Fülle der Eindrücke dieser Rundfahrt auch genießen zu können. Genuß und Frust können in dieser hügeligen Landschaft mit Höhen zwischen 150 und über 1000 Metern dicht beisammen liegen.

## Pinienwälder und Sonnenblumenfelder – durch die Maremma-Ebene

Ausgangs- und Endpunkt der Tour ist das quicklebendige, farbenprächtige **Castiglione della Pescaia**, ein beliebter, aber noch nicht überlaufener Ferienort an der Küste des Tyrrhenischen Meeres. Die Fahrt beginnt auf der *Ponte Giorgini*, der großen Brücke über den Fiume Bruna. Wir fahren zunächst auf der *Via Ansedonia* (SS 322) durch den südöstlichen Stadtteil in Richtung Grosseto. Die letzten Häuser des

### Kurzcharakteristik

Die vielseitige Rundfahrt erschließt die **Maremma Grossetana,** jenen noch vor einigen Jahrzehnten so ungeliebten *Wilden Süden* der Toskana. Durch die Sümpfe von Castiglione, den riesigen Pinienwald Pineta del Tombolo und eine mit Feldern, Weiden und Buschwald besetzte Hügellandschaft geht es hinauf zum erloschenen Vulkanmassiv des M. Amiata. Der zweite Teil der Tour führt durch die stillen, mediterranen Wälder der nordwestlichen Randhöhen der maremmanischen Ebene zu den langsam vergehenden Relikten ehemaliger Bergbautätigkeit. Entlang der Strecke bieten kleine Weiler, mittelalterliche Bergdörfer, Burgen und die etruskischen Akropolen Roselle und Vetulonia einen Einblick in die über 3000 Jahre alte Geschichte der größten toskanischen Provinz. Verschiedene Abstecher von der Hauptroute und ein Zusatztag vervollständigen das Bild.
Die Trasse verläuft weitgehend auf asphaltierten Nebenstraßen, führt aber auch über Feld- und Waldwege bis hin zu echten Off-road-Passagen und anspruchsvollen Anstiegen.
**Beste Jahreszeit:** Mitte April bis Ende Juni, September bis Ende Oktober
**Gesamtfahrzeit:** 6–8 Tage
**Gesamtstrecke:** 246 km (ohne Abstecher), 360 km (mit allen Abstechern und Zusatztag)
**Kartenskizze:** Siehe Seite 144/145

Ortes verstecken sich zwischen den mächtigen Schirmkiefern der **Pineta del Tombolo**, die auf ihrer gesamten Länge von der Staatsstraße durchzogen wird. Wir benutzen den neben der Straße verlaufenden Radweg, von dem aus immer wieder kleine Seitenwege zum Strand führen. Das unaufhörliche Zirpen von Millionen Zikaden begleitet uns.

**Alternativ** können wir Castiglione aber auch auf der *Strada Provinciale del Palude* in nordöstlicher Richtung verlassen. In **Ponti di Badia** biegen wir dann rechts ab, überqueren den Fiume Bruna und erreichen wenig später den Gutshof Badiola al Fango. In dessen unmittelbarer Nähe erheben sich auf einem Hügel die Ruinen einer Benediktiner-Abtei, die auf den Resten der römischen *Villa Clodia* erbaut wurde.

Der kleine Berg war einstmals eine kleine Insel, die aus dem *Lacus Prilius* herausragte und bereits etruskischen Schiffen als Landeplatz gedient hat. Im 1. Jh. v. Chr. ließ sich hier Clodius eine Villa bauen, die er als *Lusthaus* nutzte. Auch Lesbia, die Geliebte des Dichters Catull, soll hier geweilt haben. Im Mittelalter wurde die **Isola Clodia** noch von einigen hundert Menschen bewohnt, die vom Fischfang lebten. Erst in der Mitte des 15. Jh., als Landsknechtsbanden und das Heer von Alfonso di Aragona hier ihr Unwesen trieben, verließen die Bewohner notgedrungen die Insel.

Wir nehmen den Weg jenseits des Hügels, der an den verbliebenen Resten des **Palude di Castiglione** entlangführt. Schilfgesäumte Kanäle, Moraste und weite, offene Flachwasserseen, bevölkert von Enten, Reihern, Stelzvögeln und Flamingos, prägen dieses Gebiet, wo sich Wasser und Erde vermischen. Geheimnisvolles dumpfes Glucksen, helles Plätschern und böiges Rauschen dringen aus dem Röhricht an

**Castiglione della Pescaia: Ausgangsort der großen Rundfahrt durch den »Wilden Süden der Toskana«.**

## Castiglione della Pescaia

Castiglione ist ein traditioneller Fischerort an der Mündung des Fiume Bruna am Nordrand der Maremma Grossetana. Die von mächtigen Mauern umschlossene, autofreie mittelalterliche Altstadt mit ihren Natursteinmauern, alten Portalen, Nischen, Gewölben und Bogengängen in engen, steingepflasterten Gassen liegt auf einem vom Poggio Petriccio zur Küste hin abfallenden Bergrücken. Über der Altstadt erhebt sich die Burg der Aragonier aus dem 16. Jahrhundert. Vom Burgplatz aus hat man einen weiten Blick nach Südosten über mehr als zehn Kilometer lange Sandstrände und die sie begleitende **Pineta del Tombolo** bis zu den **Monti dell'Uccellina** und dem **Monte Argentario**.
Täglich Fischverkauf im Hafen, samstags Markt auf der *Piazza Ponte Giorgini*. Traditionelle historische Ruderregatta am zweiten Sonntag im August (*Palio Marinaro*). Busverbindungen nach Grosseto, Siena, Follonica, Piombino und Firenze.

unser Ohr. Am Ende des mit rund 1000 ha größten Sumpfgebiets an der Küste des Tyrrhenischen Meeres erhebt sich aus den spiegelnden Wassern das blaßrote Kulturdenkmal *Casa Rossa*, ein 1765 unter der Leitung des Ingenieurs Leonardo Ximenes errichteter Schleusenbau zur Regulierung der Entwässerung der versumpften Lagune. Hier sind auch heute noch Anopheles-Mücken unsere ständigen Begleiter.

Bald treffen wir auf einen Querweg. Hier wenden wir uns nach rechts und ein paar hundert Meter weiter nach links. In der **Pineta del Tombolo** erreichen wir die von Castiglione kommende Staatsstraße SS 322, auf der wir in Richtung Grosseto weiterfahren.

Am Ortsende von Marina di Grosseto, das sich hinter dem Pinienwald nicht sehr beeindruckend am Strand entlangzieht, verlassen wir die SS 322 und fahren halbrechts auf der SP 40 in Richtung **Principina**. Wir passieren das Landgut *Tenuta S. Carlo*, von wo aus ein Schotterweg zum *Torre Trappola* im Sumpfgebiet der Ombrone-Mündung führt, und erreichen nach anstrengender Gegenwindfahrt die *Pizzeria Merende dal Tappo*. Hier beginnt ein Feldweg, der jenseits des den Fluß begleitenden Deiches am dicht mit Erlen und Weiden bewachsenen Ufer des Ombrone

**Die von mächtigen Mauern umschlossene Altstadt von Castiglione della Pescaia.**

endet. Ein schöner Rastplatz mitten im Schilf! »Zona Autorizzata alla Pesca regolamentata« steht auf einem Schild. Kleine flache Holzboote dümpeln auf dem grauen Wasser, und an dünnen Drahtseilen aufgehängte Netze schaukeln über dem Fluß. *Eine Brücke gibt es hier nicht, obwohl in einigen Karten eingezeichnet!*

Von der Pizzeria bis zum Ortseingang von Grosseto sind es dann noch gut vier Kilometer. Wer will, kann nun eine Besichtigung der Provinzhauptstadt durchführen; andernfalls wenden wir uns hinter der Eisenbahn-Unterführung sofort wieder nach rechts und verlassen Grosseto auf der stark befahrenen Landstraße SP 154. Wenig später erreichen wir die Brücke über den Ombrone.

Wer die SP 40 und SP 154 meiden möchte, kann ab *Tenuta S. Carlo* versuchen, auf der zum Teil mit Gras bewachsenen Krone des Ombrone-Deichs bis zur genannten Brücke zu fahren.

**Abstecher nach Marina di Alberese**

Nach Überquerung der Ombrone-Brücke biegen wir rechts ab und müssen nun leider die vier Kilometer bis **S. Maria di**

**Rispescia** auf der autobahnähnlich ausgebauten SS 1 »Aurelia« radeln. Ab Rispescia fahren wir auf der schmalen SP 59 durch die Felder der Ombrone-Niederung, vorbei an Gestüten und kleinen, auf Anhöhen liegenden Landgütern in das nördliche Randgebiet des **Parco Naturale dell'Uccellina**. Am Ende der Straße wenden wir uns nach rechts und erreichen nach gut 600 m ein steinernes Tor. Von hier aus führt eine Stichstraße zum Ombrone. Sie endet genau gegenüber jener Stelle, die jenseitig des Flusses von der *Bar Merende* aus erreichbar ist.

Hier befindet sich der Ausgangspunkt für Kanu-Touren auf dem Ombrone. Die einzige Möglichkeit, hier den Fluß zu überqueren, besteht darin, mit dem Kanu-Veranstalter einen Termin auszumachen, an dem man übergesetzt werden möchte. Ausprobieren!! (Centro Turismo Equestre *Il Rialto*, Alberese, Tel. (05 64) 40 71 02 oder Coop. Albatro, Tel. (05 64) 41 01 21.)

Wir meiden diese Stichstraße und fahren nach links am Gutshof *Spergolaia* vorbei weiter durch Felder und Pinienalleen. Auf ebenen, feuchten Lichtungen im weiten Pinienwald und auf den kräuterreichen Wiesen beiderseits des Weges sehen wir kräftige Maremma-Rinder und Herden halbwilder Pferde weiden. In **Marina di Alberese** treffen wir auf einen naturbelassenen Strand, auf dem sich bleiche Baumskelette auftürmen. Lohnend der von hier durch die Pineta und über Dünen führende halbstündige Weg zur Trichtermündung des Ombrone.

Wer will, kann am nächsten Tag den Parco Naturale dell'Uccellina besuchen, für den es sich lohnt, einen ganzen Tag einzuplanen. Der Park darf allerdings nur zu Fuß betreten werden. Da Camping im gesamten Bereich des Naturschutzgebiets verboten ist, müssen wir nach Rispescia oder Alberese zurückfahren und dort übernachten.

**Mittelalterliche Gasse mit Stützbögen, Gewölben und Nischen entlang der Stadtmauer von Castiglione della Pescaia.**

Piazza Alighieri in Grosseto.

## Über Hügelketten ins Quellgebiet des Fiume Albegna

Am Ende der Brücke über den zweitlängsten Fluß der Toskana biegen wir rechts ab in Richtung **Istia d'Ombrone** und fahren zunächst auf der verkehrsarmen Regionalstraße über die südöstlichen Terrassen des Ombrone-Tals, die den Übergang zwischen der weiten Ebene der Maremma Grossetana im Nordwesten und dem sich nach Südosten erstreckenden, leicht welligen, landwirtschaftlich genutzten Hügelland bilden. In Sichtweite die von Galeriewald und wilden Brombeeren gesäumten Mäander des Flusses, der sein Kastental mit bis zu fünf Meter hohen, senkrechten Uferböschungen in das lockere Schwemmaterial eingegraben hat.

Wir passieren den Gutshof *Fattoria di Poggio Cavallo*, zu dem eine für die Toskana so charakteristische Zypressenallee hinaufführt. Wenig später trifft die Regionalstraße wieder auf die SS 322. Wir halten uns rechts, biegen nach knapp zweieinhalb Kilometern nach links auf die SP 17 ein und erreichen wenig später **Arcille**. Gleich am Ortseingang verzweigt sich die Straße: wir fahren nach rechts ins Tal des Torrente Trasubbie, eines kleinen Nebenflusses des Fiume Ombrone. Die SP 24 »Fronzina« windet sich nun über Berghänge und Talsenken durch kleinkuppiges Hügelland nach **Baccinello**, wo sie den Torrente Trasubbie überquert.

Am jenseitigen Ufer beginnt nun ein fast sieben Kilometer langer, kurvenreicher Anstieg bis **Cana**, einem jener typischen, unverfälschten Bergdörfer im Hinterland der Maremma: uneinnehmbar, trotzig und abweisend hoch oben auf einem Felsriegel liegend.

Nach der Anstrengung der Auffahrt kommt die verdiente Belohnung: nach kurzer Fahrt über die weitgehend ebene Randhöhe des Talschlusses genießen wir eine fast fünf Kilometer lange Gefällestrecke bis **Vallerona** und fahren dann auf gleicher Höhe bleibend nach **Santa Caterina**, einem grauen Straßendorf, das zwischen den Ausläufern des M. Labbro und denen des M. Faete liegt. Mitten im Ort treffen wir auf die SS 323, biegen hier

**Roccalbegna zu Füßen der mit den Ruinen der Burg gekrönten Felsformation »Il Sasso«.**

links ab und fahren über steile Serpentinen hinab nach **Roccalbegna**.

Die ganz aus grauen Natursteinblöcken gebauten Häuser mit ihren blaßroten Dächern liegen dichtgedrängt auf einer kleinen Terrasse zu Füßen einer steil aufragenden, von den Ruinen der Burg gekrönten Felsformation: *Il Sasso*. Die schmale Durchgangsstraße schneidet eine enge Gasse ohne Bürgersteig in den mittelalterlichen Ort, gerade breit genug für einen Ochsenkarren.

Was für ein Kontrast: Hier, im bergigen Hinterland der Maremma, verträumte mittelalterliche Dörfer und Städtchen auf hohen Bergrücken; Häuser aus Naturstein, Ton in Ton mit der Farbe der Felsen, aus denen er gebrochen wurde, nur hier und da aufgelockert durch das fahle, verwitternde Gelb abbröckelnden Putzes und das blasse Rot der Dachziegel. An den Hängen stehen silbriggrau im Morgenlicht schimmernde Olivenhaine, und auf satten Wiesen weiden Schafe mit ihren Lämmern.

Aber nur eine Flugstunde entfernt: High-tech-Architektur großer Städte; Braun-Alu, spiegelndes Glas, kalter polierter Granit. Funktionalität und Präsentation; versteinerte Selbstdarstellung von Reichtum und Macht. Mathematik und Technik haben die Natur verdrängt!

Hier, im bergigen Hinterland der Maremma, kann man sie wiederentdecken: die Abgeschiedenheit der Provinz, die *nahe Ferne*, gerade um die Ecke – abseits von Trubel und Geschäftigkeit. Vergessene Paradiese, Enklaven der Ruhe und Einfachheit, Refugien der Besinnung! Andere Farben, anderes Licht, andere Formen und andere Töne. Hier riecht man die Jahreszeiten, hört das leise Summen der Insekten und fühlt das sanfte Streicheln des Windes auf der Haut … wenn man es zulassen kann!

Am Ortseingang von **Roccalbegna** weist ein Schild auf die Sehenswürdigkeiten hin: romanische Kirche, Oratorium, Kunstmuseum, Burgfelsen und mittelalterliche Festung. Ansonsten ganz lapidar: Tankstelle, Bank und Carabinieri-Station. Nützlich das *Albergo La Pietra* und köstlich die *Tortelli di Ricotta e Spinaci al Burro e Salvia* in der *Pizzeria La Grotta*.

## Buchen- und Kastanienwälder: der Monte Amiata

Am Ortsausgang überspannt eine Brücke das schluchtartige Kerbtal des Fiume Albegna, dessen Uferhänge mit Geröllmassen überschüttet sind. Leichte Steigungen und Abfahrten wechseln sich auf den nächsten Kilometern Richtung Triana ab. Die Landschaft gewinnt zunehmend montanen Charakter. Schroffe, nackte Felsrippen zergliedern die Bergflanken; vorbei die lieblichen Hügel des toskanischen Berglandes. Mit Blick auf das gut erhaltene, mächtige aldobrandeschische *Castello Piccolomini* fahren wir hinauf nach **Triana.**

Im wenige Häuser großen Ort beginnt an der *Osteria del Vecchio Castello* ein kurvenreicher Anstieg über einen Südosthang des M. Labbro. Nach zweieinhalb Kilometern stehen wir auf der Paßhöhe. Vor uns erstrecken sich die mit Buchen-, Kastanien- und Kiefernwäldern bedeckten Hänge des Monte-Amiata-Massivs, die zum 1738 m hohen Gipfel hinaufziehen. Während der nun folgenden Abfahrt blicken wir auf den längst erloschenen Schildvulkan und die an seinem Fuß liegenden Ortschaften. Wir passieren die Abzweigung zum 2000 ha großen *Parco faunistico Monte Labbro* und erreichen bald darauf die große **Straßenkreuzung** unterhalb des *Podere Aiole*, von wo aus der Gipfel und alle Orte des südlichen Amiata-Gebiets erreicht werden können.

**Abstecher auf den Gipfel des Monte Amiata** Der Abstecher auf den Gipfel (ital.: vetta) des M. Amiata beginnt an der Kreuzung *Aiuole* unterhalb des Albergos gleichen Namens in einer Höhe von 818 m. Der Weg führt durch dichten Buchen- und Kastanienwald, der weiter oben allmählich in Nadelwald übergeht. Nach gut sieben Kilometern verzweigt sich die Straße. Wir halten uns links und fahren nun, auf einer Höhe von etwa 1400 m bleibend, über die Ostflanke des 1571 m hohen Monte La Montagnola. Auf seinem Hang erstreckt sich ein Blockmeer aus großen, polygonalen, mit Flechten und Moosen überwachsenen Felsblöcken vulkanischen Ursprungs.

Am **Prato della Contessa**, der lichten, grasbewachsenen Sattelebene zwischen den Gipfeln des La Montagnola und des M. Amiata, biegen wir rechts ab und erreichen nach insgesamt 11,4 km Anstieg und einer Höhendifferenz von 851 m das Wintersportzentrum unterhalb des Amiata-Gipfels.

Bis zum eisernen Gipfelkreuz, das 1946 von Papst Pius XII. errichtet wurde und der *Madonna della Scouts* sind es dann noch einmal rund 500 m Fußweg. Hier, in 1738 m Höhe, streicht uns ein kühler Wind um die Nase, der vom Toskanischen Archipel heraufweht, sich jenseits des Gipfels zu drehen scheint und, geschwängert mit Kräuterduft und dem Harzgeruch der Pinien, zurückkehrt. Tief unter uns verliert sich das lichtblaue Gewoge sanfter Kuppen und Hügel im milchigblauen Horizont.

**Extratour: Zusatztag für Konditionsstarke** Kreuzung Aiuole (818 m) – Vetta Amiata (Wintersportzentrum, 1669 m)

– Abbadia San Salvatore (820 m) – Piancastagnaio (772 m) – Saragiolo (850 m) – Case Fioravanti (920 m) – Faggia (900 m) – Santa Fiora (687 m) – Kreuzung Aiuole (818 m). Die Strecke führt von Abbadia S. Salvatore bis Aiuole über die mittleren Süd- und Südosthänge des M. Amiata mit Kastanienwäldern, Walnuß- und Wildkirschenhainen.

## Vom »Quecksilberberg« zur Etrusker-Akropole

Von der Kreuzung *Aiuole* fahren wir hinab nach **Arcidosso**. Es folgt eine knapp zehn Kilometer lange Berg- und Talfahrt hinauf nach **Monticello Amiata**. Unterwegs haben wir mehrmals sehr schöne Aussicht auf das ebenfalls mittelalterliche Montelaterone und zurück auf das Amiata-Massiv. Dann geht es auf angenehmer Trasse über die oberen Nordhänge des landwirtschaftlich genutzten, schüsselförmigen Talbeckens zweier zum Ombrone fließender Bäche nach **Cinigiano**. Außer dem Denkmal eines gewissen Capitano Giuseppe Bruchi, der 1914 in Libyen gefallen ist, gibt's hier nicht viel zu sehen.

Wir verlassen den Ort in Richtung Grosseto. Es beginnt nun erneut eine über zehn Kilometer lange Strecke mit unterschiedlichem Gefälle, die mal rechts, mal links der Kammlinie eines leicht abfallenden, langgestreckten Bergrückens hinab ins Tal des Torrente Melacce führt. In **Granaione** haben wir wieder die sanftwellige Hügellandschaft erreicht, die den Übergang zur maremmanischen Ebene bildet.

Besonders im Frühjahr ist die Landschaft hier sehr abwechslungsreich und lebendig: Abflachende Kuppen, überzogen mit dem dunklen Braun aufgeworfener Erdschollen; hier und da ein blühender Obstbaum. Knospen brechen aus den Zweigen. Ein leichter, frischer Wind trägt das Blöken der Lämmer herüber. Vor mir am Boden leuchtend roter Mohn. Schäfchenwolken treiben hoch oben im Blau. Von jungem Getreide froschgrün getünchte Hügel; mit Hahnenfuß- und Löwenzahngelb gesprenkelte Wiesen. Auf den Höhen noch unbelaubte Baumsilhouetten, deren tausend dünne Arme nach den Wolken greifen. In der Ferne kräht ein Hahn, und Vogelgezwitscher kehrt als Echo zurück: Frühlingserwachen!

An der uns schon vom Hinweg bekann-

**Parco Archeologico di Roselle mit Resten des römischen Amphitheaters.**

ten Kreuzung am Ortsrand von Arcille biegen wir rechts ab und fahren nach Istia d'Ombrone. Wer hier keine Pause einlegen will, bleibt auf der Umgehungsstraße und fährt nach einem Kilometer links in Richtung Grosseto weiter. Wenig später zweigt rechts die schmale SS 223 ab, die völlig eben am Rand der ehemaligen Küstenlinie entlang nach **Roselle** führt.

**Abstecher zum Parco archeologico di Roselle** Der Weg zu den außerhalb des Ortes liegenden, einmaligen archäologischen Fundstätten ist gut ausgeschildert. Die Ausgrabungen liegen auf einem Sattel, von dem aus man einen weiten Blick über die Hügel der Bandite di Scarlino, die Maremma-Ebene, Vetulonia und Castiglione bis zum Tyrrhenischen Meer hat.

Roselle war zweifellos eine der bedeutendsten etruskischen Städte. Durch den Ort führte eine wichtige Handelsstraße, die die Zentren des nördlichen und südlichen Etruriens miteinander verband. Über den Lacus Prilius war die Akropole direkt vom Meer aus erreichbar. Im Jahr 294 v. Chr. wurde die Stadt von den Römern erobert und verlor in der Folgezeit zunehmend an Bedeutung. Das mittelalterliche Roselle war die Wiege der Aldobrandeschi-Dynastie (die später in der Provincia di Grosseto sehr beherrschend werden

## Die Etrusker

Etwa ab 1500 v. Chr. entwickelte sich im Bereich der heutigen Toskana die bäuerliche *Terramare-Kultur* mit Siedlungen aus Rundhütten und Pfahlbauten. In der Folgezeit entstanden Stammesverbände, die Anbau, Ernte und Verteilung der Feldprodukte organisierten. Um das Jahr 1000 v. Chr. hatte ihre *Villanova* genannte Kultur einen bescheidenen Höhepunkt erreicht.

Dann kamen die Etrusker, deren Herkunft bis heute umstritten ist. Zahllos sind die Spuren dieses von den Griechen *Tyrrhenoi* genannten rätselhaften Volkes, das sieben Jahrhunderte lang vor Christi Geburt Etrurien beherrschte und ihm das Siegel einer hochentwickelten Kultur aufprägte.

Als erfolgreiche Seefahrer und Händler beherrschten die Tyrrhenoi das nach ihnen benannte Tyrrhenische Meer. Sie begannen mit der Trockenlegung der Küstensümpfe, bauten im Chianti Wein an und pflanzten die ersten Olivenhaine. Die *Etrusci*, wie sie später von den Römern genannt wurden, brachen Marmor im Nordwesten ihres Siedlungsgebiets; sie waren in der Lage, Eisenerz zu fördern, zu schmelzen und zu schmieden. In **Populonia** entstand die größte Verhüttungsanlage der Antike. Dort verarbeiteten sie Eisenerz aus Elba und den Colline Metallifere.

Ein Höhepunkt war zwischen dem 9. und 7. Jh. v. Chr. (Bronzezeit) die Gründung von Stadtstaaten, die einen lockeren Verbund ohne Zentralgewalt oder andere übergeordnete Strukturen bildeten. Orte wie Vetulonia, Roselle, Populonia, Sovana und Saturnia, Arezzo, Chiusi und Volterra oder Ansedonia sind archäologische Glanzpunkte dieser an etruskischen Orten und Nekropolen so reichen Region.

Im Jahr 474 v. Chr. beginnt der Niedergang Etruriens mit der Niederlage gegen die syrakusische Flotte; 303 v. Chr. werden die Etrusker entscheidend von den Römern besiegt. Rom wird zum überregionalen Macht- und Kulturzentrum. Zwischen dem 4. und 2. Jh. v. Chr. gerät die erste, vielseitig kreative und wirtschaftliche Hochkultur Mittelitaliens völlig unter den Einfluß Roms, und mit der Verleihung des römischen Bürgerrechts endet 89 v. Chr. die Autonomie der etruskischen Städte endgültig.

sollte) und wurde Sitz eines bedeutenden Bistums, bis dieses 1138 nach Grosseto verlegt wurde. Roselle wurde aufgegeben und verwilderte schnell. Die mit Buschwerk überwucherten Ruinen zogen im 19. Jh. zahlreiche Besucher an. Die archäologische Erforschung der Stadt begann aber erst 1942.

Roselle wird von einem über drei Kilometer langen und bis zu fünf Meter hohen monumentalen Mauerring aus polygonalen Blöcken umgeben. Im Inneren brachten umfangreiche Ausgrabungen wertvolle etruskische und römische Bauten ans Tageslicht: Amphitheater, kaiserliches Forum, die Basilika, Reste einer römischen Villa mit Bodenmosaiken, und unter den römischen Anlagen Reste etruskischer Bauwerke, Brunnen, Zisternen und ein ausgedehntes Kanalisationssystem aus dem 7. Jh. v. Chr. Die letzte Lebensphase der Stadt im Mittelalter wird durch Reste von Befestigungsanlagen und die Ruinen einer Kirche mit Glockenturm und Taufbecken belegt.

## Off-road nach Scarlino

Wir verlassen Roselle an der *Trattoria La Parolaccia* und nehmen die dort abzweigende, wenig befahrene Straße in Richtung Grosseto. Nach gut sechs Kilometern überqueren wir die SS 1 »*Aurelia*« auf der 227 m langen Brücke *Bottegone* und wenden uns am Ende ihrer Auffahrtsrampe scharf nach rechts in Richtung Buriano. Ausladende Pinien begleiten streckenweise unseren Weg vorbei an Getreidefeldern, Aussiedlerhöfen und Entwässerungsgräben. Dann säumen junge Eukalyptusbäume beidseitig das schmale Asphaltband, das nun kerzengerade auf den Bergkegel von Buriano zustrebt, auf den sich

der Ort wie eine steinerne Baskenmütze legt.

Wir überqueren den Fiume Bruna und treffen dann auf die SP 43, auf die wir nach links in Richtung Castiglione einbiegen. Es folgt eine schöne Strecke über leicht welliges Gelände bis **Macchiascandona**. Von hier fahren wir entlang des hohen Bruna-Deichs bis **Ponti di Badia**, wo rechts eine schmale Straße beginnt, die uns durch blühende Obstplantagen in die nordwestlichen Randberge der grossetanischen Ebene führt. An der Verzweigung *Bivio dell'Ampio* wenden wir uns nach links und fahren durch dichten Steineichenwald die steilen Serpentinen der SP 105 hinauf nach **Tirli** (Näheres zu Tirli siehe die erste Etappe der folgenden Trekkingtour 10, »Unter Holzfällern und Jägern«).

Eine Pause ist empfehlenswert im alten Köhler- und Holzfällerdorf. In den beiden Restaurants gibt es Wildschweinspezialitäten und dazu köstlichen Wein aus der Region.

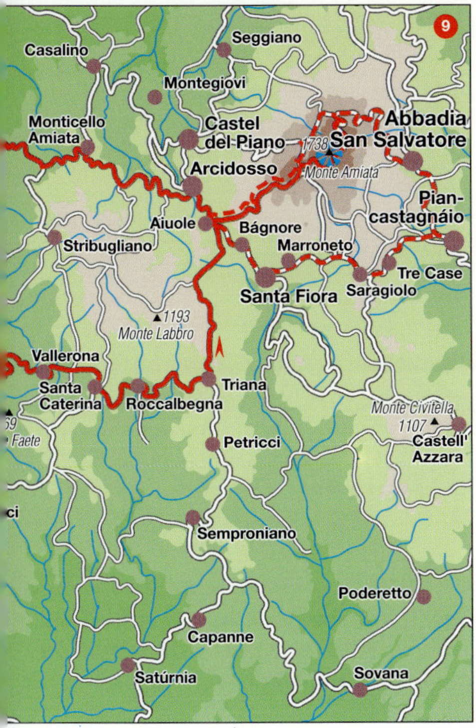


In Tirli verlassen wir die Asphaltstraße und fahren die nächsten elf Kilometer offroad nach **Scarlino**. Die Strecke ist identisch mit der zweiten Etappe von Tour 10, »Wälder, Variationen in Grün«.

## Im Centro della Miniera

Von der *Piazza Garibaldi* im Zentrum von Scarlino fahren wir ein Stück die *Via Citerni* hinab. An der *Traversa Maestro Barberini*, einer engen Gasse mit Torbögen und steinernen Stützbrücken zwischen den Häusern, wenden wir uns nach rechts und erreichen eine Terrasse, die den Blick hinüber auf Gavorrano freigibt. Hier biegen wir erneut rechts ab und folgen auf einem steilen, holprigen Weg der alten Ringmauer bis zum Brunnen *Fonte del Canalino* mit der ehemaligen Viehtränke und den Anlagen eines großen, öffentlichen Waschtrogs aus dem 16. Jh. Wir fahren weiter bergab bis zur Ruine eines Hauses, wo sich der Weg und die ihn begleitende Mauer nach links wenden. Am Ende der den Olivenhain begrenzenden Mauer fahren wir geradeaus weiter und erreichen wenig später unterhalb der Kirche *San Donato* die SP 84, die von Scarlino in die Ebene hinabführt und dort auf die SP 60 trifft. Nur etwa zweieinhalb Kilometer müssen wir auf der Provinzstraße in Richtung **Gavorrano** fahren, bevor wir nach rechts auf die SP 104 einbiegen, die sich in Sichtweite des alten Steinbruchs in den ehemaligen Bergbauort hinaufwindet

Landschaft und Ökonomie der Kleinstadt wurden über Jahrhunderte von den steilen, pyrithaltigen Granitbergen geprägt. Seit der etruskischen Epoche war Gavorrano Zentrum eines Bergbaugebiets,

das bis hinüber nach Caldana reichte. Ein dichtes Netz von Tunneln und Schächten durchzieht das Gestein und verbindet unterirdisch Gavorrano, Ravi, Filare und San Guglielmo. Hier wurde ein Pyrit ($FeS_2$) von hoher Reinheit gefördert.

Seit Mitte der siebziger Jahre ist der Klang der Sirenen verstummt, der aus den Schächten bis hinauf in die Dörfer drang. »*Simbolo di quella che fu la miniera di pirite piu grande d'Europa. Anno di apertura 1902, anno di chiusura 1983*« steht auf dem Schild am Förderturm der Grube *Pozzo Roma*, frei übersetzt: »Hier sehen Sie ein Symbol dessen, was einst die größte Pyritmine Europas war. Eröffnet 1902, stillgelegt 1983.«

Die Zeugen der ehemaligen Bergbautätigkeit – verrostende Eisenskelette alter Fördertürme am Eingang der Schächte, zerfallende Reste von Verhüttungsanlagen, Transportbändern und Schütten – werden langsam von Wald überwuchert, und mit dem Verschwinden dieser alten Industrie beginnt sich auch die sozio-ökonomische Struktur und Kultur dieser Gegend zu verändern.

## Von den Pyritminen zu den Gräbern der Etrusker

Wir verlassen Gavorrano, das *Centro della miniera,* über die *Via Vittorio Veneto* in Richtung **Ravi**, das jenseits des Bergrückens liegt. Eine kleine Nebenstraße, die sich über dicht mit mediterranem Hartlaubwald bewachsene Hänge schlängelt, stellt die Verbindung mit **Caldana** her. Am Beginn der Auffahrt in den Ort zweigt rechts ein verwilderter Weg zu einem

**Bagnore am Südosthang des Monte Amiata.**

alten Steinbruch ab: hier wurde noch bis vor kurzem der berühmte rosa und graue Marmor von Caldana abgebaut.

Am Ende der großen, belebten Piazza im alten Ortskern von Caldana wenden wir uns nach rechts und fahren hinunter bis zur SP 152. Hier biegen wir erneut rechts ab, fahren bis zum Ortsende des langgestreckten Dorfes **Grilli** und folgen dann dem Wegweiser in Richtung Vetulonia/Tirli. Nach gut 500 m beginnt links eine steile, serpentinenreiche Auffahrt ins etruskische **Vetulonia**.

Wir fahren zunächst ganz hinauf in den alten Ort, der vom 13. bis zum Ende des 19. Jh. Colonna di Buriano hieß. Erst 1887 wurde dem Dorf durch königliches Dekret der Name der antiken Stadt zurückgegeben. Am Ortsanfang passieren wir eine mit parallelen Zypressenreihen bewachsene Gedenkstätte: hier geht es rechts zu den etruskischen und mittelalterlichen

## Vetulonia

Vetulonia war eine der ältesten und größten Siedlungen des nördlichen Etrurien. Die reiche und mächtige Metropole erhob sich auf dem 344 m hohen Hügel, der die einst vom Lacus Prilius eingenommene Ebene von Grosseto überragt. Am Fuße des Berges muß sich der Hafen von Vetulonia befunden haben, mit einer direkten Verbindung zum Meer.

Die reichhaltigen archäologischen Funde, die bei den Ausgrabungen von Dr. Isidoro Falchi 1887 auf dem Poggio di Colonna freigelegt worden sind, belegen eine durchgängige Besiedlung Vetulonias vom 8. Jh. v. Chr. bis zum 2. Jh. n. Chr. Ihre größte Blüte erlebte die Stadt dank der Ausbeutung der Minen in den nahe gelegenen Colline Metallifere im 7. Jh. v. Chr.

Der Mauerring hat vermutlich einen Umfang von fünf Kilometern gehabt, innerhalb dessen sich die eigentliche etruskische Stadt befand, die in hellenistischer und römischer Zeit weitgehend überbaut wurde. Das erklärt die wenigen etruskischen Funde innerhalb der Mauern. Demgegenüber ist die Nekropole von Vetulonia eine der größten aus etruskischer Zeit. Die Grabstätten dehnen sich auf den östlichen und westlichen Hängen bis in die Ebene hinunter aus: Brunnengräber, Kreisgräber aus dem 7. Jh. v. Chr. und monumentale Kuppelgräber aus der zweiten Hälfte des 7. Jh. v. Chr. (*Tomba del Belvedere, Tomba della Pietrera, Tomba del Diavolino*). In einem der Gräber fand man ein eisernes Rutenbündel mit Doppelaxt, Ursprung des Wahrzeichens der Römer (Liktorenbündel).

## Tourenprofil: Von null auf siebzehnhundert

| Strecke | Höhe | Entfernung kumulativ | Abstecher nach … (hin und zurück) |
|---|---|---|---|
| Start: Castiglione della Pescaia | 5 m | | |
| Grosseto | 10 m | 30 km | Marina di Alberese, 35 km |
| Rispescia | 6 m | 36 km | Marina di Alberese, 26 km |
| Roccalbegna | 522 m | 81 km | |
| Triana | 767 m | 86,8 km | |
| Kreuzung Aiuole | 818 m | 97,8 km | Monte Amiata, 1738 m |
| Zusatztag | | | Rundtour, 44 km |
| Arcidosso | 661 m | 101 km | |
| Cinigiano | 324 m | 122 km | |
| Roselle | 25 m | 157 km | Parco archeologico di Roselle, 11 km |
| Tirli | 404 m | 190 km | |
| Scarlino | 229 m | 201 km | |
| SP 60 | 8 m | 202,5 km | |
| Gavorrano | 273 m | 209 km | |
| Caldana | 178 m | 215 km | |
| Grilli | 30 m | 220 km | |
| Vetulonia | 344 m | 225 km | |
| Endpunkt: Castiglione della Pescaia / total: | 5 m | 246 km | |

Ausgrabungen und nach links ins alte Dorf hinauf.

Lohnend ist ein Rundgang durch die Gassen Vetulonias bis zur Aussichtsterrasse hinter der Kirche. Bei klarem Wetter sieht man über die Maremma-Ebene hinweg am Horizont die Silhouette des M. Amiata, ebenfalls halb links auf den Randhöhen der verlandeten Lagune das etruskische Roselle, dann nach rechts scheinbar schwerelos im lichten Dunst der pleistozänen Meeresbucht die Häuser von Grosseto und die Monti dell'Uccellina. Von der gegenüberliegenden nahen Berg kuppe grüßen uns Buriano und aus der Ferne die Burg von Castiglione della Pescaia.

Etwa 600 m vom Ortsanfang entfernt befinden sich die Ausgrabungen der etruskischen Siedlung *Scavi Città*. Wir erreichen sie, indem wir Vetulonia in Richtung Buriano verlassen. Von hier aus fahren wir weiter bergab, immer den unübersehbaren Hinweisschildern *Tombe etrusche* folgend. Ein Steingrab befindet sich gleich links neben der Straße. Hier beginnt auch der steile Schotterweg, der zu den berühmten Großgräbern hinabführt.

Die genußvolle Abfahrt führt uns weiter durch Hangwälder, an Gärten und Olivenhainen vorbei, und endet an einem Weingarten direkt unterhalb des Poggio Arcione, auf dessen Kuppe das uralte Dorf **Buriano** mit seiner weithin sichtbaren romanischen Kirche aus dem Jahr 1000 n. Chr. thront. Am Karfreitag finden hier traditionelle Prozessionen statt.

Wir fahren weiter durch eine aufgelockerte Landschaft aus Gärten und Feldern am Rand der Maremma Grossetana entlang zurück nach Castiglione, wo unsere Rundfahrt endet.

## Nützliche Hinweise

**Anreise:** Von Siena auf der SS 223 über Grosseto nach Castiglione della Pescaia oder von Livorno auf der SS 1 »Aurelia« nach Follonica und weiter auf der SS 322 bis Castiglione.
**Karten:** La Provincia di Grosseto, Carta turistico stradale 1:220 000. Erhältlich bei der APT Grosseto oder der ENIT in Frankfurt/M. • Carta dei Sentieri e Rifugi 1:25 000, Massiccio del Monte Amiata, Doppelblatt 40/41, Edizioni Multigraphic. • Bandite di Scarlino, Carta turistica itinerari naturalistici 1:15 000, Bezug über die Gemeindeverwaltungen von Castiglione della Pescaia, Gavorrano und Scarlino.
**Übernachtung:** Die Anschriften, Telefon- und Fax-Nummern aller folgenden Übernachtungsmöglichkeiten findet man im Unterkunftsverzeichnis der Provincia di Grosseto, kostenlos erhältlich bei den Informationsstellen der ENIT in Düsseldorf, Frankfurt/M und München (Anschriften: siehe Service-Teil). • *Castiglione della Pescaia (GR):* Viele Hotels und Campingplätze. Empfehlenswert: Hotel »Mirella« (Abstellmöglichkeit für PKW); Camping »Maremma Sans Souci«, westlich von Castiglione im Pinienwald, deutschsprachig; Camping »Etruria«, östlich von Castiglione in der Pineta del Tombolo. • *Rispescia (GR):* »Albergo Rispescia«, Pizzeria »La Siesta« im Haus. • *Alberese (GR):* Einige Privatzimmer und gut ein Dutzend Agriturismo-Betriebe. • *Roccalbegna (GR):* Albergo Ristorante »La Pietra«, geöffnet: 1. Mai bis Mitte September, Reservierung erwünscht. Privatzimmer im Ortsteil Vallerona und Agriturismo-Betrieb im Ortsteil Santa Caterina. • *Monte-Amiata-Gebiet:* »Albergo Aiuole«, Loc. Aiole, gute lokale Küche, im November geschlossen; »Park Hotel Faggio Rosso«, Loc. Aiole, geöffnet Juli bis September; Hotel »Giardino«, Arcidosso; Camping »Amiata«, Castel del Piano, ganzjährig geöffnet; Zimmer in Arcidosso; Agriturismo-Betriebe in Arcidosso, Castel del Piano und Cinigiano. Nicht im Verzeichnis: Camping »Lucherino«, 58044 Monticello Amiata, Tel. (05 64) 99 29 75, geöffnet 15. 6.–15. 9. • *Roselle (GR):* Albergo »Da Lea«; Agriturismo »Il Marruchetone«. • Tirli (GR): Hotel Albergo »Tana del Cinghiale«; Hotel »Edera«. • Scarlino (GR): Hotel Ristorante »Scabris«, Via Agresti, 58020 Scarlino (GR), Tel. (05 66) 3 72 05 oder 3 72 81; Campeggio »Il Fontino«, Loc. Il Fontino SP 60, 58020 Scarlino (GR), Tel./Fax (05 66) 3 70 29. • *Gavorrano (GR):* Camping »La Finoria«, herrliche Lage mitten in einem uralten Wald in Richtung Ravi.
**Information:** • APT Grosseto, Viale Monterosa 206, Tel. (05 64) 45 45 10, Fax (05 64) 45 46 06. • APT Castiglione della Pescaia, Piazza Garibaldi, Tel. (05 64) 93 36 78. • APT dell'Amiata, v. Mentana 97, 53021 Abbadia San Salvatore (SI), Tel. (05 77) 77 86 08 Fax (05 77) 77 90 13. • »Amiata-Trekking«, Piazza Cervi 21, 53021 Abbadia San Salvatore, Tel. (05 77) 77 77 51. • »Parco Faunistico del Monte Amiata«, 58031 Arcidosso, Tel. (05 64) 96 68 67. • »Consorzio del Parco Naturale della Maremma«, Aurelia Antica, 58010 Alberese, Tel. (05 64) 40 70 98.
**Abstellmöglichkeit für das Auto:** Garage »La Valle«, Zona Artigianale, Castiglione della Pescaia, Tel. (05 64) 93 30 60.
**Fahrradläden und Werkstätten:** In Castiglione: Piazza de la Libertà 23 (Fußgängerzone); in Grosseto: »Atala«, Via Aurelia Nord 39, Tel. (05 64) 2 44 32 ; »Tommasini«, Via Nepal, Tel. (05 64) 45 50 06 ; »D. Cannetti«, vl. Giusti 116, Tel. (05 64) 49 50 75.

# 10 Durch einsame Wälder zum »singenden Sand von Cala Violina«

# Bandite di Scarlino

Wie ein immergrüner Mantel bedecken dichte mediterrane Wälder und undurchdringliche Macchia das küstennahe Hügelland zwischen Follonica und Castiglione. Nur ein paar alte Maultierpfade und schattige Wirtschaftswege verbinden die wenigen im Gehölz versteckten Siedlungen, Klosterruinen und Einsiedeleien. Dort, wo einst Brennholzsammler, Köhler und Korkschäler den Holzreichtum der Wälder nutzten, treffen wir heute auf Pilzsammler und Wildschweinjäger.

Besonders im Herbst, wenn die heiße Sommersonne nachzulassen beginnt und erste Herbstregen die Dürre beenden, entfaltet die Macchia ihren ganzen Charme und ihre Schönheit: das dezente Farbspiel des Nebeneinander von Blättern, Blüten und Früchten, die diskreten Düfte von Rosmarin, Thymian und Myrte, von Meerkirsche und Ginster, ergänzt durch den Reiz einer Begegnung mit Stachelschwein, Dachs, Wildschwein oder Hirsch.

Ganz im Gegensatz zum dunklen, eher kühlen Dickicht der Macchia stehen die warmen, hellen Strände der Buchten Cala Martina und Cala Violina, deren Sand beim Betreten wie ferner Sirenengesang erklingt. Hier bleibt genügend Zeit zum Baden im klaren, türkisfarbenen Wasser des Tyrrhenischen Meeres.

## 1. Etappe: Unter Holzfällern und Jägern

Ausgangspunkt der Tour ist einer der im Pinienwald liegenden Campingplätze *Puntala* oder *Baia Verde*, deren breiter Sandstrand am Golfo di Follonica zum Ausspannen einlädt.

Der erste Tag führt uns nach **Tirli**, einem traditionsreichen Holzfäller- und Hirtendorf inmitten wildreicher Steineichen- und Kastanienwälder. Der Ort wird von einer Kloster-Festung beherrscht, die im 16. Jh. erbaut wurde. Sie diente der Bevölkerung als Zufluchtsort vor den sarazenischen Piraten, die den Ort zerstörten. Der Legende nach entdeckten sie das Dorf aufgrund des Krähens eines Hahns.

Um 1580 wurde Tirli wieder besiedelt und wies im Jahre 1745, als die Malaria Castiglione della Pescaia auf 194 Seelen reduziert hatte, bereits 315 Einwohner auf. Tirli liegt auf einem Sattel, von dem aus man über die Maremma-Ebene hinweg bis zu den Monti dell'Uccellina blicken kann.

Jenseits der neuen Brücke über den Fosso Alma unterhalb des Torre Civette verlassen wir kurz vor den Gebäuden des *Podere Carpineta* den asphaltierten Weg

**Podere le Querce im Talgrund des Fosso Alma vor den dicht bewaldeten Hügeln der Bandite di Scarlino.**

und biegen nach links auf einen Feldweg ein, der oberhalb der Ländereien dreier Gutshöfe am Waldrand entlangführt. Nach gut zweieinhalb Kilometern bringt uns ein nach rechts abzweigender Weg zurück zur asphaltierten *Strada Vicinale di Pian d'Alma*, die jenseits der SS 322 ihre Fortsetzung findet und ins obere Alma-Tal hinaufführt. Der Talgrund wird von Feldern eingenommen. Ein urwüchsiger mediterraner Auewald begleitet die Ufer des Fosso Alma und verwehrt uns die Sicht auf den Fluß.

Nach knapp zwei Kilometern verlassen wir erneut den Asphaltweg, indem wir uns nach links wenden und ein kleines Waldstück durchqueren. Danach verläuft der Weg am Rand einer sich buchtförmig in den Wald schiebenden, landwirtschaftlich genutzten Fläche. Nach der Überquerung des *Fosso Gattolina* gehen wir direkt an den Feldern entlang. (Achtung: Der andere Weg führt geradeaus tief in die Macchia hinein.) Am Ende der Ländereien treffen wir wieder auf den Hauptweg, überqueren nach einer Verzweigung den Fosso Alma und erreichen wenig später die SP 105.

Wir wenden uns nach rechts. Ein paar Dutzend Meter weiter beginnt links hinter einer nur schwer zu bemerkenden Stra-

## Kurzcharakteristik

Diese abwechslungsreiche Viertagetour führt durch Felder und Bachauen, einsame Macchia und Waldgebiete, an verlassenen Einsiedeleien, Klosterruinen und mittelalterlichen Burgen vorbei zum wohl schönsten Teil der maremmanischen Küste, wo sich weiche, fließende, mit immergrüner Vegetation bedeckte Hänge mit schroffen Steilküsten, einsamen Buchten, weiten Sandstränden und imposanten Pinienhainen abwechseln.
**Beste Jahreszeit:** Anfang April bis Mitte Juni, September und Oktober
**Gesamtgehzeit:** 4 Tage
**Gesamtstrecke:** 51 km
**Kartenskizze:** Siehe Seite 160

**Holzfäller in den mediterranen Hartlaubwäldern bei Tirli.**

ßenbrücke eine breite Feuerschneise, die über einen teilweise steilen Hang durch dichte mediterrane Macchia und Steineichenwald auf einen großen, offenen Platz hinaufführt. Wir gehen nach links, passieren auf dem sich mehrfach um V-förmige Taleinschnitte herumschlängelnden, ebenen Weg in der Nähe eines kleinen Tümpels einen Rastplatz für Waldarbeiter und erreichen nach einer markanten Linksschleife unterhalb des Poggio Ballone einen Holzsammelplatz.

Von den dicht bewaldeten Hängen klingt ganz und gar unerwartet helles Glockengeläut zu uns herüber. Akustische Fata Morgana, die näher und näher kommt, bis plötzlich eine kleine Karawane aus fünf stämmigen Maultieren mit ihren Treibern über einen steilen Pfad vorsichtig aus dem Wald zum Weg hinabsteigt. Ihre wortkargen, vom Wetter gegerbten Begleiter begrüßen uns mit einem freundlichen *buon giorno*.

Die Holzfäller führen die schwer beladenen Tiere zum Sammelplatz. Mit einem kräftigen Ruck an einer Reißleine lösen sie die Verschnürung der Last, und die gut anderthalb Meter langen Stammteile poltern beiderseits der Tiere zu Boden. Die am hölzernen Transportsattel durch verschiedene Ringe und Ösen laufenden, fingerdicken Seile zum Bündeln des Transportgutes werden zusammengelegt, die Maultiere in einer Reihe aufgestellt und durch kurze Stricke miteinander verbunden. Dann geht es zurück in den Wald, um eine neue Ladung Holz zu holen. Wochen später werden die im Hangwald mühsam geschlagenen und ebenso mühsam transportierten Baumstämme von einem 20-Tonnen-Tieflader abgeholt: Begegnung zweier Welten.

Wir setzen unseren Weg fort und treffen bald auf das Asphaltband der SP 105. Hier wenden wir uns nach rechts und erreichen zehn Minuten später *La Tana del Cinghiale*, die »Wildschweinhöhle« – unser Quartier in Tirli.

### Brauchtum und Feste

San Guglielmo d'Aquitania – Krieger, Heiliger und Drachentöter – steht bis heute im Mittelpunkt von Feierlichkeiten, die in Buriano, Vetulonia, Tirli und Castiglione begangen werden. Alljährlich wird am zweiten Sonntag nach Ostern von **Buriano** aus eine Wallfahrt durch das Dickicht der Macchia zur Einsiedelei des Heiligen gemacht. Hier, bei den Ruinen von Malavalle, soll er der Legende nach einen Drachen getötet und Mitte des 12. Jh. das Agostinische Mutterhaus gegründet haben.
In **Tirli** wird am ersten Sonntag im Mai des Heiligen gedacht. Eine Rippe, die vom getöteten Fabelwesen stammen soll, liegt fast vergessen im Keller der Pfarrei. Während der Feierlichkeiten, bei denen die Reliquien von San Guglielmo – Lanze, Banner und Trommel – in einer Prozession vorangetragen werden, wird an die Gläubigen eine Heilpflanze verteilt, die der Drachentöter selbst als wirksam gegen Schlangenbisse gepriesen haben soll.
Am 26. Juli wird in Tirli das *Fest der Heiligen Anna* gefeiert, bei dem »wunderwirksames Wasser« in der Nähe des Dorfes geschöpft und aufbewahrt wird.
Gemeinsam ist allen Bräuchen das Bestreben, dieses rauhe, unwohnliche und undurchdringliche Gebiet zu bändigen.

## 2. Etappe: Wälder, Variationen in Grün

An der Ausfahrt des Dorfes in Richtung Castiglione beginnt links am Friedhof ein Weg, der zur Einsiedelei **Eremo di Sant'Anna** führt. Vierhundert Meter sind es von hier bis zu einem kleinen Sattelplateau, wo wir scharf nach links abbiegen müssen.

Wir durchqueren auf einem leicht abschüssigen Weg den *Castagneto di Sant'Anna*, einen herrlichen Kastanienhain, der später in einen dichten Steineichenwald übergeht. Bevor wir den Talgrund erreichen, treffen wir auf einen Querweg. Wir wenden uns nach links und passieren kurz darauf eine Schranke. Vor uns plätschert der Quellbach des Fosso Alma, der uns jetzt links des mehr und mehr uneben und holpriger werdenden Weges begleitet.

Jenseits des Wasserlaufs fällt unser Blick auf die dicht bewaldete Hügelkette, die vom Monte d'Alma herabzieht. Zwischen den mit Kletterpflanzen überwucherten Bäumen erstreckt sich ein mannshohes, undurchdringliches Dickicht, das den Eindruck eines echten Urwalds vermittelt. Der Boden ist – besonders im Frühjahr – dicht mit wilden Alpenveilchen und anderen Frühblühern bedeckt, deren intensive Blütenfarben aus der Dämmerung des Unterholzes herausleuchten.

Langsam, aber stetig nimmt die Steigung zu, und dann beginnt hinter der überraschend auftauchenden *Casa S. Lucia* der steile Anstieg hinauf zur Località **Sughericcio**. Die Sattelhöhe markiert in etwa den Übergang zweier verschiedener geologischer Formationen: auf der westlich sich zum Meer hin erstreckenden Hügelkette aus dicken Schichten toskanischen Sandsteins dominieren bis in die Höhenlagen dichte mediterrane Wälder und Eßkastanienhaine das Bild der Vegetation, während nach Osten auf den Verwitterungsböden des Granits die Eichen überwiegen.

Wir wenden uns nach links, lassen nach etwa 100 m eine Abzweigung rechts liegen und folgen dem leicht ansteigenden Hauptweg bis auf einen lichten Platz, in dessen Mitte eine einzelne Korkeiche steht. Sternförmig verlassen mehrere Wege die Lichtung. Wir gehen geradeaus weiter und erreichen kurz darauf einen Aussichtspunkt, von dem aus wir erstmals einen Blick über die Ebene des Fiume Pecora bis Massa Marittima haben. Im weiteren Verlauf wechseln leichte Steigungen mit ebenen Wegstrecken ab, und nach insgesamt elf Kilometern erreichen wir den Parkplatz hinter der aldobrandeschischen Burgruine von **Scarlino**.

Der von Mauerresten umgebene und von Gras überwucherte Burghof eignet sich gut als Rastplatz. Von hier oben schweift der Blick von Massa Marittima im Landesinneren über Follonica bis hinüber zur Isola d'Elba.

Die enge, mit Natursteinplatten gepflasterte Hauptstraße des 973 erstmals urkundlich erwähnten Scarlino zieht sich über den recht steil abfallenden Bergsporn bis zur spätromanischen Kirche *San Donato* hinab, die das Ortsende markiert. Rechts und links zweigen schmale, dunkle Gassen ab, an deren Enden die ferne, bunte Landschaft wie ein gerahmtes Bild erscheint. Archaische Steinhäuser, Torbögen, steile Freitreppen und eine alles umgebende Stadtmauer vervollständigen das mittelalterliche Flair dieses verträumten Dorfes, das wegen seiner dominierenden Lage zwischen dem Meer und der alten Staatsstraße *Aurelia* unzähligen Angriffen ausgesetzt war.

Der Zeltplatz oder wahlweise das Hotel-Restaurant von Scarlino dient uns zum Übernachten.

## 3. Etappe: Durch die Macchia zurück zur Küste

Wir verlassen Scarlino am frühen Morgen auf der *Strada Comunale Panoramica*, die am Parkplatz hinter der Burgruine beginnt. Nach gut 400 m wenden wir uns kurz vor einer einzelnen, am rechten Straßenrand stehenden Kastanie nach links und betreten einen schwer auszumachenden, schmalen Fußpfad, der zunächst einige Dutzend Meter durch den Wald oberhalb der Straße verläuft. Wir gehen dann am Rand eines Olivenhains entlang – mit schöner Aussicht auf den Golf von Follonica und Elba –, queren einige tief eingekerbte Bachbetten und wandern immer weiter bergauf, alle seitlichen Pfade ignorierend, bis wir nach insgesamt einer knappen Stunde in einem Steineichenwald unterhalb des Monte d'Alma auf einen von links kommenden, breiteren Weg treffen.

Wir gehen rechts weiter und erreichen nach einem kurzen Abstieg die Wegkreuzung **Buca della Neve**, einen offenen Platz mit einer Wellblechhütte. Hier wenden wir uns nach rechts, ignorieren nach knapp 100 m eine Abzweigung nach rechts, passieren wenig später eine Eisenschranke und queren nach leichtem Aufstieg einen Grat, der vom Monte di Stella herabkommt. Von hier aus können wir am Horizont Punta Ala sehen.

Es folgt ein gut 900 m langer Abstieg durch schönen mediterranen Wald bis zum **Passo dell'Uccelliera**. Hier wenden wir uns nach rechts und treffen nach leichtem Anstieg auf einen Querweg, der nach rechts durch einen lichten Eichen- und Kastanienmischwald mit tollen Ausblicken auf das unter uns liegende Scarlino zum **Passo Tre Croci** führt. Hier nehmen wir den Weg, der nach links zur allmählich zuwachsenden Ruine des großen Klosters von **Monte di Muro** hinabgeht. Tiefe Stille und eine geheimnisvolle Atmosphäre begleiten unseren Rundgang durch die Trümmer dieses Zufluchtsortes aus dem 15. Jahrhundert.

Vom lichten Platz vor der Klosterruine gehen wir geradeaus weiter bis zur Wegkreuzung **Croce al Mare**, biegen hier links ab und wandern auf dem breiten *Mulat-*

**Die Ruine der aldobrandeschischen Burg von Scarlino.**

*tiera delle Spianatine* zum Waldrand oberhalb des Gutes *Podere Casalino* hinab, das wir halb rechts vor uns liegen sehen. Während des Abstiegs genießen wir die Aussicht auf Follonica und die Küste.

Gleich links, am Fosso al Leccione, treffen mehrere Wege zusammen. Wir gehen an der Schranke vorbei, überqueren den Bach und wandern durch einen im April mit Frühblühern geschmückten Wald oberhalb der Felder entlang. Wir passieren einen Reitstall und wenden uns dann jenseits des Fosso Canapule nach rechts. Der Weg führt an Feldern und Obstgärten vorbei zur SP 60, die Scarlino mit **Puntone** verbindet. Bis zum Hotel *La Darsena*, unserem Tagesziel, jenseits der SS 322 sind es dann nur noch etwa 800 Meter (bei Puntone gibt es auch einen Zeltplatz, etwas nordwestlich des Ortes am Meer: »Baia dei Gabbiani«).

**Kleine Alternative** Wer den langen Abstieg über den breiten Mulattiera mei-

den möchte, nimmt den Weg links am Convento di Monte di Muro vorbei, der durch ein schattiges Kerbtal ebenfalls hinab zu der Schranke nahe des *Podere Casalino* führt.

## 4. Etappe: Der »singende Sand von Cala Violina«

Links vom Hotel beginnt die von den Seiten her langsam zuwachsende Trasse der alten SS 322. Frisches Grün bricht durch

**Puntone**

Das kleine ehemalige Fischerdorf liegt am Übergang der Staatsstraße über den Fiumara. Dieser kleine Bach entwässert den *Palude di Scarlino*. Das Sumpfgebiet bedeckte einst große Teile der vom Fiume Pecora gebildeten Ebene. Sein Schilfrohr war ein begehrter Rohstoff für Flechtarbeiten.
Heute, nach der Urbarmachung, umfaßt das Sumpfgebiet weniger als 200 Hektar, stellt aber ein wichtiges Refugium für viele Tier- und Pflanzenarten dar: Reiher, Enten, Schnepfen, Wasserhühner, Kormorane und selten gewordene Sumpffalken leben und brüten hier.
Heute ist Puntone, in dessen Nähe sich wahrscheinlich der römische Anlegeplatz *Portus Scabris* befunden hat, ein kleiner Hafen für Sport- und Segelboote.

den Asphalt und nimmt sich das zurück, was ihm der Mensch einst genommen hat. Nach gut zehn Minuten treffen wir auf eine Haltebucht der neuen Straße. Hier biegen wir rechts ab und gehen nach **Portiglione** hinab, dessen Villen sich hinter baumhohem Oleander und unter Piniendächern verstecken.

Wir gehen durch den Ort, bis wir linker Hand einen Spielplatz erreichen, vor dem wir links abbiegen. Am Ende des Platzes halten wir uns wieder links und wandern am Waldrand entlang bis zu einem verlassenen Wirtschaftsgebäude. Hier beginnt links ein rinnenförmiger Pfad, der direkt in die Macchia hineinführt. Er trifft nach etwa 450 m auf eine Feuerschneise, in deren Mitte eine Reihe schlanker Zypressen in den Himmel zeigt. Wir biegen rechts ab und erreichen die Anhöhe **Poggio San Supero** mit Blick auf die Bucht von Follo-

**Das mittelalterliche Scarlino liegt auf einem Bergsporn hoch über der Ebene des Fiume Pecora.**

nica, die schon von Odysseus und den Argonauten befahren wurde, als diese die Inseln des toskanischen Archipels umschifften.

Hier oben verzweigt sich die Schneise. Wir gehen rechts den steilen Hang hinab, nehmen dann den links am Gartenzaun entlangführenden schmalen Pfad und erreichen nach wenigen Minuten den Schotterweg, der von Portiglione heraufkommt. Hier beginnt die *Strada Vicinale della Dogana*, ein Küstenweg, der sich über die zum Meer hin abfallenden, dicht mit Wald und Macchia bedeckten Hänge der *Bandite di Scarlino* schlängelt. Den Übergang zum Meer bilden steile, schroffe, bis zu 30 m hohe Felsenkliffe, zwischen deren Vorsprüngen sich feinsandige Buchten ausdehnen.

Die aus der Ferne den Anschein der Eintönigkeit erweckenden Hartlaubwälder erweisen sich beim Durchwandern als sehr abwechslungsreich. Das, was sich von weitem wie eine undurchdringliche, dunkelgrüne Decke über Berge und Täler legt, ist in Wirklichkeit ein Mosaik aus dichtem Gestrüpp immergrüner Sträucher, lichten Pinienbeständen und Niederwald aus Stein- und Korkeichen, deren verdrehte, dünne Stämme samt der sich in den Himmel reckenden Kronenäste von Schlingpflanzen überwuchert sind.

Alles ist ziemlich dürr, im Sommer geradezu nach Waldbrand lechzend, wenn die unbarmherzige Sonne die Macchia ausdörrt und das dürre Holz in Zunder verwandelt. Erstaunlich: nirgends ein Zeichen vergangener apokalyptischer Brände!

**Nur wenige Wege erschließen die dichten mediterranen Wälder und die undurchdringliche Macchia des küstennahen Hügellandes zwischen Follonica und Castiglione.**

**Die allmählich zuwachsende Ruine des Klosters Monte di Muro.**

Der schattige Weg verläuft hoch oben auf der Steilküste. Pyritkristalle glitzern in der Sonne. Dichtes Gestrüpp verwehrt zunächst den Blick auf Strand und Meer. Wir erreichen das Kap *Punta Francese*. Vor uns liegt **Cala Martina**, eine zweiteilige Bucht, deren erster Teil von meterhoch aufgeworfenem Seegras bedeckt ist, das im zweiten Teil von grobem Kies abgelöst wird. In den die Steilküste bildenden Sandstein und die davorliegenden, abgebrochenen Felsbrocken hat das Meer kirschkern- bis faustgroße Löcher gewaschen, die ihnen das Aussehen riesiger Badeschwämme verleihen.

Jenseits des Kaps, dort, wo wir zum Strand absteigen können, stehen Holzbänke und Tische fürs Picknick unter den Eichen und, völlig überraschend und fremd, mitten in der Macchia, ein großes Denkmal mit der Büste von Giuseppe Garibaldi, dem immer noch verehrten Freiheitskämpfer des 19. Jahrhunderts und Einiger Italiens.

An der nächsten Weggabelung halten wir uns rechts, gehen weiter auf dem Küstenweg, begleitet vom Zirpen der Zikaden. Schmetterlinge tanzen in der Sonne; Eidechsen huschen über den Weg. Vom Meer dröhnen das Rauschen der Brandung und das dumpfe Grollen der gegen den Fels schlagenden Wellen zu uns empor. Hinter der nächsten Wegbiegung liegt uns der helle Sandstrand von **Cala Violina**

zu Füßen, und der Blick schweift über Bucht, Torre Civette und Pineta hinüber nach Punta Ala.

Der feine helle Sand und das klare Wasser der Cala Violina laden zu einer Badepause ein. Am immer felsiger werdenden Strand im Süden der Bucht können wir nur bis *Punta le Canne* gehen. Steil ins Meer abfallende Felsen machen es unmöglich, das Kap an seinem Fuß zu umwandern.

Am Ende der Bucht wird der Küstenweg schmaler und unebener. Jenseits der Anhöhe *Punta le Canne* verläßt er die Küste und führt als schmaler Pfad, teilweise zu einer Erosionsrinne ausgewaschen, entlang der Einzäunung des *Podere Torre Civette* hinüber in die Ebene des Fosso Alma, wo er auf die uns schon bekannten Ländereien des *Podere Carpineta* trifft, dessen Gebäude wir rechts vor uns liegen sehen. Wir gehen hinab zum schmalen Asphaltweg, der zurück zum Ausgangspunkt der Tour führt, dem Zeltplatz von Puntala.

**Kleine Alternative** Jenseits der Anhöhe *Punta le Canne*, dort, wo sich der Hauptweg nach links wendet, steigen wir rechts über einen schmalen Pfad zum Strand von **Cala le Donne** hinab und wandern hinüber zum steil aufragenden Bergkegel an der Mündung des Fosso Alma, mit dem Torre Civette als Landmarke.

Dort, wo der von abgewitterten Felsbrocken bedeckte Strand einen kleinen Linksknick macht, ermöglicht eine knietiefe Furt das Durchqueren des Mündungstrichters. Jenseits der Furt wenden wir uns nach links und gehen auf der Deichkrone entlang des verschilften Fosso d'Alma zurück zum Campingplatz *Puntala.*

## Tourenprofil: Bandite di Scarlino

| Strecke | Höhe | Gehzeit | Entfernung | Berge / Pässe / Orte |
|---|---|---|---|---|
| Startpunkt: Tombolo Puntala | 4 m | | | |
| 1. Etappe: Tirli | 404 m | 5–6 Std. | 17 km | Poggio Ballone, 625 m |
| 2. Etappe: Scarlino | 229 m | 3–4 Std. | 11 km | Loc. Sughericcio, 332 m – M. d'Alma, 538 m |
| 3. Etappe: Puntone | 5 m | 4–5 Std. | 13 km | M. di Stella, 544 m – Passo dell'Uccelliera, 346 m – Passo Tre Croci, 400 m |
| 4. Etappe: Campingplatz Puntala | | 4 Std. | 10 km | |
| Endpunkt: Puntala / total: | | 16–19 Std. | 51 km | |

Cala Violina, einsame Badebucht mit einem herrlichen Sandstrand.

## Nützliche Hinweise

**Anreise:** Auf der SS 322 von Follonica bzw. Castiglione kommend in Richtung Punta Ala abzweigen. Nach ca. 4 km rechts abbiegen: zunächst Camping *Baia Verde*, dann Camping *Puntala*.

**Karte:** »Bandite di Scarlino«, Carta Turistica Itinerari Naturalistici 1:15 000, Bezug über die Herausgeber: Comuni di Castiglione, Gavorrano e Scarlino.

**Übernachtung:** • Camping »Baia Verde«, 58040 Punta Ala (GR), Tel. (05 64) 92 22 98 oder 92 23 46, Fax (05 64) 92 30 44 (deutschsprachig), geöffnet Ostern bis Oktober. • Camping »Puntala«, 58040 Punta Ala (GR), Tel. (05 64) 92 22 94 oder 92 25 57, Fax (05 64) 92 03 79 (deutschsprachig), geöffnet Ostern bis Oktober. • Albergo Ristorante »Tana del Cinghiale«, Via del Deposito, 58040 Tirli (GR), Tel. (05 64) 94 58 10. • Hotel Ristorante »Scabris«, Via Agresti, 58020 Scarlino (GR), Tel. (05 66) 3 72 05 oder 3 72 81. • Campeggio »Il Fontino«, an der SP 60, Via Scarlinese, 58020 Scarlino (GR), Tel. (05 66) 3 70 29, Fax (05 66) 3 70 29 48. • Hotel »La Darsena«, Loc. Puntone, via d. Dogana 2, 58020 Scarlino (GR), Tel. (05 66) 86 62 01, Fax (05 66) 86 62 13. • Camping »Baia dei Gabbiani«, v. d. Collacchie, Loc. Puntone, 58020 Scarlino (GR), Tel. (05 66) 86 61 58.

**Information:** • APT Castiglione della Pescaia, Piazza Garibaldi, 58043 Castiglione d. P., Tel. (05 64) 93 36 78. • APT Associazione Pro Loco, Via Citerni 12, 58020 Scarlino. • Amministrazione Comunale di Scarlino, Via Monte d'Istia, 58020 Scarlino, Tel. (05 66) 3 70 52.

**ACHTUNG!** Es ist äußerst gefährlich, während des Sommers in die Macchia einzudringen. Plötzlich ausbrechende *Feuer* verbreiten sich sehr schnell und können so leicht den Weg abschneiden!

Bei einer Begegnung mit *Wildschweinen* ist Vorsicht geboten. Achten Sie darauf, niemals zwischen Muttertier und Frischlinge zu geraten: das provoziert den Angriff der Bache!

**Erste Hilfe (Pronto soccorso):** Tel. (05 66) 3 70 58.

# 11 Der »Diamant der Silberküste« Monte Argentario

Im südwestlichsten Zipfel der Toskana erhebt sich ein Teil der versunkenen Tyrrhenis aus dem kristallklaren, lapislazuliblauen Meer: der Monte Argentario. Zwei langgestreckte, dicht mit Pinienwald bedeckte Nehrungen verbinden die ehemalige Insel mit dem Festland: im Norden der **Tombolo della Giannella** und im Süden der **Tombolo di Feniglia.** Zwischen den beiden breitet sich die Flachwasserlagune von Orbetello aus. Mitten hinein schiebt sich vom Festland her eine breite Landzunge. Hier entstand auf dem Boden einer uralten Etruskersiedlung die heute 8000 Einwohner zählende Stadt **Orbetello:** das »Venedig der Toskana«.
Von Norden und Osten steigen bewaldete Bergrücken zur höchsten Erhebung des »Silberbergs« auf, dem **Monte Telegrafo** (635 m) – mit einem faszinierenden Panorama über die Lagune von Orbetello, die gesamte Costa d'Argento von Talamone bis Ansedonia, über die Monti dell'Uccellina bis zum Vulkanmassiv des Monte Amiata sowie über die Südküste der Halbinsel und das Toskanische Archipel bis nach Korsika.
Nach Westen und Südwesten dagegen fällt der Monte Argentario steil zum Meer hin ab und bildet eine zerklüftete, zerfranste Küste mit kleinen Buchten, skurrilen Felskliffen und Grotten. Auf hochaufragenden Klippen stehen die Ruinen von Festungen und Beobachtungstürmen. Eine beeindruckende Unterwasserwelt lädt zum Tauchen und Schnorcheln ein.
Das Innere ist weitgehend von dichter Macchia mediterranea bedeckt. Auf den landwirtschaftlich genutzten Flächen dominieren Ölbäume, Obstgärten und Weinberge. Karsthöhlen, die bereits in der Altsteinzeit von Menschen bewohnt wurden, wie z. B. die 650 m lange *Grotte Punta degli Stretti*, zeugen von einer frühen Besiedlung dieses Gebiets.

## 1. Etappe: La Riserva Naturale della Feniglia

Ausgangspunkt der Tour ist Ansedonia auf dem »Festland«, genauer: die Brücke über den *Taglio d'Ansedonia*, einen schmalen Kanal, der den südlichen Teil der Laguna di Orbetello mit dem offenen Meer verbindet. Jenseits der Brücke befindet sich der Eingang zum *Riserva della Feniglia*. Hier beginnt hinter einem Drehkreuz ein Weg, der durch einen der schönsten Pinienwälder Italiens führt. Unterwegs können wir – besonders in der Morgendämmerung – zahlreichen Tieren begegnen: Damhirschen, Waldkaninchen, Stachelschweinen, Füchsen oder Fasanen.

Während der Durchquerung des Tom-

**Blick über den Tombolo di Feniglia auf den »Diamant der Silberküste«.**

## Kurzcharakteristik

Eine malerische Tour über die Nehrung Tombolo di Feniglia zum Monte Argentario mit seiner schroffen Felsenküste. Weite Panoramen und markante Kontraste geben dieser Tour ihr besonderes Flair: heißer Sandstrand und holprige Off-road-Wege, dunkelgrüne Pinienwälder und tiefblaues Meer, quirlige Fischerdörfer, mondäne Yachthäfen und die Stille der Macchia machen den »Silberberg« zu einem toskanischen Juwel.

**Beste Jahreszeit:** April, Mai und Ende August bis Mitte Oktober
**Gesamtgehzeit:** 3–4 Tage (die zweite Etappe kann auf zwei Tage verteilt werden)
**Gesamtstrecke:** knapp 40 km
**Kartenskizze:** Siehe Seite 170

bolo sollte man es nicht versäumen, jeweils ein Stück auf beiden Seiten der Nehrung zu wandern: im Norden die ruhige, flache Lagune mit Zwergsträuchern am Ufer, und im Süden das offene Meer.

Am menschenleeren Sandstrand liegen von der Brandung geschliffene Baumstämme, draußen auf dem metallicblau in der Morgensonne glitzernden Wasser dümpeln ein paar Fischerboote, und vor uns, in dunstiger Ferne, erhebt sich die Silhouette des Monte Argentario. Auf den spülsaumnahen Dünen wachsen Strandhafer und -weizen, abgelöst von niedrigen Hartlaubsträuchern, die auf den älteren, strandferneren Sandhügeln siedeln. Sie versperren den Blick auf den Zaun, der den gesamten Tombolo umschließt. Nur ab und zu gibt es einen Durchlaß zum Strand bzw. in den Pinienwald.

**Von der Anhöhe am kleinen Forte Santa Caterina schweift der Blick über den Yachthafen Cala Galera hinüber zur Nehrung Tombolo di Feniglia, die den Monte Argentario mit dem Festland verbindet.**

Wir durchqueren die Pineta. Jenseits des Hauptwegs wird es schattig; wir erreichen bald auf einer weichen, federnden Unterlage aus Kiefernnadeln die verlandende Lagune mit Blick auf Orbetello, das wie eine Fata Morgana über dem Flachwasser zu schweben scheint. Wie lautlose Schatten gleiten Fischerboote über das ruhige, seichte Wasser, und nur die Schreie von Reiher, Regenpfeifer, Wasserhuhn und Kormoran durchbrechen die Stille dieses kleinen Paradieses.

Wir gehen zum Südstrand zurück, der am Fuß des Poggio Pertuso endet. Rechts von einem deutlich sichtbaren Felsabbruch führt ein schmaler Weg zur Straße, die durch ein kleines Villenviertel verläuft. Am Hotel *Villa Portuso* besteht die Möglichkeit, an Hotel-Rezeption, Restaurant und Pool vorbei über eine Terrakotta-Treppe zum Yachthafen **Cala Galera** zu gelangen. Der Hafen wurde schon von den Römern für den Handelsschiffsverkehr mit Sardinien genutzt.

Gegenüber der exklusiven Hafenanlage erhebt sich der M. Filippo, gekrönt von den mächtigen Mauern der gleichnamigen trutzigen Festung. Am Ende der Straße, die zwischen Hafenanlagen und Trockendocks hindurchführt, halten wir uns links. Schon nach wenigen Metern erreichen wir rechts eine alte Stahltreppe, über die wir auf einen leicht ansteigenden, holprigen Fahrweg gelangen, der meerseitig zunächst bis auf eine kleine Anhöhe führt. Hier, am **Forte Santa Caterina**, wenden wir uns nach rechts und wandern auf einem Trampelpfad durch brusthohe Horstgräser und Macchiasträucher zum **Forte Filippo** hinauf.

Gegenüber liegt **Porto Ercole**, das antike *Portus Herculis* der Römer, mit der gewaltigen Burganlage *La Rocca*, die Philipp II. von Spanien im 16. Jh. erbauen ließ. Wie die Krallen eines Raubtiers, das seine Beute fest umklammert hält, greifen die von der Festung ausgehenden Mauerausläufer in die Flanken des Burgbergs. Position und Form von *La Rocca* sind eine einzige Demonstration von Herrschaft und Macht.

Wir verlassen Forte Filippo auf dem Betonweg in Richtung Porto Ercole bis zu einer scharfen Rechtskurve und gehen links des Eisengeländers über einen offenen Hang. Wir erreichen einen Querweg, wenden uns nach rechts und treffen dann auf eine schmale Straße, die links hinab zum Hafen führt.

Am Ende des Hafenbeckens beginnt ein mit Natursteinen gepflasterter Fußweg, der hinauf in die Altstadt von Porto Ercole führt. Hinter dem fotogenen gotisch-römischen Tor öffnet sich ein Labyrinth bogenüberdachter Gassen, dunkler Unterführungen und steiler, ausgetretener Treppen. Alte Frauen mit schwarzen Kopftüchern sitzen vor blumenumrankten Häusern, die sich wie Bauklötze am Hang aufstapeln.

Wir gehen bis zur Kirche, wenden uns hinter dem kleinen Vorplatz nach links, steigen noch 22 Stufen der Treppe neben der spätmittelalterlichen Festungsmauer hinauf und erreichen dann jenseits des Torbogens einen Pfad, der zur spanischen Bergfeste aus dem 16. Jh. hinaufführt.

Übernachtung in Porto Ercole.

## Ansedonia

Im Südosten der Lagune von Orbetello, an der »festland«seitigen Basis des Tombolo di Feniglia, liegt auf einer schildförmigen Aufwölbung Ansedonia, ein eleganter Badeort, dessen Villen und Hotels sich harmonisch in die Vegetation einfügen. Außerhalb des Ortes befinden sich die bedeutenden Ruinen von **Cosa**, einst blühendes Zentrum an der tyrrhenischen Küste. Wahrscheinlich etruskischen Ursprungs, wurde Cosa später römische Kolonie, deren öffentliche Gebäude ein Viertel der Stadtfläche einnahmen. Am Ostfuß des Hügels befand sich der Hafen Subcosa. Sehenswert die *Tagliata etrusca*, ein schmaler, tief in den Felsen eingeschnittener Kanal, mit dessen Hilfe der Hafen durch eine besondere Strömungsführung vor Versandung geschützt wurde. Dazu wurde Wasser aus dem südöstlich von Ansedonia liegenden **Lago di Burano** in den Kanal geleitet. Der See ist heute ein vom World Wide Fund for Nature (WWF) betreutes Naturschutzgebiet, Winterquartier vieler Vogelarten und Lebensraum für Stachelschweine, Dachse und Fischotter. Alljährlich am 11. Mai findet auf dem Meer vor Ansedonia eine Prozession beleuchteter Boote statt.

## 2. Etappe: Argentario – quer durch die Halbinsel

Vor dem Spitzbogentor, durch das wir in die Altstadt von Porto Ercole gelangen, liegt die *Piazza Ricasoli*, von der die *Via Panoramica* ausgeht. Wir gehen bis zu der Stelle, wo der von *La Rocca* herabkommende, asphaltierte Weg auf diese Straße trifft. Hier wenden wir uns nach rechts. Schon nach nur zehn Metern macht der

**Die zerklüftete Westküste des Monte Argentario mit dem Capo d'Uomo.**

Weg eine Linksschleife, um dann entlang einer Mauer leicht anzusteigen. Am Ende der kurzen Mauer biegen wir rechts auf einen ziemlich zugewachsenen, schattigen Pfad ein und durchqueren bald darauf einen lichten Olivenhain, an dessen Ende ein schmaler Trampelpfad beginnt, der durch verwilderte Pinien und Ölbäume auf einen offenen Schotterplatz führt.

Wir lassen die asphaltierte Straße rechts liegen, gehen links zu einem alten Friedhof hinauf, halten uns rechts und wenden uns am Ende der Friedhofsmauer nach links. Nach etwa 50 m erreichen wir die Wegkreuzung auf der Sattelhöhe zwischen Poggio delle Bicche und Poggio di Forte Stella. Wir nehmen den steinigen Weg rechts und umgehen so den niedrigen, undurchdringlichen Buschwald, der den direkten Aufgang zur Festung **Forte Stella** verwehrt.

Über grobes Geröll führt die Trasse der alten Feuerschutzrodung in ständigem Auf und Ab auf ein kleines Plateau (*Höhe 107*), von dem aus ein Schotterweg zum Forte Stella hinaufführt, der zuletzt erbauten Festung auf dem Argentario. Sie ist in ihrer eigenwilligen, sternförmigen Architektur Verteidigungsanlage und Kunstwerk zugleich.

Nach der Besichtigung der Burg gehen wir zurück zur *Höhe 107*, überqueren die Provinzstraße und nehmen den der prallen Mittagssonne ausgesetzten Weg oberhalb der Küstenstraße. Nach 600 m erreichen wir einen Platz mit der Ruine eines Wirtschaftsgebäudes. Unter uns erstreckt sich die waldige **Costa Sbarcatello** bis zur **Punta Avoltore**, einem bizarren, weit ins Meer vorspringenden, zerklüfteten Felsenkap, und vor uns erheben sich die steilen, aschgrauen Abbrüche der **Costa della Scogliera**, eines schroffen Bergrückens, der zur höchsten Erhebung des Argentario hinaufzieht.

An der Hausruine biegen wir rechts ab, lassen nach 200 m eine Abzweigung links liegen und wandern auf einem serpentinenreichen Weg über den waldigen SO-Hang der **Costa del Castagneto**. Nach etwa anderthalb Kilometern treffen wir auf eine *strada asfaltata*, die von Porto Ercole heraufkommt. Wir wenden uns nach links und biegen nach 100 m erneut links ab. Jenseits der nun folgenden Lichtung verlassen wir den grasbewachsenen Weg

**Die wenig bekömmlichen Früchte des Erdbeerbaums (Arbutus unedo), eines typischen Holzgewächses der Macchia.**

Die Terrasse des Hotels »Torre di Cala Piccola« mit dem Sarazenen-Turm.

nach rechts und erreichen wenig später eine ebene Wegausweitung, von der aus wir einen tollen Blick nach Nordosten über Porto Ercole bis nach Ansedonia und den Hügeln von Capalbio haben.

Der holprige Bergpfad zieht sich nun stetig ansteigend über den Südosthang des Monte Telegrafo. Nach der Durchquerung eines lichten Waldstücks mit einzelnen Kork- und Steineichen tritt der Weg in einen dichten mediterranen Buschwald ein, verengt sich dann zu einem schmalen Pfad, um nach insgesamt knapp zwei Kilometern ein lichtes Plateau zu erreichen. Wir wenden uns nach rechts und wandern auf gleicher Höhe bleibend unterhalb des Poggio Canaloni entlang einer allmählich zuwachsenden Feuerschneise, deren jenseitige Begrenzung von einem mehrere Meter hohen, hellen Felsabbruch gebildet wird.

Immer den mit militärischen Sendeanlagen gekrönten **Monte Telegrafo** vor Augen, überqueren wir einen Sattel und treffen kurz darauf jenseits einer alten Schranke auf eine Wegverzweigung unterhalb des Gipfels. Wir halten uns links und erreichen nach einem gut 500 m langen Anstieg das schmale Asphaltband der SP 77 »*Convento*«, die von der Nordküste des Argentario heraufkommt.

Links geht es zum Gipfel hinauf. Nachdem wir die phantastische Aussicht über die gesamte südliche Toskana genossen haben, gehen wir die SP 77 zurück, vorbei an den zwei hohen rot-weißen Sendemasten des Italienischen Rundfunks, bis wir nach mehreren Straßenschleifen links den holprigen Parkplatz unterhalb des **Poggio Tondo** erreichen.

Wir wählen den direkten Weg über die Bergkuppe. Dann geht es an gut getarnten Jagdhütten vorbei auf einem schmalen Pfad über den Poggio Barone und den sich anschließenden langgestreckten, weglosen Kamm der **Costa della Querceta** durch mannshohe Macchia mediterranea hinab auf einen breiten Fahrweg.

Während des einstündigen Abstiegs blicken wir in einen weiten Talkessel mit den Ruinen einiger verlassener Gebäude. Die mit dem Duft der Macchiakräuter geschwängerte Luft schwirrt in der Hitze des Mittags über den trockenen Büschen, und in der Ferne tanzen die verschwimmenden Silhouetten der Kuppen und Berge in den Turbulenzen des Äthers. Kein Ton weit und breit; nur das Knacken zerbrechender Äste unter unseren Schritten.

Am Ende des Hangs lädt uns der Schatten eines einzelnen Ölbaums zu einer kurzen Rast ein, bevor wir nach rechts auf den breiten Weg einbiegen, der zunächst am Fuß des Poggio dell'Archetto und dann oberhalb eines tief eingekerbten Baches entlangführt. Wir erreichen eine Verzweigung unterhalb eines Sportplatzes. Rechts beginnt ein Asphaltweg, der zu dem Gut *Case dell'Olmo* und weiter nach Santa Liberata führt. Wir wählen links den Schotterweg und gehen bis zu einer T-förmigen Verzweigung mit einer Gebüschinsel auf der Wegemitte.

Wer hier links weiterwandert, erreicht bald einen Aussichtspunkt mit Blick auf die Isola Rossa und die Südküste des Argentario mit Stränden, die nur von See aus oder über steile, schmale Pfade erreicht werden können. Wir wenden uns aber nach rechts und wählen den Weg, der über den Nordhang des Poggio Vongher mit herrlicher Aussicht auf Porto Santo Stefano, die Bucht von Talamone

**Porto Santo Stefano: Hafen, Altstadt und Spanische Festung.**

und die Monti dell'Uccellina zur *Via Panoramica* führt.

Nach einem kurzen Abstieg vom Talschluß-Plateau des Valle del Castagno treffen wir auf die Panoramastraße. Von hier aus nehmen wir den direkten Weg, der zur kleinen Wetterstation auf dem Poggio Fornacelle hinaufführt. Dort wenden wir uns nach links und wandern auf einem felsigen, mit lichter Macchia bestandenem Grat hinüber zur Ruine des Sarazenenturms **Torre Capo d'Uomo**, die im Gegenlicht der untergehenden Sonne als dunkle Silhouette vor uns liegt. Unterwegs genießen wir den wirklich fantastisch schönen Blick auf die rauhe, zerklüftete, wilde Südwestküste des Argentario, auf die Isola del Giglio und die bezaubernde, kleine Bucht Cala Piccola.

Wer im Zelt übernachten will und

genügend Wasser dabei hat, kann hier bleiben; wer sich etwas Besonderes gönnen will, kann aber auch etwa zweieinhalb Kilometer westwärts auf der *Panoramica* wandern, bevor es links über ein steiles, schmales Sträßchen zum exklusiven, aber nicht zu teuren Hotel *Torre di Cala Piccola* hinabgeht, wo man sich verwöhnen lassen kann.

## 3. Etappe: Vom Sarazenenturm zur Festung von Santo Stefano

Am nächsten Morgen erleben wir am Torre d'Uomo einen beeindruckenden Sonnenaufgang. Schnell steigt der glutrote Feuerball aus dem milchigblauen Dunst, der über der Costa d'Argento liegt, und taucht den »Silberberg« in goldgelbes Licht. Im April und Anfang Mai leuchten uns die lichtblauen Blüten von Rosmarin und das Knallgelb des Ginsters entgegen.

Von der Ruine des Sarazenenturms gehen wir in nordöstlicher Richtung auf schmalen Trampelpfaden quer über einen mit niedriger Strauchmacchia bestandenen Hang auf ein Wirtschaftsgebäude am Rande eines kleinen Weinbergs zu. Wir durchqueren den Grund eines Kerbtals, das sich zur Cala-Piccola-Bucht hinabzieht, und erreichen dann jenseits der Rebstöcke und Ölbäume einen offenen Feldweg, den man schon deutlich vom Torre Capo d'Uomo aus sehen kann. Dieser Weg trifft nach der Durchquerung eines Waldstücks auf die SP 65 »*Panoramica*«.

Gegenüber befindet sich ein freier Platz mit einem Wasserbassin, an dem wir vorbeigehen, um uns dann am Ende des Platzes nach links zu wenden. Auf dem hier beginnenden Weg wandern wir durch eine typisch toskanische Szenerie mit schönem Blick auf **Porto Santo Stefano** hinab in das geschäftige Fischerei-Zentrum des Argentario mit Sport- und Wirtschaftshafen und mit einer spanischen Festung, deren sechs Meter dicke Mauern sie einst uneinnehmbar machten.

Der in einer sichelförmigen Bucht lie-

### Tourenprofil: Monte Argentario

| Strecke | Höhe | Gehzeit | Entfernung | Berge / Pässe / Orte |
|---|---|---|---|---|
| Start: Ansedonia | 8 m | | | |
| 1. Etappe: Porto Ercole | 5 m | 5 Std. | 12–14 km | Poggio Pertuso, 104 m – Forte Filippo, 118 m |
| 2. Etappe: Torre Capo d'Uomo | 358 m | 8 Std. | 16–18 km | Monte Telegrafo, 635 m – Poggio Tondo, 536 m – Poggio Fornacelle, 387 m – Capo d'Uomo, 358 m |
| 3. Etappe: Porto Santo Stefano | 5 m | 4 Std. | 6–7 km | |
| Endpunkt: Porto Santo Stefano/total: | | 17 Std. | 34–39 km | |
| Zusatztag im WWF-Naturpark | | | | |

### Nützliche Hinweise

Anreise: Auf der SS 1 »*Aurelia*« bis Ansedonia. Rückfahrt: Zwischen Porto Santo Stefano, Albinia und Ansedonia gibt es Busverbindungen.
Karte: Carta Turistica e dei Sentieri »Parco dell'Uccellina/Monte Argentario«, 1:25 000, Edizioni Multigraphic.
Übernachtung: • Hotels und Privatzimmer in Porto Ercole, Porto Santo Stefano, Albinia und Ansedonia. Campingplätze auf dem Tombolo della Giannella. • Albergo Vinicio, Via delle Mimose 86, 58016 Ansedonia (GR), Tel. (05 64) 88 12 20 oder 88 12 50, Fax (05 64) 88 16 04. • Hotel Torre di Cala Piccola, Monte Argentario, 58019 Porto Santo Stefano (GR), Tel. (05 64) 82 51 11 oder 82 51 33, Fax (05 64) 82 52 35. Voranmeldung notwendig!. • Albergo Da Alfiero, Via Cuniberti 12 (am Hafen), 58019 Porto Santo Stefano (GR), Tel. (05 64) 81 40 67 oder 81 30 94.
Information: • APT Grosseto (siehe Service-Teil). • Ufficio di Promozione Turistica, Piazza Duomo, 58015 Orbetello, Tel. (05 64) 86 05 60. • Uffizio di Promozione Turistica, Corso Umberto 55a, 58019 Porto Santo Stefano (GR), Tel. (05 64) 81 42 08, Fax (05 64) 81 40 52. • C.E.A. »Peccei« Casale della Giannella, Strada Provinciale della Giannella (km 4), 58010 Albinia (GR), Tel. (05 64) 82 02 97.

gende Ort wird überragt vom *Argentiera*, einem sienesischen Turm aus dem 15. Jh., in dem sich der Sage nach eine Henne mit zwölf goldenen Küken versteckt halten soll. Die sich den Hang hinaufziehenden Häuser von Porto Santo Stefano verbreiten mit den verblassenden Farben ihrer abbröckelnden Fassaden eine malerische Morbidezza, und der diskrete Charme kleiner Hotels lädt zum Verweilen ein. Vor dieser Kulisse findet alljährlich am 15. August der *Palio Marinaro* statt, eine historische Ruderregatta zum Andenken an einen erfolgreich abgewehrten Sarazenen-Angriff.

## Zusatztag: Das WWF-Naturschutzgebiet Laguna di Orbetello

Die Lagune von Orbetello erstreckt sich zwischen dem Kalksteinmassiv des Monte Argentario und der Küste. Früher war der »Silberberg« eine Insel. Nach der letzten Eiszeit aber wurde er durch zwei Nehrungen aus Sand und Lehm, den Tomboli, mit dem Festland verbunden. Dazwischen entstand die Brackwasserlagune von Orbetello, die über zwei Kanäle mit dem Meer verbunden ist.

Das WWF-Reservat befindet sich im Nordzipfel der Lagune südwestlich von Albinia. Es umfaßt mit seiner reichhaltigen Flora und Fauna nach mehreren Zukäufen heute eine Fläche von 42 Hektar. Die an keiner Stelle mehr als zwei Meter tiefe Lagune mit ihren Lehminselchen ist ein Eldorado für Wasservögel: hier überwintern Flamingos, Störche und Brandenten. Im Frühjahr gesellen sich Uferschnepfen, Kampfläufer und andere Stelzvögel hinzu, und im Sommer nisten hier Säbelschnäbler und Strandreiter.

Das *Centro Educazione Ambientale del WWF* (C.E.A.) im *Casale della Giannella* etwa in der Mitte der Nehrung Tombolo della Gianella organisiert geführte Wander- und Beobachtungstouren in den Naturpark, »Grüne Wochen« und Seminare, weist Info-Stände und eine Bibliothek auf und verfügt über 25 Schlafplätze. Eine rechtzeitige Reservierung ist notwendig.

# 12 In Sichtweite des Meeres
# Trekking Roccastrada

Die von der Gemeinde Roccastrada in Zusammenarbeit mit der *Cooperativa l'Albatro* eingerichtete Route **Trekking Roccastrada** mit einer Gesamtlänge von 146 km verläuft in collinen Hügelgebieten zwischen 110 m und 800 m Meereshöhe. Die komplette vertikale Aufstiegsrate beträgt etwa 3000 m. Die gesamte Strecke aus Waldwegen, Schotterpisten und schmalen asphaltierten Straßenabschnitten ist durchgehend weiß-rot markiert und mit Hinweisschildern und Info-Tafeln versehen.
Die Trasse verläuft zum Teil entlang der alten, stillgelegten Eisenbahnlinie im Tal der Farma, folgt dem Lauf kleiner Bäche und zieht sich über kahle Hügelkämme mit weiten Ausblicken über die Ebene der Maremma Grossetana bis hin zum Tyrrhenischen Meer. Unterwegs begegnet man einer artenreichen Tier- und Pflanzenwelt mit selten gewordenen oder endemischen (nur an einem Platz vorkommenden) Arten. Aus diesem Grund wird erwogen, das Tal der Farma unter Naturschutz zu stellen. An Großwild gibt es Hirsche, Rehe, Wildschweine, Füchse und Stachelschweine.

## 1. Etappe: Von Sticciano nach Roccastrada

Der Weg führt von **Sticciano** durch immergrüne mediterrane Eichenwälder bis **Pian di Muro** und von hier auf einer *strada sterrata* durch eine ausgedehnte, offene Kulturlandschaft zum Bahnhof von Roccastrada. Es folgt ein Abschnitt mit wechselnder Baum- und Strauchvegetation, und nach einem Aufstieg durch Olivenhaine und Weinberge erreichen wir die mittelalterliche Festung **Civitella** mit einem schönen, ogivenförmigen (spitzbogigen) Travertinbogen im Inneren des Hofes. Wir passieren **Castello di Fornoli** am Fuße des Burgberges und gehen dann über den Ortsteil Terzo zur Altstadt von **Roccastrada**, die sich auf dem Kamm einer Schichtrippe aus Trachyt erstreckt. In Roccastrada gibt es Übernachtungsmöglichkeiten.
Von Sticciano aus besteht die Möglichkeit, durch dichte Wälder zum 616 m hohen **Monte Leoni** aufzusteigen, dessen Gipfel gänzlich von den Resten der Ringmauer einer präetruskischen Festung umgeben ist.

## 2. Etappe: Von Roccastrada zum Castello del Belagaio

Wir wandern über wellige, kleinparzellierte Hänge von **Roccastrada** hinab ins Tal des Torrente Gretano und steigen dann jenseits des Baches durch ein Waldgebiet zum **Castello del Belagaio** hinauf. Die Festung aus dem 12. Jh. gehörte im Mit-

**Roccastrada – Namengeber der Tour – erstreckt sich auf einer Schichtrippe aus Trachyt.**

telalter – wie fast alle in der Provincia di Grosseto – den Grafen Aldobrandeschi. Sie liegt in einst strategisch bedeutsamer Position hoch über dem Torrente Farma. Der Trekker ist hier zum Übernachten auf das Zelt angewiesen.

Der ziemlich genau von West nach Ost fließende kleine Fluß entspringt in den Colline Metallifere. Auf den nord- bzw. südexponierten Hängen des **Val di Farma** haben sich aufgrund unterschiedlicher Licht- und Feuchtigkeitsverhältnisse sehr verschiedenartige Biotope und Lebensgemeinschaften entwickelt.

## 3. Etappe: Im Tal des Torrente Farma: Schmelzöfen und Badepools

Heute ist der *Tag der Schmelzöfen*. Vom **Castello del Belagaio** wandern wir über den Hang des **Poggio le Macine** hinab ins **Val di Farma**. Unterwegs können wir den allmählichen Übergang von der trockenen Hartlaubvegetation des Hangs zu den mehr feuchtigkeitsliebenden Arten des Talgrunds verfolgen und mit etwas Glück Falken, Wildschweine und Rehe beobachten.

Jenseits des Flusses treffen wir erstmals auf die Überreste einer *Ferriera*, einer Anlage zum Schmelzen von Eisenerzen, die

### Kurzcharakteristik

Eine Trekkingtour, auch für Anfänger geeignet, im Hinterland der Maremma Grossetana über die nördlichen Randhöhen des ehemaligen Lacus Prile bis hinab ins kühle Val di Farma. Eine herbe Region mit vom Wetter gezeichneten Dörfern auf hohen Trachytfelsen, macchiabestandenen Hängen, immergrünen mediterranen Eichenwäldern und lichten Kastanienhainen.

**Beste Jahreszeit:** Mai und Juni, Ende August bis Ende Oktober
**Gesamtgehzeit:** 4–6 Tage
**Gesamtstrecke:** 79 bzw. 72 km
**Kartenskizze:** Siehe Seite 178

in den Colline Metallifere abgebaut wurden. Die Betriebstechnik der aus dem Mittelalter stammenden Eisenschmelzereien reichte von einfachen Unterfeuer-Systemen bis hin zu modern anmutenden Hochöfen. Die einfachsten *Ferriere* wurden in Erdlöchern angelegt, was ein leichteres Befüllen mit Erz und Holzkohle von oben her ermöglichte.

Weiter flußaufwärts erreichen wir den felsigen Flußabschnitt **I Canaloni**, wo die Farma Becken und Wannen aus dem Gestein gewaschen hat: ideale Pools für ein erfrischendes Bad. Später verläßt der Weg den Fluß und führt über Wiesen, die sich im Frühjahr in ein buntes Blütenmeer verwandeln. Wir passieren eine weitere Schmelzanlage und erreichen nach der Durchquerung eines Kastanienhains das mittelalterlich anmutende **Torniella**, wo wir Quartier machen.

Der Ort liegt an der SS 73, die von Siena über Roccastrada in die grossetanische Ebene führt. Bis zum Nachbarort **Piloni** sind es nur 800 m. In der Streusiedlung ohne echtes Zentrum wohnen Waldarbeiter und Steinmetze.

## 4. Etappe: Kastanienwälder und Trachytklippen

Von **Piloni** aus steigt der Weg durch einen schönen Kastanienwald hinauf zum **Monte Alto**, mit 797 m höchster Punkt der Trekkingtour. Jenseits des Gipfels erreichen wir unter großen Buchen **La Polla**, Quelle des Fosso La Seguentina, auf dessen Talhängen – ganz ungewohnt – Eiben wachsen. Wir durchqueren erneut einen Wald aus Edelkastanien, passieren den kleinen See **Pozzo alle Pecore** und wan-

### Il Castagneto

Von alters her ist die Edelkastanie fundamentaler Bestandteil der Wirtschaft des maremmanischen Hinterlandes. Im Herbst werden die Kastanien gesammelt: die stacheligen Früchte werden mit Stangen von den Bäumen geschlagen und dann durch einen drehenden Tritt mit dem Absatz geöffnet. Sie werden frisch gegessen, gekocht oder geröstet, oder aber zum Aufbewahren in trockenen Sand oder Sägemehl gelegt.

Der größte Teil jedoch wird im *seccatoio* getrocknet. Es handelt sich dabei um eine Art Ofen mit einem Gitterrost im Inneren, auf den die Kastanien gelegt werden. Darunter wird ein Feuer aus grünem oder feuchtem Holz entfacht, damit keine Flamme entsteht, sondern nur Hitze und viel Rauch, der durch seitliche Öffnungen abziehen kann.

Die Kastanien kommen auf diese Weise ins Schwitzen und werden so von der Feuchtigkeit befreit. Sie werden mehrmals gewendet und sind dann fertig, wenn kein Wasser mehr austritt. Aus dem getrockneten Fruchtfleisch wird durch Zerbröseln, Sieben und Mahlen das süße Kastanienmehl gewonnen. Es dient zur Herstellung von *Polenta dolce*. Dieser Mehlbrei war jahrhundertelang ein wichtiger und typischer Bestandteil in der Ernährung der Dorfbewohner.

Auch das Holz aus dem Castagneto wird vielseitig verwendet: als Gebälk, zum Bau von Gerüsten, Möbeln und Fässern; und in schmale Streifen geschnitten, kann es gebogen und zu Körben geflochten werden.

Darüber hinaus war der Castagneto auch immer ein Ort der Erholung und ein Spielplatz für die Kinder, die sich aus den großen Blättern »Kleider« machten. Heute wird die Bewirtschaftung der Kastanienwälder mehr und mehr vernachlässigt, in erster Linie aufgrund einer Veränderung in den Ernährungsgewohnheiten der örtlichen Bevölkerung.

**Von Wind und Wetter geformt: die Chiesa San Martino – das Wahrzeichen von Roccatederighi.**

dern über den Poggio al Castagno (558 m) zum **Castagneto del Sassoforte**. Die zwischen riesigen Felsblöcken stehenden, mehr als 100jährigen Kastanienbäume werden von überhängenden Felswänden überragt. Der weiche, federnde Boden unter dem Blätterdach der Baumriesen, deren Äste sich im Herbst unter der Last der Früchte weit herabbiegen, ist übersät mit Tausenden der Fruchthüllen, die mit ihren spitzen, nadelförmigen Stacheln wie terrestrische Seeigel aussehen.

Nach einem kurzem Aufstieg erreichen wir die Ruinen des **Castello di Sassoforte**

auf dem Gipfel des gleichnamigen Berges (787 m). Bei günstigem Wetter hat man von hier oben einen Blick über die Ebene der Maremma Grossetana bis zum Meer. Dann steigen wir auf einem Kammweg bis zur *Strada Panoramica di San Martino* hinab, wo sich der Weg aufspaltet: rechts geht es nach Roccatederighi, links nach Sassofortino; in beiden Orten gibt es Übernachtungsmöglichkeiten.

**Roccatederighi** ist aufgrund seiner Lage eines der interessantesten Dörfer der Provincia di Grosseto. Durch die von Wind und Wetter geformten, riesigen Trachytklippen getarnt, ja zwischen ihnen förmlich versteckt, bilden die Umrisse der Häuser und die mittelalterlichen Türme ein ungewohntes, einzigartiges Ortsbild, das von weitem mit der natürlichen Umgebung zu verschmelzen scheint. Die Kirche San Martino auf der Südspitze des Bergrückens bildet das markante Wahrzeichen von Roccatederighi.

**Sassofortino,** nicht ganz so spektakulär wie sein Nachbar, hat die für alle Dörfer auf den Trachytfelsen so typische Struktur eines Zapfens, der an der Pfarrkirche San Michele beginnt und sich nach Süden bis zur Provinzstraße erstreckt.

## Tourenprofil: Trekking Roccastrada

| Strecke | Höhe | Gehzeit | Entfernung | Aufstiegsrate / Abstiegsrate |
|---|---|---|---|---|
| Start: Sticciano | 303 m | | | |
| 1. Etappe: Roccastrada | 479 m | $5\frac{1}{2}$ Std. | 18,5 km | 572 m / 397 m |
| 2. Etappe: Castello del Belagaio | 427 m | $4\frac{1}{2}$ Std. | 14.5 km | 293 m / 345 m |
| 3. Etappe: Torniella | 441 m | $4\frac{1}{2}$ Std. | 13 km | 246 m / 232 m |
| 4. Etappe: | | | | |
| A) Sassofortino | 575 m | 6 Std. | 17 km | 744 m / 680 m |
| B) Roccatederighi | 538 m | 6 Std. | 17,5 km | 744 m / 717 m |
| 5. Etappe: | | | | |
| A) Montemassi | 280 m | $4\frac{1}{2}$ Std. | 16 km | 311 m / 606 m |
| B) Montemassi | 280 m | $2\frac{1}{2}$ Std. | 8,5 km | 184 m / 442 m |
| Endpunkt: Montemassi / total: | | A) 25 Std.<br>B) 23 Std. | A) 79 km<br>B) 72 km | |

## 5. Etappe: Zwei Varianten des Wegs nach Montemassi

**Variante A: Sassofortino – Montemassi** Unterhalb von Sassofortino bedeckt ein Mosaik aus Macchia, Weinbergen, Olivenhainen und Weiden den an Kalkfossilien reichen Hang. Auf den offenen Böden der gepflügten Felder ist es nicht schwer, Abdrücke und Versteinerungen von Muscheln und Schnecken zu finden. Früher standen hier Eichenwälder, die dem Kulturland weichen mußten.

Nach der Durchquerung der **Zona di Pagiano**, wo aufgrund der Bodenbeschaffenheit wieder Kastanien wachsen, erreichen wir jenseits eines Steineichenwaldes die in eine Fattoria umgewandelte **Pieve di Caminino**. Die der Heiligen Dreifaltigkeit gewidmete, architektonisch interessante dreischiffige Kirche hatte im Mittelalter eine gewisse regionale Bedeutung. In ihrer Nähe befindet sich das Oratorium von **San Feriolo**, bis vor wenigen Jahrzehnten ein beliebter Wallfahrtsort für Pilger aus nah und fern.

Im Tal des Torrente Asina treffen wir auf den Weg, der von Roccatederighi herabkommt, überqueren den **Poggio Colombo** und erreichen **Montemassi**. Von der einst großen Festung sind nur noch drei Mauerringe und zwei Türme zu sehen. Zu Füßen des Kastells liegt die pittoreske Altstadt in der typischen Zapfenform.

**Variante B: Roccatederighi – Montemassi** Die kurze Etappe beginnt mit einem Abstieg im Kastanienwald unterhalb des zerklüfteten Trachytfelsens, auf dem sich Roccatederighi erstreckt. Langsam gewinnen Olivenhaine und andere Kulturen die Oberhand, die aufgrund ihrer Kleinflächigkeit die Landschaft in einen Flickenteppich verwandeln. Im Tal des Torrente Asina treffen wir auf die Straße, die nach **Montemassi** führt. Von der Festung genießen wir abschließend einen herrlichen Rundblick über die Ebene der Maremma Grossetana bis zum Tyrrhenischen Meer und landeinwärts auf Sassoforte und Monte Alto.

### Nützliche Hinweise

**Anreise:** Von Siena auf der SS 223 bis Paganico, dann auf der SP »*Terzo*« in Richtung Roccastrada bis zur SS 73 und weiter in südlicher Richtung nach Sticciano.
**Karten:** • Carta della Provincia di Grosseto 1:220 000 (erhältlich in den Zweigstellen der APT). • Kartenteil des Buches »Trekking Roccastrada« (Bezug s. u.).
**Übernachtung:** • Albergo Marconi, Via Mazzini 8, 58028 Roccastrada (GR), Tel. (05 64) 56 50 62. • Albergo Il Caolino d'Italia, Torniella, Loc. Le Fabbriche, Tel. 57 54 66.
• Albergo Da Momo, Via XXVII Ottobre 14, 58029 Sassofortino, Tel. (05 64) 56 97 01.
• Trattoria Da Nada, Via Trento 13, 58028 Roccatederighi (GR), Tel. (05 64) 56 72 26.
**Informationen:** Einen 90seitigen, allerdings nur in Italienisch erhältlichen Führer »Trekking Roccastrada« mit ausführlichen Wegbeschreibungen, Höhenprofilen, Informationen zur Geschichte, Archäologie, Geologie, Flora und Fauna der Region und der einzelnen Orte sowie einer tabellarischen Übersicht der Entfernungen, benötigten Zeiten und der vertikalen Auf- und Abstiegsraten gibt es bei der »Cooperativa l'Albatro«, via Cavour 9, 58100 Grosseto, Tel. (05 64) 41 20 00, Fax (05 64) 41 01 21. Dazu gibt es einen separaten Kartenteil im Maßstab 1:30 000 mit allen Wegen und einer symbolischen Darstellung aller für den Trekker wichtigen Informationen.

# 13 Mondlandschaft und Tuffsteinhöhlen
# Von Monte Oliveto Maggiore nach Pitigliano

Vor dem Hintergrund des erloschenen Vulkanmassivs des Monte Amiata erstreckt sich zwischen Siena, dem Lago di Bolsena und dem Tyrrhenischen Meer eine herbe, einsame Landschaft, deren Ruhe und Harmonie manchmal geradezu unwirklich erscheinen. Auf den nährstoffarmen Böden ist die Landwirtschaft unrentabel geworden. Die Hälfte aller Höfe ist verlassen, nur noch selten trifft man auf größere Siedlungen. Im Norden dieses Trekkinggebietes verliert sich das fast vegetationslose Hügelmeer der Crete am Horizont, und ganz tief im Süden versetzt das einzigartige Open-air-Museum jahrtausendealter Etruskergräber den Besucher zurück in die Anfänge toskanischer Geschichte.

## 1. Etappe: Von Monte Oliveto nach Montalcino

Je nach Jahreszeit grün, lila, goldglänzend oder erdbraun erstreckt sich südlich von Siena ein unirdisch erscheinendes Gewoge sanfter Hügel wie eine saharische Dünenlandschaft: die **Crete Senesi**. Erdfurchen (Calanchi) und durch Ablagerungen von Natriumsulfat weiß getünchte, kahle Lehmkuppen (Biancane), auf denen vereinzelte Gutshöfe und Zypressen graphische Akzente setzen, geben dieser Landschaft ihr einzigartiges, faszinierendes Aussehen.

Über weite Strecken kein Baum. Felder und Schafweiden dominieren. Und mittendrin das Backsteinrot der Abtei **Abbazia di Monte Oliveto Maggiore**, 1313 gegründet, mit einem der bedeutendsten Freskenzyklen italienischer Renaissancemalerei. Hier beginnt die Tour.

Auf Feld- und Fahrwegen und zum Teil auch querfeldein geht es durch das Hügelmeer der Crete über **Chiusure**, **San Giovanni d'Asso** und **Torrenieri** nach **Montalcino**. Wie ein Felsen in der Brandung thront der berühmte Weinort auf einem Hügel hoch über den erdigen Wellen. Die Häuser stehen dichtgedrängt in engen Gassen, überragt von schlanken Türmen, und auf den Hängen vor den Stadtmauern wächst einer der besten Weine Italiens, der *Brunello di Montalcino*.

## 2. Etappe: Von Montalcino über die Hügel nach Seggiano

Durch die Ausläufer des Hügelmeers der Crete geht es über Villa a Tolli zu einem der architektonischen Höhepunkte der Toskana: der einsam inmitten von Feldern, Olivenhainen und Ginstergebüschen liegenden romanischen Klosterkirche **Sant' Antimo** aus dem 12. Jh.: von Mauern umgeben, bewacht von Löwen, Adlern und Drachen aus Stein, die als Skulpturen und

Sanfte Hügel bestimmen die wellige Erosionslandschaft der Crete Senesi.

## Kurzcharakteristik

Eine 7tägige Tour, die in der offenen, welligen Erosionslandschaft der Crete Senesi beginnt, dann durch die kühlen Buchenwälder des erloschenen Vulkanmassivs des M. Amiata zu den Thermalquellen von Saturnia führt und in den Kalk- und Tuffsteinlandschaften um Pitigliano endet. Kulturelle Höhepunkte sind das Kloster Monte Oliveto Maggiore, Montalcino, die romanische Klosterkirche von Sant'Antimo, die etruskische Nekropole in Sovana und die mittelalterliche Altstadt von Pitigliano.
**Beste Jahreszeit:** April bis Mitte Juni, September und Oktober
**Gesamtgehzeit:** 7 Tage
**Gesamtstrecke:** 116 km
**Kartenskizze:** Siehe Seite 184

Reliefs an Portalen, Turm und Wänden prangen.

Dann ändert sich die Landschaft. Die kahlen Hügel sind verschwunden, tief eingeschnittene Täler, Kastanien- und Buchenwälder prägen mehr und mehr das Bild. Über das nahe Castelnuovo dell'Abate gehen wir ins Tal des **Fiume Orcia** hinab und erreichen über **Poggioferro** am Abend **Seggiano** am Nordwesthang des M. Amiata.

### 3. Etappe: Über den Monte Amiata

Von Seggiano aus führt der Weg durch dichte Wälder über Poggiolungo zum Gipfel des **Monte Amiata** (1738 m) hinauf. Dieser Berg, nur 50 km Luftlinie von der Küste des Tyrrhenischen Meeres entfernt,

**Vom Nordhang des Monte Labbro fällt der Blick zurück auf das erloschene Vulkanmassiv des Monte Amiata mit seinen dichten Buchen- und Tannenwäldern.**

ist ein beliebtes Wintersportgebiet mit 15 km Pisten und 17 Liftanlagen.

Mit Vorkommen des silbrig glänzenden, sehr spröden Metalls Antimon, von Mangan, von Fluoriden und Zinnober, einem Quecksilbererz, hat das Gebiet um den M. Amiata auch wirtschaftliche Bedeutung. Alles italienische Quecksilber wird in den Minen von Abbadia San Salvatore, Bagnore und in der Umgebung von Poggio Roccone südlich des Amiata abgebaut.

Begleiterscheinungen des Vulkanismus sind zahlreiche Thermalquellen im Gebiet des »Quecksilberbergs«.

Dann folgt ein angenehmer Abstieg, ebenfalls auf kühlen, schattigen Waldwegen über **Prato della Contessa** (1458 m) zur Straßenkreuzung **Aiuole** am Südwesthang des Monte Amiata. Übernachtung im »Albergo Aiuole«.

## Erlesen und teuer: Brunello di Montalcino

Es waren die Jahre der Massenproduktion, die den Weinen Italiens viel von ihrem Ruf verdarben. Anders der *Brunello di Montalcino*: Er wurde abseits solcher Art des Gewinnstrebens produziert. Was nicht heißen soll, daß mit ihm kein Geld verdient werden sollte! Lassen wir Hugh Johnson, den »Weinpapst«, zu Wort kommen: »Ein voller, trockener Rotwein, der seit vielen Jahren … nach dem Motto bereitet wird, daß keine Mühe gescheut werden darf. Verkauft wird er nach dem Motto …, daß kein Preis hoch genug sein kann. … Die Brunello-Traube ist eine Spielart des Sangiovese, die in dem Boden dieser Gegend tief dunkle, stark konzentrierte Weine erbringt. Eine lange Faßreifezeit und – was noch wichtiger ist – eine lange Flaschenlagerungszeit bringen aus der vollen, kraftstrotzenden Tiefe dieses Weins ein bemerkenswertes Bukett hervor.« Jahresproduktion: 278 000 Kästen. Lagerung mindestens vier, beim Riserva fünf Jahre. Preisbeispiel: Cappanna Fottoi Riserva 1990 (sehr guter Jahrgang): 60 Mark.

## 4. Etappe: Hinauf zum Monte Labbro und nach Semproniano

Auf die dunklen Wälder des M. Amiata folgt wieder eine offenere, mehr »toskanische« Landschaft. Der Weg führt zunächst zum kahlen Gipfel des **M. Labbro** mit herrlichem Blick zurück auf den Vulkan, ins Fiora-Tal und über die Maremma bis zum M. Argentario. Es geht weiter über Bergwiesen, die sich im Frühjahr in ein buntes Blütenmeer verwandeln, hinab nach **Roccalbegna**. Von hier verläuft der Weg auf den Randhöhen des Albegna-Tals nach **Semproniano**.

## 5. Etappe: Zu den Thermen von Saturnia

Heute steht nur ein recht kurzer Fußmarsch auf dem Programm.

**Variante A** führt über Catabbio und Poggio Murella nach Terme di Saturnia. Hier kann man im Schwimmbad des »Hotel Terme« im Wasser der warmen, schwefelhaltigen Quelle baden oder zu den Wasserfällen *Cascata del Molino* 500 m unterhalb der Quelle weiterwandern und sich dort in den Pools bei den Ruinen der alten Mühle entspannen.

**Variante B** verläuft von Semproniano über das »Felsennest« Rocchette di Fazio hinab ins Tal der Albegna und dann flußabwärts bis zu einer Furt unterhalb von Saturnia, von wo ein Feldweg direkt in den alten etruskischen Ort hinaufführt. Zur Übernachtung stehen in Saturnia verschiedene Unterkünfte zur Verfügung.

## 6. Etappe: Zu den Nekropolen von Sovana

Über *Cascata del Molino*, **Poggio Murella** und **San Martino sul Fiora** erreichen wir **Sovana**, ein kleines mittelalterliches Dorf mit einer ruhmreichen Vergangenheit. Der Ort im Abseits der großen toskanischen Kulturzentren weist in seiner Umgebung eine große etruskische Nekropole mit einer Vielfalt unterschiedlichster Grabformen aus dem 3. bis 1. Jh. v. Chr. auf, unter anderem das *Tomba Ildebranda,* ein Felsengrab inmitten dichter Vegetation. Lohnend ist auch eine Besichtigung der *Cavone,* einer in den Tuff gefrästen Straße, die im Laufe der Jahrhunderte immer tiefer in das Gestein eingeschnitten wurde.

Sovana liegt in einer beeindruckenden Tuffsteinlandschaft mit steilen Canyons, deren rostbeige Felsen mit dem Grün der üppigen Vegetation kontrastieren.

Irgendwo zwischen Semproniano und Sovana.

## 7. Etappe: Auf den Spuren der Etrusker nach Pitigliano

Wir bleiben auch auf dieser Etappe auf den Spuren der Etrusker: Nach einem Abstecher zur *Necropoli Folonia* am Ortsrand von Sovana gehen wir auf einem uralten Etruskerweg, der noch die von den Wagenrädern in den weichen Tuffstein gefrästen Rinnen zeigt, auf Wald-

**Tourenprofil: Von Monte Oliveto Maggiore nach Pitigliano**

| Strecke | Höhe | Gehzeit | Entfernung | Berge / Orte |
|---|---|---|---|---|
| Start: Monte Oliveto Maggiore | 273 m | | | |
| 1. Etappe: Montalcino | 567 m | 5½ Std. | 21 km | |
| 2. Etappe: Seggiano | 471 m | 6 Std. | 20 km | Sant'Antimo, 380 m |
| 3. Etappe: Kreuzung Aiuole | 818 m | 6 Std. | 19 km | M. Amiata, 1738 m – Prato della Contessa, 1458 m |
| 4. Etappe: Semproniano | 601 m | 6 Std. | 18 km | M. Labbro, 1193 m – Roccalbegna, 522 m |
| 5. Etappe: Saturnia | 294 m | 4 Std. | 14 km | |
| 6. Etappe: Sovana | 291 m | 6 Std. | 16 km | Poggio Murella, 410 m – San Martino sul Fiora, 446 m |
| 7. Etappe: Pitigliano | 313 m | 2½ Std. | 8 km | |
| Endpunkt: Pitigliano / total: | | 36 Std. | 116 km | |

**Stadt über dem Abgrund: Pitigliano.**

und Fahrwegen nach **Pitigliano**, der »Stadt über den Abgründen«. Der Ort liegt eindrucksvoll hoch oben auf einem Tuffsporn, der durch zwei hier zusammentreffende Schluchten gebildet wird.

Mittelalterliche Steinhäuser, Brunnen, Torbögen, Columbarien und enge Treppengassen prägen bis heute den bereits in etruskischer und römischer Zeit besiedelten und befestigten Ort.

## Nützliche Hinweise

**Anreise:** Mit dem Bus von Siena über Asciano bis Chiusure. Mit dem Pkw: Von Siena auf der SS 2 bis Buonconvento und von hier über die SS 451 nach M. Oliveto Maggiore.
**Rückfahrt:** Von Pitigliano fahren täglich Busse nach Grosseto. Von hier mit dem Bus nach Siena und dann zurück über Asciano bis Chiusure oder mit dem Zug von Grosseto bis San Giovanni d'Asso und weiter zu Fuß zum Kloster M. Oliveto.
**Karten:** • Carta dei Sentieri e Rifugi, 1:25 000, Massiccio del Monte Amiata, Doppelblatt 40/41, Edizioni Multigraphic. • Karten des »Istituto Geografico Militare«, 1:100 000, Blätter No 121 (Montepulciano), No 129 (Santa Fiora) und No 136 (Tuscania). Die Karten gibt es in Florenz in der *Libreria Geographica*, Via dei Cimatori 16, oder in Siena in der *Libreria Ticci*, Via delle Terme 5/7.
**Übernachtung:** Anschriften von Hotels, Alberghi, Campingplätzen und Agriturismo-Betrieben findet man in den Hotelverzeichnissen der Provinzen Siena und Grosseto, erhältlich bei den Zweigstellen der ENIT (Anschriften siehe Service-Teil).
**Literatur:** Hennig, C.: »Richtig wandern«, Toscana – Latium, Verlag DuMont, Köln.

Herbststimmung auf einem Gutshof in den Crete Senesi.

# 14 Pferdetrekking im wilden Süden der Toskana

# Colli dell'Albegna

Die Colli dell'Albegna sind durch die Verschiedenartigkeit ihrer Nutzung und Geschichte eine Landschaft von bemerkenswerter Vielfalt. Lichte Olivenhaine und Getreidefelder kontrastieren mit dunklen Eichenwäldern. Die Vergangenheit ist allgegenwärtig: in den Ruinen etruskischer Siedlungen und Nekropolen, den mittelalterlichen Burgen, in den Legenden um verborgene Schätze und den Räuber Tiburzi, den Piraten Barbarossa und den berittenen Cowboys der Maremma, den *Butteri*, deren Glanz allmählich verblaßt und nur noch in der Erinnerung wieder auflebt. Es ist der Kontrast von Meer und Hügelland, der diesen Trekk so reizvoll macht, die Verbindung von Natur und Kultur, Vergangenheit und Gegenwart.
Zentrum ist das ländlich geprägte, mittelalterliche Scansano, dessen eng verschachtelte Häuser Spiegelbild einer Dorfgemeinschaft mit ebenso engen familiären Bindungen sind. Der Ort war bis ins 19. Jh. Zufluchtsort der Grossetaner, die in den Sommermonaten, von Mai bis September, aus Angst vor der Malaria dem ungesunden Klima der sumpfigen Ebene entflohen und in dem höher gelegenen Ort übersommerten.

## 1. Etappe: Hoch zu Roß von Scansano nach Saturnia

Nach dem Frühstück im Hotel in Scansano führt der Weg hinunter ins Tal des Fiume Albegna. Dann geht es weiter nach **Saturnia**, das auf einem Travertinfelsen erbaut ist, der sich hoch über das Albegna-Tal erhebt. Der Ritt hierher ist etwa 18 km weit und dauert gut 4 1/2 Std. Vom etruskischen Aurinia ist außer einigen Gräbern und Resten des Mauerrings aus dem 4. bis 3. Jh. v. Chr. wenig erhalten geblieben.

Nach einem entspannenden Bad in den 37 °C warmen schwefelhaltigen Thermalquellen, die schon bei Etruskern und Römern beliebt waren, lassen wir uns zurück zum Hotel in Scansano fahren.

## 2. Etappe: Durch die Macchia nach Roccalbegna

Früh am Morgen, nach einem guten Frühstück, sind wir wieder in **Saturnia**. Von hier aus setzen wir den Ritt fort, immer in einer Höhe zwischen 300 m und 500 m. Über die mit mediterraner Macchia und den typischen Kulturpflanzen der Toskana bewachsenen Ablagerungen aus Trümmergestein (Flysch), von der Erosion zu sanften Hügeln gerundet, erreichen wir das fast menschenleere, mittelalterliche Dorf **Rocchette di Fazio**. Es liegt hoch oben auf einem fast senkrecht zum Albegna hin abfallenden Felsvorsprung. Vom Aussichtspunkt am Rande der alten Burganlage blicken wir hinab ins Tal des Al-

Ein kontrastreiches Mosaik aus Getreidefeldern und Waldstreifen in den Colli dell'Albegna.

## Kurzcharakteristik

Dieser Ritt durch die südliche Toskana mit ihrer sanften Hügellandschaft, mit Olivenhainen und schmucken Gutshöfen inmitten von Weinbergern führt im Nordosten bis an die Hänge des Monte Labbro (1193 m) und im Südwesten in den Parco Naturale della Maremma.
Durchgeführt wird das Pferdetrekking als Pauschalangebot des Hotels »Antico Casale di Scansano«, einem in ursprünglichem Stil renovierten Gutshof, zu dem allabendlich zurückgekehrt wird (Stationstrekking). Das gesamte Trekking-Gebiet liegt im collinen Bereich mit Höhen zwischen 20 m und 530 m.
**Beste Jahreszeit:** April bis Juni und September bis Oktober
**Gesamtreitzeit:** 6 Tage
**Gesamtstrecke:** 130 km
**Kartenskizze:** Siehe Seite 193

begna mit seinen weiten Wiesengründen. In der Ferne können wir Roccalbegna erkennen und dahinter als Silhoutte, die Hänge des M. Labbro. Über steile, mit Dickicht bewachsene Hänge reiten wir hinab ins Tal und dann entlang, aber auch mitten durch den Fluß nach **Roccalbegna**, einem der wohl malerischsten Bergdörfer im Hinterland der Maremma.

Während die Pferde auf einer Weide unter Olivenbäumen auf die Nacht vorbereitet werden, fahren wir mit dem Hotelbus zurück nach Scansano.

### 3. Etappe: Zum Ort des Reiterfestes zu Ehren von San Giorgio

Ganz langsam senkt sich der Reitweg westwärts in Richtung Meer. Über die Osthänge des M. Faete (769 m) geht es nach **Murci**, wo kunstvolle Lederarbeiten

### Nützliche Hinweise

**Anreise:** Auf der SS 322 von Grosseto über Istia d'Ombrone nach Scansano.
**Trekkingveranstalter:** Antico Casale di Scansano, Loc. Castagneta, 58054 Scansano (GR), Tel. (05 64) 50 72 19 oder 50 72 78, Fax (05 64) 50 78 05 (Informationen in Deutsch anfordern).
**Information:** • Comunità Montana Colline Albegna e Fiora, Via S. Chiara, 58017 Pitigliano (GR), Tel. (05 64) 61 60 39. • »Consorzio del Parco Naturale della Maremma«, Aurelia Antica, 58010 Alberese (GR), Tel. (05 64) 40 70 98.

hergestellt werden. Am Nachmittag machen wir Rast bei den Ruinen des **Castello di Cotone** aus dem 16. Jh. Zahlreiche Legenden ranken sich um die Zerstörung der Burganlage. Endpunkt des heutigen Tages ist **Montorgiali**, das wir nach knapp 7 Std. und einer Strecke von 26 km erreichen. Hier findet im April ein Reiterfest zu Ehren des heiligen Georg statt.

In der örtlichen Pizzeria genießen wir zum Abschluß des Tages bei Wein und Grappa aus der Region eine wirklich ausgezeichnete Pizza, bevor wir uns abholen lassen.

## 4. Etappe: Richtung Meer, nach Alberese

Heute geht es weiter von **Montorgiali** in Richtung Meer. Bald haben wir die Hügel hinter uns gelassen und reiten durch die weite Ebene der Maremma auf die Monti dell'Uccellina zu. Unser Nachtquartier beziehen wir heute im Maremma-Gestüt in **Alberese** am Rande des »Parco Naturale«. Wer mag, kann mit dem bereitgestellten Schlafsack im Stall übernachten. Für Badefreunde besteht die Möglichkeit, zum Strand von Marina di Alberese zu fahren.

**Das ganze Jahr über weiden Schafe auf den offenen Wiesenhängen im Hinterland der Maremma Grossetana.**

Ein gemütlicher Grillabend beschließt diesen abwechslungsreichen Tag.

Wer diesen Trekk im Mai durchführt, kann bei der alljährlichen Vorführung der Brandmarkung der Rinder in Alberese dabei sein. Was früher eine unentbehrliche Maßnahme zur Abschreckung von Viehdieben war, hat heute mehr und mehr folkloristischen Charakter angenommen.

## 5. Etappe: Durch den Naturpark der Maremma

Ein *Buttero*, Viehhirte und zugleich Parkwächter zu Pferd, führt uns heute durch den Naturpark der Maremma, 18 km weit und 4–5 Std. lang. Wir begegnen Herden von freilebenden Pferden und den berühmten Maremma-Rindern. Wir reiten unter riesigen Pinien, am Fuß einer Fels-

**Die Ruinen der Chiesa di San Bruzio aus dem 12. Jahrhundert südöstlich von Magliano inmitten eines prächtigen Olivenhains.**

wand mit Fächerpalmen entlang und durch hohes Schilf, bevor wir das türkisfarbene Meer erreichen. Am unberührten Strand wird Picknick gemacht. Danach folgt ein Ritt am Meer entlang bis zum südlichsten Punkt des Parks: **Talamone**, ein Ort, der seit dem 4. Jh. v. Chr. als natürlicher Hafen bekannt ist und schon in der mythischen Reise der Argonauten erwähnt wurde. Talamone – das heutige Tagesziel – liegt auf einer felsigen Landspitze, die wie ein Kap ins Tyrrhenische Meer vorspringt.

## 6. Etappe: Rückkehr nach Scansano

Durch Weinberge und Ginsterwälder führt der Ritt wieder hinauf in die Hügel der Toskana. Am späten Nachmittag erreichen wir Scansano, wo wir den Trekk mit einem Abschiedsessen ausklingen lassen.

## Tourenprofil: Colli dell'Albegna

| Strecke | Höhe | Reitzeit | Entfernung | Orte |
|---|---|---|---|---|
| Start: Scansano | 493 m | | | |
| 1. Etappe: Saturnia | 294 m | 4–5 Std. | 18 km | |
| 2. Etappe: Roccalbegna | 522 m | 4–5 Std. | 18 km | Rocchette di Fazio |
| 3. Etappe: Montorgiali | 330 m | 6–7 Std. | 26 km | Murci, Castello di Cotone |
| 4. Etappe: Alberese | 42 m | 5–6 Std. | 22 km | Marina di Alberese |
| 5. Etappe: Talamone | 10 m | 4–5 Std. | 18 km | |
| 6. Etappe: Scansano | 493 m | 6–7 Std. | 24 km | |
| Endpunkt: Scansano / total: | | 29–35 Std. | 126 km | |

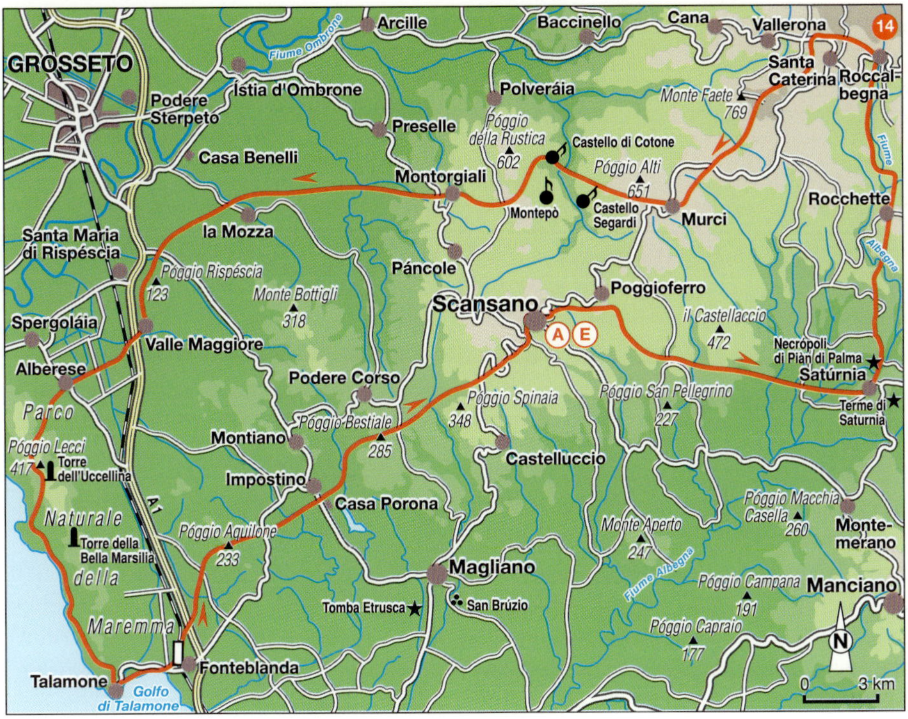

# 15 Gegen den Strom: Von der Mündung zur Quelle

# Fiume Albegna

Nach den Berichten des Dionysios von Halikarnassos benutzten bereits die Pelasger im zweiten Jahrtausend vor Christus den *Weißen Fluß* (Albegna) als Wasserweg, um auf dem Felsen von Saturnia Stellung zu beziehen. Später nutzten die Etrusker die Mündung des Flusses als natürlichen Hafen und gründeten dort **Calusium,** das seinen heutigen Namen **Albinia** von den Römern erhielt. Phönizische und etruskische Schiffe fuhren flußaufwärts, um mit den Herrschern des Hinterlandes Handel zu treiben.
Heute hat der Fiume Albegna seine Bedeutung als Wasserweg verloren und ist – besonders im Mittel- und Oberlauf – in einem weitgehend ursprünglichen Zustand erhalten geblieben.

## 1. Etappe: Von der Bocca d'Albegna nach Marsiliana

Dort, wo der Fiume Albegna in den Golf von Talamone mündet (*bocca* ist die Mündung) und seine Ablagerungen zur Bildung des **Tombolo della Giannella** beigetragen haben, ließ Philipp II. von Spanien 1630 den *Salzturm* (Torre Saline) errichten. Hier beginnt die Tour.

Von kreischenden Möwen begleitet, gehen wir am Südufer des *Weißen Flusses* entlang. Der Unterlauf des Albegna von seiner Mündung bis **Marsiliana** ist wenig aufregend. Weitgehend in Deiche korsettiert, fließt er träge durch die Schwemmsandebene, die er aufgeschüttet hat. Nur eine leichte Brise, die, vom Tyrrhenischen Meer kommend, landeinwärts weht, kräuselt die bleigraue Wasserfläche. Ab und zu schnappt ein Fisch nach einer Fliege, und ein kleines Boot hinterläßt seine schaumige Spur im Brackwasser. Ein Tag zur Einstimmung.

**Das »Felsennest« Rocchette di Fazio über dem Tal des Fiume Albegna. Am Fuß der steil aufragenden Felsklippe verläuft eine enge Schlucht.**

### Kurzcharakteristik

Der hier vorgeschlagene Trekk ist eine echte Pfadfindertour entlang des Fiume Albegna durch eine weite Schwemmsandebene, kuppiges Hügelland und eine fast alpine Berglandschaft bis zur Quelle in knapp 1000 m Höhe am Südhang des M. Pratimolli (1045 m). Die vorgestellte Route ist ein Vorschlag, der auf Teilbegehungen beruht – also genug Möglichkeiten, um eigene Wege zu finden. Abenteuer Trekking!
**Beste Jahreszeit:** Mitte April bis Mitte Juni und Anfang September bis Ende Oktober
**Gesamtgehzeit:** 4–6 Tage
**Gesamtstrecke:** 80–90 km (je nachdem, ob mit oder ohne Abstecher)
**Kartenskizze:** Siehe Seite 200

## 2. Etappe: Von Marsiliana nach Montemerano

Ausgangspunkt der heutigen Wanderung ist die 177 m lange Betonbrücke der SP 94, die nahe Marsiliana den Fluß überspannt. Wir benutzen die Deichkrone als idealen Wanderweg.

In weiten Mäandern fließt der Albegna an der SO-Abdachung der Hügelkette entlang, die sich von Scansano bis Roccalbegna erstreckt und die Wasserscheide zwischen Ombrone und Albegna bildet. Niederwüchsiger Galeriewald begleitet zeitweilig die Ufer. Mehrere Seitenbäche führen dem Fluß genügend Wasser zu, so daß er auch im Sommer nicht austrocknet.

Langsam wird das Tal enger, das Gelände hügeliger und der Wald üppiger. Wir verlassen den Fluß an der Brücke der SS 322 und wandern zum mittelalterlichen **Montemerano** hinauf. Der Ort geht auf eine Burg der Aldobrandeschi zurück und wurde später unter der Herrschaft von Siena mit drei Mauerringen umgeben. In Montemerano gibt es Unterkünfte.

**Alternative** Etwa drei Kilometer flußaufwärts der Brücke treffen wir auf eine breite Furt unterhalb von **Saturnia**. Das flache Flußbett ist mit grobem Geröll aufgeschüttet. Von hier bis hinauf auf die Piazza von Saturnia, mit Springbrunnen, einem drei Meter hohen Obelisken, Lebensmittelläden, Pizzeria und hohen, schattenspendenden Linden, Platanen und Kiefern sind es nur zweieinhalb Kilometer. Der Ort liegt hoch über dem Fluß auf einem langgestreckten Travertin-Plateau. In Saturnia gibt es Hotels, einige kleine Alberghi und Privatzimmer.

**Willkommene Erfrischung: Wassergefüllte Pools zwischen geglätteten Felsblöcken im Bett des Fiume Albegna laden zum Baden ein.**

**Waschtag in Rocchette di Fazio.**

## 3. Etappe: Über Felsblöcke und Wiesen nach Roccalbegna

Direkt unterhalb von Saturnia passieren wir einen Bergrutsch. Die fahlgelbe, vegetationslose Bergflanke dient gut zur Orientierung. Dann verengt sich das Tal, und wir erreichen jenseits eines Durchbruchs mit steil aufragenden, felsigen Ufern die Brücke der SP 112 in Richtung Usi. Der Weg durch die Talenge verläuft oberhalb des wildromantischen Flußbetts als Saumpfad am Fuß der zum Teil senkrecht aufsteigenden Felswand entlang. Zu Zeiten geringer Wasserführung ist es aber auch möglich, direkt im Flußbett über die vom Wasser geglätteten, abgerundeten Felsblöcke die Schlucht zu durchklettern.

Von der Brücke sind es fünf Kilometer hinauf bis **Poggio Capanne** oder etwas mehr als vier bis zur **Zona Archeologica di Pian di Palma** (Necropoli Etrusca del Puntone) aus dem 7. Jh. v. Chr. Wer noch keine etruskische Nekropole gesehen hat, sollte den Abstecher zu diesem großen Gräberfeld einplanen. Gut ein Dutzend zum Teil gut erhaltene Grabanlagen liegen verstreut in einem lichten, mediterranen Wald. Der Weg dorthin ist ausgeschildert.

Die nächsten sechs bis sieben Kilometer bis zum 1960 gebauten *Aquedotto del Fiora* dürften zu einem der schönsten Streckenabschnitte der Tour zählen. Von der Brücke steigt eine schmale Asphaltstraße hinauf ins pittoreske **Rocchette di Fazio.** Der kleine, verträumte Ort ohne Bar oder Restaurant mit seinem Kastell aus dem 12. Jh. liegt auf einem vorspringenden Felsen, der senkrecht zum Fiume Albegna abstürzt. Vom Platz hinter der

Felsblöcke markieren den Verlauf des noch jungen Flusses in der Nähe von Roccalbegna.

## Tourenprofil: Fiume Albegna

| Strecke | Höhe | Gehzeit | Entfernung | Orte |
|---|---|---|---|---|
| Start: Bocca dell'Albegna | 0 m | | | |
| 1. Etappe: Marsiliana | 119 m | 3 Std. | 15 km | Tombolo della Giannella |
| 2. Etappe: A) Montemerano B) Saturnia | 260 m 294 m | 5 Std. 6 Std. | 23 km 24 km | |
| 3. Etappe: Roccalbegna | 522 m | A) 7 Std. B) 6 Std. | A) 25 km B) 19 km | Zona Archeologica di Pian di Palma, Rocchette |
| 4. Etappe: Roccalbegna | 522 m | 5 Std. | 15 km | Sorgente dell'Albegna, 980 m – Monte Buceto, 1152 m – Monte Labbro, 1193 m |
| Endpunkt: Roccalbegna / total: | | A) 20 Std. B) 20 Std. | A) 78 km B) 73 km | |

Burgruine blickt man über das obere Albegna-Tal bis nach Roccalbegna.

Am Fuß des Rocchette-Felsens beginnt eine kurze, aber enge Schlucht, jenseits der sich Wiesengründe ausbreiten. Durch diese wandern wir zu unserem heutigen Tagesziel: **Roccalbegna**.

## 4. Etappe: Zur Quelle des Fiume Albegna

Am letzten Tag, der einen Marsch von 15 km Länge und 5 Std. Dauer bringt, versuchen wir, durch die Schlucht oberhalb des Ortes zu klettern, die der Fiume Albegna in den grauen Fels gewaschen hat. Dann geht es über die Westhänge des **M. Labbro** (1193 m) zur Quelle des *Weißen Flusses* hinauf, die sich unterhalb des Gipfels des **M. Buceto** (1152 m) befindet. Vom Gipfel hat man einen tollen Blick nach Nordwesten ins Tal des Ombrone und nach Nordosten auf das bewaldete Vulkanmassiv des M. Amiata.

Wer möchte, kann einen Abstecher zum Gipfel des M. Labbro machen. Dort stehen die Reste eines Turmes, der dem *Propheten des Amiata,* David Lazzaretti, gewidmet wurde, dem Begründer einer Religionsgemeinschaft mit Prinzipien eines einfachen Sozialismus.

Für den Rückweg von Roccalbegna gibt es Busverbindungen nach Albinia.

## Nützliche Hinweise

**Anreise:** Auf der SS 1 »*Aurelia*« über Livorno und Grosseto nach Albinia.
**Karten:** • La Provincia di Grosseto, 1:220 000; kostenlos über das APT-Büro in Grosseto (Anschrift: s. Service-Teil). • Carta dei Sentieri e Rifugi, 1:25 000, Doppelblatt 40/41, Massiccio del Monte Amiata, Edizioni Multigraphic.
**Übernachtung:** • Im Zelt; andere Übernachtungsmöglichkeiten: • *Albinia:* mehrere Hotels und auf der Nehrung Tombolo della Giannella einige Campingplätze. • *Marsiliana:* Privatzimmer und Agriturismo-Betriebe. • *Montemerano:* zwei kleine Hotels, Privatzimmer und Agriturismo-Betriebe. • *Saturnia:* Hotels und Privatzimmer. • *Poggio Murella, Poggio Capanne* und *Semproniano* – etwas abseits der Route: Herbergen. • *Roccalbegna:* Hotel »La Pietra«.
Alle Anschriften findet man im Hotelverzeichnis der Provincia di Grosseto, kostenlos erhältlich bei der ENIT in Frankfurt/M (Adresse im Service-Teil).

**Durch die Schlucht oberhalb des östlichen Ortsrandes von Roccalbegna versuchen wir, zur Quelle des »Weißen Flusses« hinaufzusteigen.**

Blick von La Rocca auf die Geschlechtertürme von San Gimignano.

# Serviceteil

# Allgemeine Informationen

## Einreisebestimmungen

*Allgemein:* Gültiger Reisepaß oder Personalausweis für Aufenthalt bis zu 90 Tagen.
*Für Kinder:* Kinderausweis, eingetragene Nationalität muß »deutsch« lauten.
Bei Mitnahme lebender Tiere ist zwingend vorgeschrieben:
*Hunde und Katzen:* höchstens 30 Tage altes tierärztliches Gesundheitszeugnis und Tollwutimpfbescheinigung (mindestens 20 Tage, höchstens 11 Monate alt).
Grüne Versicherungskarte empfehlenswert

## Devisenbestimmungen

*Währungseinheit:*
1 Lira (Lit) = 100 Centesimi (Cent.)
Schwankender Wechselkurs; unbegrenzte Einfuhr von Landes- und Fremdwährung
Eurocheque-Service Ausland:
Garantiehöchstbetrag und Währungsbezeichnung: 300 000 LIT (Lire)
Geldautomaten des BANCOMAT-Netzes
Internat. Kreditkarten werden akzeptiert.

## Öffnungszeiten

Banken: Mo.–Do. 8.30–13.30, 15.00 bis 16.00 Uhr, Fr. 8.30–13.30, 14.45–15.45 Uhr
Geschäfte: Di.–Sa. 8.30–12.30 Uhr und 15.30–19.30 Uhr
Lebensmittelgeschäfte in der Sommerperiode 7.30–13.30, 17.30–20.00 Uhr (halber Tag in der Woche geschlossen).

## Ortszeit

MEZ

## Fernsprechverbindungen

*von Deutschland:* (00 39) / Ortsnetz ohne 0 / Teilnehmer
*nach Deutschland:* (00 49) weiter ohne 0

## Stromversorgung

110–220 V, Wechselstrom 50 Hz, Adapterstecker mitnehmen

## Feiertage

| | |
|---|---|
| 1. Januar | – Neujahr |
| 6. Januar | – Dreikönigsfest |
| März/April | – Ostermontag |
| 25. April | – Tag der Befreiung |
| 1. Mai | – Tag der Arbeit |
| 2. Juni | – Nationalfeiertag |
| 15. August | – Mariä Himmelfahrt |
| 1. November | – Allerheiligen |
| 1. November | – Nationalfeiertag |
| 8. Dezember | – Maria Empfängnis |
| 25./26.Dezember | – Weihnachten |

# Wichtige Anschriften

## in Deutschland

### a) Botschaft

Botschaft der Italienischen Republik
Karl-Finkelnburg-Straße 51
53173 Bonn
Tel. (02 28) 82 20
Fax (02 28) 82 21 69
*Sprechzeiten:* Mo.–Do. 8.30–13.15 und 14.30–17.00 Uhr,
Fr. 8.30–13.15, 14.15 bis 16.30 Uhr

### b) Konsulate

in Berlin, Frankfurt/M, Hamburg, Hannover, Köln, Leipzig, München, Stuttgart,

**Die Pieve Molino im dicht bewaldeten Kerbtal des Torrente Scheggia.**

Dortmund, Freiburg i. Br., Nürnberg, Saarbrücken

**c) weitere wichtige Anschriften:**
Alitalia
Frankfurt/Airport Center
60549 Frankfurt/Main
Tel. (0 69) 69 50 52 33
Fax (0 69) 69 50 52 06

**in Italien**
Botschaft
Ambasciata della Repubblica Federale di Germania
Via Po 25 c
I-00198 Roma/Italien
Tel. (0 03 96) 88 47 41
Fax (0 03 96) 8 54 79 56

## Informationsstellen der ENIT (Ente Nazionale Italiano per il Turismo)

Berliner Allee 26
40212 Düsseldorf
Tel. (02 11) 13 22 32
Fax (02 11) 13 40 94

Kaiserstraße 65
60329 Frankfurt/Main
Tel. (0 69) 23 74 30
Fax (0 69) 23 28 94

Goethestaße 20
80336 München
Tel. (0 89) 53 03 60
Fax (0 89) 53 45 27

Hier erhält man Informationsmaterial über die Regionen und Orte, Karten und Unterkunftsverzeichnisse.

## Informationsstellen in Italien

Italien ist verwaltungsmäßig in Regionen aufgeteilt, die ihrerseits in Provinzen und diese wieder in Gemeinden unterteilt sind. Die oberste Tourismusbehörde einer Region ist ein »Assessorato al Turismo«, dem die Fremdenverkehrsbüros der Provinzen (Azienda di Promozione Turistica, APT) unterstellt sind, die ebenfalls Informationsmaterial verschicken.

**Anciolina auf einem exponierten Felssporn am Südhang des Monte Lori.**

**Regione Toscana**
»Assessorato al Turismo« Regione Toscana V. di Novoli, 26
50127 Firenze
Tel. (0 55) 4 38 38 22
Fax (0 55) 4 38 30 64

**Provincia di Arezzo**
Piazza Risorgimento 116
52100 Arezzo
Tel. (05 75) 2 39 52
Fax (05 75) 2 80 42

**Provincia di Firenze**
Via Manzoni 16
50121 Firenze
Tel. (0 55) 2 33 20
Fax (0 55) 2 34 62 86

**Provincia di Grosseto**
Via Moterosa 206
58100 Grosseto
Tel. (05 64) 45 45 10
oder 45 45 27
Fax (05 64) 45 46 06

**Provincia di Livorno**
Piazza Cavour 6
57125 Livorno
Tel. (05 86) 89 81 11
Fax (05 86) 89 61 73

**Provincia di Lucca**
Piazza Guidiccioni 2
55100 Lucca
Tel. (05 83) 49 12 05
Fax (05 83) 49 07 66

**Provincia di Massa Carrara**
Viale Vespucci 24
54037 Marina di Massa
Tel. (05 85) 24 00 46 oder 24 36 36
Fax (05 85) 86 90 15

**Provincia di Pisa**
Via B. Croce 26 (Cas. Post. 316)
56125 Pisa
Tel. (0 50) 4 00 96 oder 4 02 02
Fax (0 50) 4 09 03

**Provincia di Pistoia**
Viale Verdi 66
51016 Montecatini Terme
Tel. (05 72) 77 22 44 oder 7 82 00
Fax (05 72) 7 01 09

**Provincia di Siena**
Via di Citta 43
53100 Siena
Tel. (05 77) 4 22 09 oder 28 06 06
Fax (05 77) 28 10 41

## Sonstige Anschriften

**Agriturismo Toscano**
Piazza S. Firenze 3
50122 Firenze
Tel. (0 55) 28 78 38

**Federazione Ciclistica Italiana**
p. Stazione, 2
50123 Firenze
Tel. (0 55) 98 38 18

**A.I.G.**
Italienischer Jugendherbergs-Verband
00185 Roma
Via Cavour, 44
Tel. (06) 4 87 11 52
Fax (06) 4 88 04 92

**A.N.T.E.**
National-Verband für Tourismus zu Pferde
Via A. Borelli. 5
00161 Roma
Tel. (06) 4 94 09 69
Fax (06) 4 44 16 04

**FEDERCAMPEGGIO**
Italienischer Camping-Verband
Via V. Emanuele II
50041 Calenzano
Tel. (0 55) 88 23 91
Fax (0 55) 8 82 59 18

**Club Alpino Italiano (C.A.I.)**
Italienischer Alpenverein
Via Fonsoca Pimentel, 7
20127 Milano
Tel. (02) 26 14 13 78
Fax (02) 26 14 13 95

**Club Alpino Italiano**
V. S. Giorgio, 31
50047 Prato
Tel. (05 74) 2 47 60
Fax (0 55) 21 51 83

**C.A.I. Siena**
V. Mazzini, 15
53100 Siena
Tel. (05 77) 27 06 66

**C.A.I. Grosseto**
V. Roma 18
58100 Grosseto
Tel. (05 64) 2 10 22

**Klettern**
Collegio Regionale Guide Alpine
V. Torre degli Agli
50100 Firenze
Tel. (0 55) 43 19 74

Lega Montagna A.R.C.I.
V. Bocchi , 32
50126 Firenze
Tel. (0 55) 68 50 09

**Höhlenklettern**
Federazione Speleologica Toscana
V. Torre del Gallo, 30
50125 Firenze
Tel. (0 55) 2 29 99 79

**F.I.E. Italienischer Wanderer-Verband**
16126 Genova
Via La Spezia, 58
Tel. (0 10) 46 32 61

**W.W.F. World-Wildlife-Fund**
00185 Roma
Via Salaria, 290
Tel. (06) 85 24 92

**W.W.F. Toscana**
Canto de Nelli, 8
50123 Firenze
Tel. (0 55) 2 30 26 75

## Karten

Die für jede Tour benötigten Karten sind jeweils unter Nützliche Hinweise aufgeführt. Man erhält sie über den örtlichen Buchhandel, die Zweigstellen der APT oder über das Archiv für Langstreckenwandern e.V., Tannenbergstraße 68, D-26127 Oldenburg, Tel. (04 41) 6 15 80, Fax (04 41) 6 15 19

Karten der Edizioni Multigraphic »Carte dei Sentieri e Rifugi« 1: 25 000, Via G. Campani 64, 50127 Firenze

**Hier und da trifft man auf die neuen säulenförmigen Wegweiser, wie hier an der Schotterstraße unterhalb des Poggio dei Prati Piani (Tour 5: Das Mugello).**

Jedes örtliche Fremdenverkehrsamt (APT) hält für Sie spezielle Wanderkarten der Region bereit. Sehr gute Wanderkarten im Maßstab 1:25 000 für insgesamt 305 toskanische Regionen können Sie sich beim Geographischen Militärinstitut bestellen: Instituto Geografico Militare in: 50129 Firenze, Viale Filippo Strozzi 14, Tel. (0 55) 49 64 16

## Literatur

*Wijkerslooth, P. de*: Bau und Entwicklung des Apennin, Dissertation, Amsterdam 1933

*Irlinger, Bernhard*: Radtouren in der Toskana, Bruckmann, München

*Dumler, Helmut*: Wanderungen in der Toskana, Bruckmann, München

*Edizioni Iter Subiaco*, A piedi in toscana, zweibändig

*Edizioni Tamari* Bologna, G. E. A. Grande Escursione Appenninica

*Kienlechner, T.*: Maremma, Piper München. Melancholisch-heiterer Roman über Liebe und Landwirtschaft in der Maremma

*Procacci, G.*: Geschichte Italiens und der Italiener, München 1983 (sehr ausführliche Gesamtdarstellung)

*Hess, R.*; *Paschinger, E.:* Das etruskische Italien, Dumont 1990. Ein gut recherchierter Führer zu den archäologischen Fundstätten in der Toskana

*Banti, L.*: Die Welt der Etrusker, Stuttgart, G. Kilpper Verlag

Eine Fülle von Reise- und Städteführern in jeder gut sortierten Buchhandlung.

Literatur zu den einzelnen Regionen und Orten gibt es – auch in Deutsch – in großer Auswahl vor Ort oder über das Archiv für Langstreckenwandern (Katalog anfordern); Adresse siehe »Karten«.

**Am Monte Soraggio im tosco-emilianischen Apennin. Zerbrochene Gesteinsrippen und Felsvorsprünge erfordern Trittsicherheit.**

## Wetter-Informationen

Das aktuelle Reisewetter weltweit über Legion Info-Dienste 01 90 – 27 00 59
Gebühr 1,15 DM/Minute (nur von Deutschland aus erreichbar)
Info u. a. über Bologna, Firenze, Perugia ...

## Unterkunft

Sehr informative, ausführliche und mehrsprachige Verzeichnisse der Hotels, Ferienwohnungen, Privatunterkünfte, Campingplätze, Jugendherbergen und Landgüter (Agriturismo) der einzelnen Provinzen erhält man kostenlos vom Staatlichen Italienischen Fremdenverkehrsverband ENIT in Frankfurt/M oder direkt bei den Fremdenverkehrsämtern der jeweiligen Provinz (A.P.T.).

Vor Ort kann man auch im Branchen-Fernsprechbuch *Pagine Gialle Turismo* nachsehen (Gelbe Seiten Tourismus).

Im ADAC-Camping-Führer »Südeuropa« ist eine Fülle qualitativ guter Anlagen aufgeführt, die sich allerdings überwiegend an der Küste befinden. Die meisten Plätze sind in den Sommermonaten/Hauptsaison überfüllt (Reservierung erforderlich) und meist erst ab Anfang Mai geöffnet. Nur wenige Anlagen sind bereits ab Ostern nutzbar.

In den küstenferneren Landesteilen gibt es nur sehr wenige Campingplätze, die bei den einzelnen Touren unter »Nützliche Hinweise« aufgeführt sind.

Ein Verzeichnis aller italienischen Campingplätze (»Campeggiare in Italia« mit Übersichtskarte) gibt es kostenlos bei der ENIT in Frankfurt. Wenn Sie etwas Italienisch sprechen, sollten Sie ruhig einmal auf einem Gutshof oder in einer Fattoria nachfragen, ob Sie Ihr Zelt nicht auf einer zum Anwesen gehörenden Wiese aufbauen dürfen. Man wird selten nein sagen, und vielleicht wird man Sie sogar zu einem Glas Wein einladen.

## Ausrüstungstips

Alle mitgeführten Ausrüstungsgegenstände sollten drei Kriterien erfüllen: Leicht, einfache Handhabung und geringes Packvolumen.

**Grundausrüstung:**

- ❑ Rucksack
- ❑ Schlafsack (bei Bedarf)
- ❑ Zelt (bei Bedarf)
- ❑ feste Trekkingschuhe
- ❑ Teleskopstöcke
- ❑ wind- und regenfeste Jacke
- ❑ leichte, atmungsaktive Hose (für Jeans ist es meist zu warm)
- ❑ Badesachen
- ❑ dicker Pullover (für die Abende)
- ❑ Sonnenbrille
- ❑ Feldflasche
- ❑ Vielzweckmesser
- ❑ Toilettenpapier (nicht überall vorhanden)
- ❑ Taschenlampe mit Ersatzbatterien
- ❑ Nähzeug
- ❑ Kochausrüstung
- ❑ Geschirr.

**Orientierung:**

- ❑ Karten
- ❑ Kompaß
- ❑ Vertech Alpine Höhenmesser von Avocet
- ❑ Fernglas.

## Medizinisches

Impfungen sind nicht erforderlich. Empfehlenswert sind jedoch grundsätzlich Impfungen gegen Diphtherie, Tetanus und Hepatitis A.

**Rifugio C. Battisti vor den nur spärlich mit Gras bedeckten Hängen der Costa delle Veline.**

**Ein ganzes Jahr Frühling: Treppengasse in Sassofortino.**

*Ein paar Empfehlungen für die Reiseapotheke:*

- ❑ Verbandsmaterial
- ❑ elastische Binden
- ❑ Sicherheitsnadeln
- ❑ Schere
- ❑ Pinzette (die Macchia ist bisweilen sehr stachelig)
- ❑ Mineralsalztabletten
- ❑ Augentropfen (besonders für Leute, die sehr lichtempfindlich sind und zu trockenen Augen neigen)
- ❑ schmerzlindernde Mittel
- ❑ Mittel zur Wunddesinfektion
- ❑ Medikamente gegen Durchfall
- ❑ Salbe gegen Wundsein/Hautreizungen/Hautverletzungen
- ❑ Sonnenschutzcreme
- ❑ Mittel gegen Sonnenbrand und Insektenstiche
- ❑ Insektenabweisende Mittel
- ❑ Salbe zur Behandlung von Blutergüssen, Prellungen, Verstauchungen
- ❑ alle persönlichen Medikamente

»Siete nel mondo del Gallo Nero« … Sie befinden sich im Land des Schwarzen Hahns.

## Kleines Weinlexikon

**Amabile**: Lieblicher, nicht zu schwerer Wein mit leicht süßem Geschmack
**Annata**: Jahrgang des Weins
**Cantina**: Weinkeller
**Cantina sociale**: Winzergenossenschaft, Keltereigenossenschaft
**Classico**: Herkunft eines Weins aus dem Zentrum des Ursprungsgebiets
**D.O.C.**: Denominazione di Origine Controllata (kontrollierte Ursprungsbezeichnung): Weine aus einem genau umgrenzten Anbaugebiet. Sie entsprechen den gesetzlich festgelegten Produktionsvorschriften für Rebsorten, Hektarertrag, Mindestalkoholgehalt, Lagerung und Eigenschaften der Weine.
**D.O.C.G.**: D.O.C. e Garantita. Gütezeichen, das nur besonders wertvollen Weinen verliehen wird. Ein staatliches Siegel auf dem Etikett garantiert die herausragende Qualität.
**Fattoria**: Weingut
**Riserva**: Weine, deren Lagerzeit gesetzlich festgelegt ist (3 Jahre) und die erst danach zum Verkauf gelangen.
**Secco**: Trockener Wein, der wenig oder keinen unvergorenen Zucker enthält.
**Tenuta viticola**: Weingut
**Vino bianco**: Weißwein
**Vino da Tavola**: Weine aus in der EG zugelassenen Rebsorten, die mindestens 9 % und maximal 15 % Alkohol aufweisen. Sie tragen nicht mehr den Namen der Rebsorte und der Herkunft auf dem Etikett. Vini da Tavola liegen in der Regel (es gibt berühmte Ausnahmen wie Angelo Gaja aus dem Piemont) unter den Qualitätsnormen und stammen in der Regel auch aus der Massenproduktion.
**Vino frizzante**: Perlwein, der eine Mittelstellung zwischen Still- und Schaumwein einnimmt.
**Vino liquoroso**: Süßer Dessertwein; 16–22 % Alkoholgehalt
**Vino rosato**: Rosé-Wein. Wird gekühlt getrunken und paßt ausgezeichnet zu vielen Speisen
**Vino rosso**: Rotwein
**Vino santo**: »Strohwein«, dessen Trauben nach der Lese mehrere Monate auf Stroh lagern, bevor sie gekeltert werden. Der Wein ist süß, bernsteingelb und reich an Alkohol.
**Vino spumante**: Schaumwein
**Beste Jahrgänge**: 1962, 1964, 1971, 1975, 1993, 1994 und der Superjahrgang 1995

# Glossar

| | |
|---|---|
| albergo (alberghi), m. | kleines Hotel, Gasthof, Herberge |
| alpe, f. | Berg, Gebirge, Alm |
| antro, m. | Höhle |
| bicicletta, f. | Fahrrad |
| bocca (bocche), f. | Öffnung, Mündung |
| borgo, f. | Dorf |
| borro, m. | Schlucht, Sturzbach |
| bosco (boschi), m. | Wald |
| boscoso, a | waldig |
| botro, m. | siehe borro |
| capanne | kleine Häuschen |
| cava, f. | Grube, Steinbruch |
| cima, f. | Gipfel, Spitze |
| città, f. | Stadt |
| costa, f. | Bergrücken, Küste |
| cresta, f. | Gebirgskamm, Grat |
| crinale, m. | Berggrat, Gebirgskamm |
| croce, f. | Kreuz |
| fattoria, f. | Landgut, Weingut |
| fiume, m. (Abk. F.) | Fluß (mit schuttgefülltem Bett, liegen im Sommer oft trocken) |
| foce, f. | schmaler Paß, Scharte |
| fosso, m. | Bewässerungsgraben, kleiner Bach |
| grotta, f. | Grotte, Höhle |
| lago (laghi) m. (Abk. L.) | See |
| Loc. | Abk. f. Località – Örtlichkeit, Ortsteil |
| monte, m. (Abk. M.) | Berg |
| passo, m. | Gebirgspaß |
| pendio (pendici), m. | Neigung, Abhang |
| pineta, f. | Pinienwald |
| podere, m. | Landgut |
| poggio, m. | Anhöhe |
| posto tappa | Etappenziel, Stützpunkt, meist mit Übernachtungsmöglichkeit |
| prato, m. | Wiese |
| rifugio, m. | (Schutz)hütte, Berghütte |
| riva, f. | Ufer |
| rocca (rocche), f. | Festung |
| roccia (rocce), f. | Stein, Fels |
| sentiero, m. | Weg, Pfad |
| sommità, f. | Gipfel, Spitze |
| sorgente, f. | Quelle |
| spiaggia, f. | Strand |
| stazione, f. | Bahnhof |
| stazione autolinee | Busbahnhof |
| strada bianca | 3–5 m breiter Weg, dessen Belag aus hellem Schotter besteht |
| strada carrozzabile | Fahrstraße |
| strada marmifera | Straße zum Abtransport der Marmorblöcke |
| Strada Provinciale (SP) | Provinzstraße |
| Strada Statale (SS) | Staatsstraße |
| strada sterrata | Straße ohne Asphaltbelag |
| torre, f. | Turm |
| torrente, m. (Abk. T.) | Sturzbach, Wildbach, führt nur nach starkem Regen Wasser |
| valico (valichi), m. | Paß |
| valle, f. | Tal |
| versante, m. | Abhang |
| vetta, f. | Gipfel |

# Register

Ohne Karten, Tourenprofile, Nützliche Hinweise und Service-Teil.
Die geradestehenden Ziffern verweisen auf Textstellen, die kursiven Ziffern auf Abbildungen.

**Berge**



**Landschaften, Orte, Personen**

BIG PACK
THE OUTDOOR COMPANY

## BIG PACK oder »Philosophie des Backpackings«

Trekking, Backpacking oder einfach gesagt Wandern und Rucksackreisen ist Leben mit und in der Natur. Berge, Seen, Flüsse und Wälder im Direktkontakt erleben und sich mit der Natur verbunden fühlen. Backpacking ist aber auch das Reisen in Ferne Länder, das Kennenlernen fremder Völker und fremder Kulturen. Konsequent hat **BIG BACK** diese Philosophie im umfangreichen Outdoor-Angebot weiterhin ausgebaut.

Ob nun vom arktischen Eis bis zu den Wüsten, vom Flachland über die sanften Hügel der Mittelgebirge bis auf das »Dach der Welt«, immer dort wo Grenzbereiche begangen werden, ist **BIG BACK** dabei.

In vier Sommern durchquerte Hans Memminger mit seinem Team 4000 Kilometer Eismeer und bewältigte erstmals mit Kajak und bloßer Muskelkraft den gefürchteten Eisteil der Nordwest-Passage.

Bruno Baumann schaffte in einzigartiger Weise die Durchquerung der Wüste Gobi und Takla-Makan.

Meisterleistungen an Willen und Ausdauer, aber auch ein Beweis für den hohen Qualitätsstandard der Ausrüstung. Und für beide »Abenteurer« gilt: höchster Anspruch an die Ausrüstung, denn sie kann in der Not von höchster Wichtigkeit sein.

Daß sie funktionell ist, ist Grundbedingung. Aber sie soll auch leicht sein und so variabel, daß man sich damit den unterschiedlichsten klimatischen Bedingungen der Reisegebiete anpassen kann. Dies ist letztlich nur möglich, wenn die Kleidung aus mehreren Lagen – auch das Zwiebelprinzip genannt – besteht.

**BIG BACK** hat das mit seinem **5-Lagen Climate Clothing System** optimal gelöst. Wobei besonders darauf geachtet werden muß, daß die Unterwäsche weder im Schritt noch unter dem Arm scheuert, und, daß man trotz des guten Feuchtigkeits-Transports der **Trevira Micro Faser**, ein naßgeschwitztes Hemd schnell wechseln kann.

Optimal ist es – so die Erfahrung der **BIG PACK Outdoorer** – sich im aktiven Teil eines »Unternehmens« lieber leicht zu kleiden und in Ruhepausen den Windbreaker immer griffbereit zu halten.

Um über Tage und Wochen optimale Leistung zu bringen, ist guter Schlaf die Voraussetzung. Das heißt, Schlafsack und Unterlage grundsätzlich für den Komfortbereich auswählen. Nicht nur die Länge eines Schlafsacks muß den Körpermaßen entsprechen, sondern ebenso die Breite.

Ein Schlafsack unter 85 Zentimetern wird nur sehr schmalen Personen eine Freude bereiten. Optimal: Ein Schlafsack aus Qualitätsdaune, denn diese ist weit weniger feuchtigkeitsempfindlich als üblicherweise angenommen, schließlich stammt sie ja von Wasservögeln.

Lang wäre die Liste der Ausrüstungsempfehlungen. Zelt, Schlafsack, Rucksack, Kocher u.v.m. Für Extremunternehmungen ist jedoch das Beste gut genug, auch wenn der Preis nicht gerade niedrig ist. Der wahre Preis jedoch zeichnet sich erst während der Unternehmungen ab. Letztlich kommt ein hochreißfestes Zelt weit billiger, als eine Unternehmung, die wegen eines durch Wind und Regen zerfetzten Zeltes abgebrochen werden muß.

**Eines möchten wir jedem empfehlen:** Vor jeder Reise sich mit jedem Teil der Ausrüstung vertraut zu machen und wenn irgendwie möglich, alles unter ähnlichen, wie den zu erwartenden Bedingungen zu testen.

Die optimale Ausrüstung ist aber dennoch nur eine, wenn auch wichtige Seite eines Unternehmens. Die andere Seite ist unsere physische und psychische Kraft und die Fähigkeit mit den Gesetzen der Natur in Einklang zu stehen.

## SALOMON TREKKING

## Überzeugende Schuhkonzepte für jede Zielgruppe

»Für jeden Anspruch den richtigen Schuh« – so lautet die Devise bei Salomon. Deshalb hat Salomon für die unterschiedlichen Motivationen und Anforderungen der Wanderer und Outdoor-Freaks die passenden Schuhlinien für unterschiedlichste Freizeitaktivitäten auf den Markt gebracht. Innerhalb jeder Schuhlinie werden technische und attraktive Modelle speziell für Frauen angeboten, die der weiblichen Fußanatomie entsprechen.

Die Linie **Super Mountain für den alpinen Leistungsbereich** in Eis, Schnee und Fels. Durch den innovativen Aufbau aus Kunststoff und Leder und die interne, individuelle Anpassung ist unvergleichliche Vielseitigkeit im hochalpinen Leistungsbereich garantiert.

Die Linie **Adventure für ambitionierte Bergsteiger und Wanderer,** die technische Innovation suchen. Die Modelle sind technisch hochwertig, innovativ im Design und bieten außergewöhnliche Griffigkeit und Paßform.

Die Linie **Authentic für die traditionellen Bergwanderer,** die einen klassischen Bergschuh bevorzugen. Die Schuhe sind aus Volleder, sehr widerstandsfähig, bequem und zeichnen sich durch ausgezeichnete Griffigkeit aus.

Die Linie **Discovery für die Freizeitwanderer,** denen der Komfort und die Funktionalität eines modischen Trekkingschuhs wichtig ist. Die Modelle sind sehr leicht, feuchtigkeitsbeständig (die meisten Modelle sind mit einer Gore-Tex-Membran) und haben eine extrem griffige Sohle.

Die Linie **X-Hiking: Die neue Schuhgeneration für sportliche Outdoor-Freaks,** die auf einen trendigen, aber auch funktionalen Schuh für unterschiedlichste Freizeitaktivitäten setzen. Die X-Hiking Schuhe sind sehr leicht, modisch und bieten optimalen Fußhalt und eine sehr griffige Contagrip-Sohle. Spezielle X-Winterschuhe ermöglichen verschiedenste sportliche Unternehmungen auch im Winter.

## Contagrip und Sensifit – innovative und technische Funktionen

• Die **Contagrip-Sohle:** Griffigkeit in feuchtrutschigem Gelände ist für jeden Wanderer extrem wichtig. Speziell dafür hat SALOMON die Contagrip-Sohle entwickelt. Sie zeichnet sich durch außergewöhnliche Haftfähigkeit und Abriebfestigkeit aus.

Alle Salomon Produktlinien sind mit der Contagrip-Sohle ausgestattet, je nach Funktion unterscheiden sich Sohlenaufbau und Stollenprofil.

• Die **Sensifit-Paßformregulierung:** Für richtigen Fußhalt und Tragekomfort sorgt Sensifit, das von Salomon entwickelte Konzept zur internen und externen Paßformregulierung.

## Trekkingreisen

Der Spezialveranstalter Hauser Exkursionen aus München bietet über 200 verschiedene Trekkingreisen in die schönsten Regionen der Welt an. Kleine Gruppen, qualifizierte Reiseleiter und Leistungen auf hohem Niveau ermöglichen ein intensives Reiseerlebnis.

Hier einige Beispiele aus dem abwechslungsreichen Programm:

### Vulkantour Italien

- Inselwandern zwischen Vesuv und Ätna
- Erkundung von Vulkanen und Inseln
- Besteigung des Stromboli
- Kunst und Kultur in Neapel, Pompeji und Taormina
- 14 Tage ab DM 2990,–

### Sizilien – Rund um den Ätna

- Lavafelder und Krater
- Grotta Dei Lamponi
- Alcantara Schlucht
- Taormina
- 7 Tage ab DM 2450,–

### Apuanische Alpen
### Im Norden der Toskana

- Siebentägiges Trekking im klassischen Stil
- Grottenexkursionen
- Marmorbrüche des Passo Della Focolaccia
- Pisa
- 9 Tage, ab DM 1975,–

### Sardinien
### Auf Hirtenpfaden durch den kleinen Kontinent

- Besteigung der Punta La Marmora und des Monte Corrasi
- Hinunter in die Gola Gorroppu
- Gigantengräber und Nuraghen
- 13 Tage, ab DM 3340,–

**Detaillierte Programme und persönliche Beratung erhalten Sie bei:**
HAUSER Exkursionen international, München,
Telefon 0 89/2 35 00 60,
Fax 0 89/2 91 37 14